이충무공전서 이야기

정조, 이순신을 역사에 새기다

국립중앙도서관 출판예정도서목록(CIP)

이충무공전서 이야기 : 정조, 이순신을 역사에 새기다 / 김대현 지음 ; 조성덕 그림 ; 정준영 감수. -- 서울 : 한국고전번역원, 2015
p. ; cm

교육부로부터 인문학 진흥을 위한 저서출판지원을 받아 출간하였음
ISBN 978-89-284-0334-9 43910 : ₩13000

이순신(인명)〔李舜臣〕

911.05-KDC6 CIP2015022410

이충무공전서 이야기

정조, 이순신을 역사에 새기다

김대현 지음

한국고전번역원

머리말

책과 글에 대한 이야기를 하고 싶었습니다. 『이충무공전서李忠武公全書』는 '이순신李舜臣의 글'에 대한 책입니다. 이순신이 썼던 글, 이순신에게 주었던 글, 이순신을 위해 썼던 글을 모은 책입니다. 이 글들로 이순신이 이루어졌습니다. 이순신의 전공戰功은 다른 무엇보다 자신이 조정에 올렸던 장계狀啓에 남아 있습니다. 그의 내면 깊은 속살은 『난중일기亂中日記』 속에 있습니다. 칼에 새겨 놓은 맹세의 글이 없었다면 그 칼은 또 얼마나 허전했을까 생각해 봅니다.

『이충무공전서』는 '사람'에 대한 책이었습니다. 이순신이라는 사람의 이야기이자 정조와 윤행임尹行恁, 유득공柳得恭과 같이 이 책을 만든 사람의 이야기였습니다. 동시에 역사가 기억하지 못하는, 격군格軍, 사부射夫, 장인匠人과 같은 천한 사람에 대한 이야기였습니다. 그 이름은 이순신의 장계와 일기에서 확인할 수 있습니다. 책 이야기는 결국 사람 이야기였습니다.

책은 모든 것을 고루 담지 않습니다. 하나의 사건과 사물에 대해서도, 글쓴이와 편찬자의 시각에 따라 전혀 다른 내용을 담을 수 있습니다. 책을 읽을 때 우리가 항상 염두에 두어야 할 점입니다. 맹자는 책을 그대로 믿는다면 차라리 그 책이 없는 게 낫다고 말했습니다. 『이충무공전서』도, 이 책을 풀어 놓은 『이충무공전서 이야기』도 마찬가지입니다. 항상 의심을 품고 볼 것, 이것이 책을 제대로 읽는 첫 번째 원칙일 것입니다.

저는 책을 읽는 만큼 생각이 자란다는 것을 믿는 사람입니다. 이 책에 실린 모든 것은 다른 책에서 보고 배운 것입니다. 다만 제 안목만큼만 소화할 수 있었습니다. 혹시 읽다가 걸리는 부분이 있으면 제 능력을 넘어서 욕심을 부린 탓일 것입니다. 더 좋은 읽을거리는 책 뒤 참고 도서에 실었습니다. 읽고 도움이 되었던 책이 훨씬 더 많지만 다 싣지 못했습니다.

이 책이 올해 칠순을 맞으시는 어머니께 작은 선물이 된다면 기쁘겠습니다. 늦게까지 고단한 노동을 내려놓지 못하신 아버지께서도 편안히 읽으실 만한 책이기를 바랍니다. 결혼기념일을 왜 남편이 챙겨야 하는지를 깨우쳐 준 아내 임화영 덕분에 글을 마무리할 수 있었습니다. 원고 집필을 핑계로 함께 놀아 주지 못한 강과 봄, 그리고 이모부 대신 두 동생을 살뜰하게 챙긴 조카 한마루가 커서 읽을 수 있는 좋은 책이 되었으면 합니다.

책 한 권을 엮으면서 이 세상 모든 일이 얼마나 많은 인연과 도움으로 이루어지는지를 새삼 느꼈습니다. 이순신을 다시 만나게 해 준 현충사顯忠祠와 현충사 가족들을 빠뜨릴 수 없습니다. 윤인수 씨는 이런 공모전이 있다는 사실을 처음 알려 주고 응모해 볼 것을 적극 권해 주었습니다. 이어지는 세세한 도움은 일일이 말하지 않겠습니다. 우리 고전을 청소년들과 함께 나눌 수 있는 기회를 주신 한국고전번역원에 감사를 드립니다. 꼼꼼한 원문 감수와 함께 분에 넘치는 칭찬을 주신 정준영 선생님 덕분에 자신감이 생겼습니다. 글을 쓰는 이는 작가이지만 독자가 읽을 수 있는 책을 만드는 이는 편집자라는 사실을 알게 해 준 편집자 여러분께 감사 인사를 드립니다. 그럼에도 "이 책에 오류가 있다면 그건 전적으로 저자의 몫"이라는 흔히 본 머리말도 결코 빈말이 아님을 잘 압니다.

책은 사람의 손끝을 타지 않고 태어날 수 없습니다. 실제 조판을 하고, 먹물을 묻혀 가며 직접 책을 찍어 냈던 이름 모를 교서관校書館의 장인이 있어 우리는 『이충무공전서』를 실제로 만져 볼 수 있습니다. 『이충무공전서 이야기』에 잘 어울리는 멋진 그림을 그려 주신 삽화가 조성덕 선생님, 책 디자인을 해 주신 파피루스, 책을 인쇄하고 제본해 주신 분들께도 깊은 감사를 드립니다.

아무리 세월이 흘러도 결코 잊지 말아야 할 것이 있습니다. 책이 그것을 잊지 않게 해 주는 역할을 하리라 믿으며, 그런 일에 작게나마 도움이 되었으면 좋겠습니다.

2015년 8월
아침을 여는 땅 소부리에서
김대현

차례

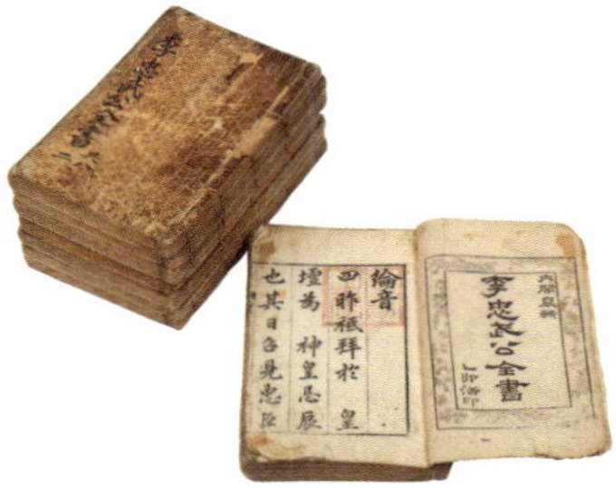

【제2장】 글, 이 책은 어떻게 만들었을까

【제3장】 기록, 이 책을 어떻게 읽을까

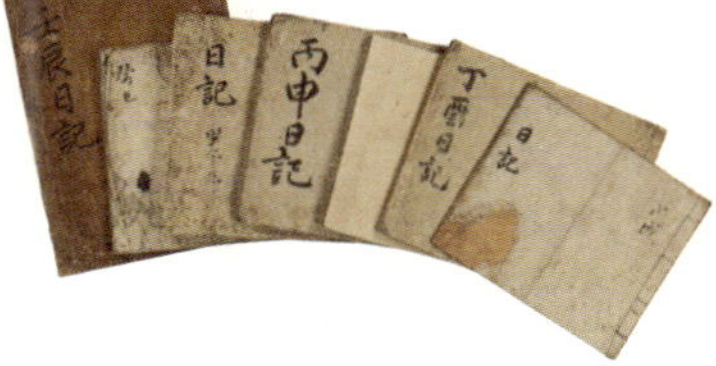

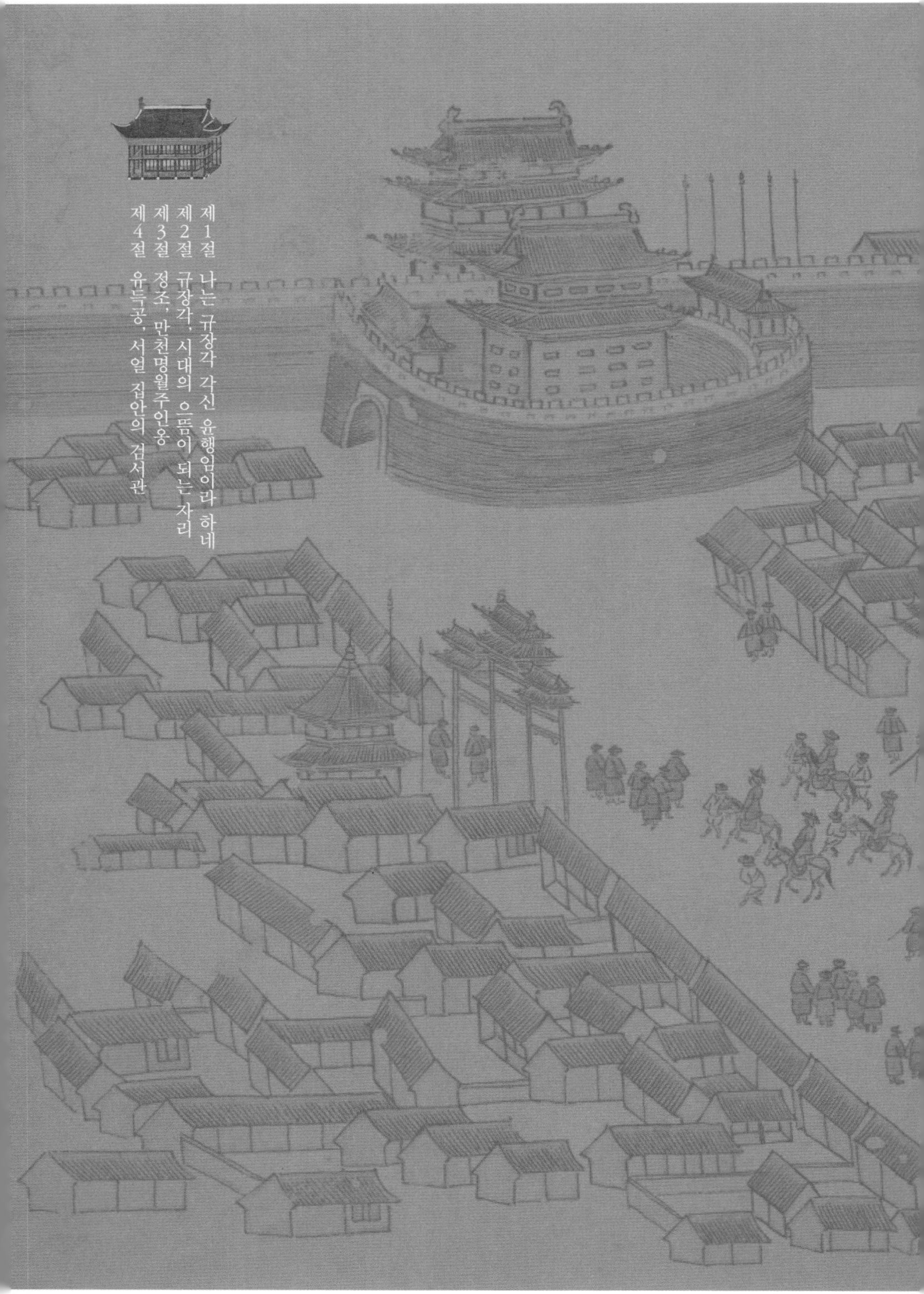

【제1장】

사람, 이 책은 누가 만들었을까

제1절

나는 규장각 각신 윤행임이라 하네

큰 과일은 먹지 않고 남겨 둔다

나는 규장각奎章閣 각신閣臣 윤행임이라 하네. 나를 잘 모를 테지? 상관없네. 오늘 이 자리는 나를 알리려는 것이 아니라 내가 직접 만드는 데 참여했던 『이충무공전서』라는 우리 고전에 대해서, 그리고 그 책의 주인공 이순신에 대해서 이야기하려고 마련한 것이니. 하지만 그에 앞서 나를 좀 알아주면 좋겠네. 나를 알림으로써 이 책과 함께 이 책을 만든 또 다른 두 주인공, 정조와 유득공도 자네에게 소개할 수 있어서라네.

나는 1762년(영조38) 서울에서 태어났네. 이해는 참 말을 꺼내기 민망한 해라네. 사도 세자思悼世子가 뒤주에 갇혀 세상을 떠난 끔찍한 사건이 일어난 해야. 임오년에 일어난 참혹한 일이라 하여 임오화변壬午禍變이라고도 하지만 차마 드러내 놓고 말할 수 없어 그저 '모년某年의 일'이라며 얼버무려 버리기도 하네.

이 일은 두고두고 문제가 되었네. 그럴 수밖에 없지 않았겠나? 왕이 친아들을, 그것도 후에 왕이 될 인물의 친아비를 죽였으니. 어머니의 죽음에 정신이 돌아 숱한 선비를 죽인 연산군의 일을 기억한다면 모골이 송연한 일이 아닐 수 없네. 할아버지인

영조 어진
조선 21대 왕 영조의 모습일세.
역대 조선 왕 가운데 가장 장수하였고,
가장 오랫동안 왕위에 있었네.
아들을 뒤주에 가두어 죽인 비정한 아버지였지만
손자 정조는 끔찍이 아끼는
자상한 할아버지였네.

영조는 손자인 정조에게 자신이 저지른 이 일을 절대 끄집어 내지 말라고 누누이 타이르고 당부했네. 하지만 정조가 자식의 도리상 어찌 모르는 척할 수 있었겠나?

정조는 이 일을 무척 조심스럽게 다루었네. 폐주廢主 연산의 일을 거울삼았는지도 모르지. 정조가 사람이 희생되는 일을 억제하긴 했지만 이 '모년의 일'은 연산군 때처럼 한꺼번에 많은 사림을 죽음으로 내모는 사화士禍로 번지지 않았다 뿐이지 결코 적지 않은 희생을 불러왔네. 끊임없이 상대 당파를 공격하는 명분이 되어 이 일로 많은 사람이 죽어 나갔다네.

내가 태어난 해에 불행한 일만 있었던 것은 아닐세. 이해에 우리 조선 500년의 최고 박학博學으로 꼽히는 다산茶山 정약용

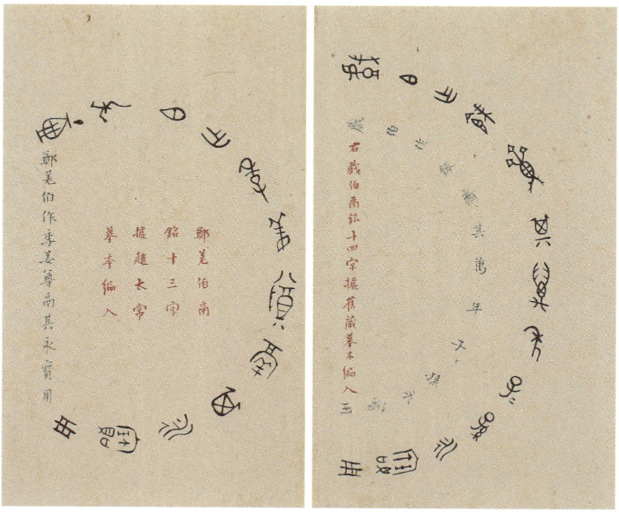

정약용의 글씨
다산 정약용이 중국 고대의 전서를 베껴 쓴 글씨라네. 정약용이 실학을 집대성한 학자라는 것은 잘 알고 있겠지? 그와 나는 동갑이라네.

丁若鏞이 태어났네. 나와 정약용이 동갑인 게지. 자네는 정조가 진실로 사랑한 선비라 하면 정약용이 떠오를 테지? 이렇게 내세우기 무엇하네만, 나 또한 정조가 진실로 아끼고 가까이한 신하라 하면 믿을 텐가?

내가 스물한 살에 벼슬살이를 시작하여 서른다섯 살 때까지 14년 동안 승지承旨에 임명된 것만 무려 여든아홉 번이네. 왕이 가장 아끼고 믿는 신하를 왕과 가장 가까운 자리에서 왕명의 출납을 맡아보는 승정원承政院의 승지로 삼는 것이 당연하지 않겠나? 머지않은 훗날 나에게 죽음을 내린 정순 왕후貞純王后조차 정조가 승하한 후 나를 이조 판서에 임명하면서 '돌아가신 왕이 평소에 일을 믿고 맡긴 심려지신心膂之臣'이기 때문에 특별히 발탁한다고 했었지. 이처럼 내 이름 앞에는 늘 심려지신, 권우지신眷遇之臣, 총애지신寵愛之臣 같은 수식어가 따라붙곤 했네.

'심려心膂'는 가슴과 등뼈라는 뜻이야. 심려지신은 가슴과 등뼈가 몸에서 가장 중요한 것처럼 임금 곁에서 보좌하는 가장 중요한 신하라는 말이지. '권우眷遇'는 관심을 기울여 돌보고 대우한다는 뜻이네. 권우지신은 임금이 정중하고 극진하게 보살펴 주는 신하라는 말이지.

정조의 아낌과 굄이 얼마나 컸는지 내 몇 가지 일화를 더 들려 줌세. 정조는 내가 벼슬에 나간 이듬해인 1783년(정조7), 스물두 살 나에게 '석재碩齋'라는 호를 내려 주셨다네. 손수 써서 서

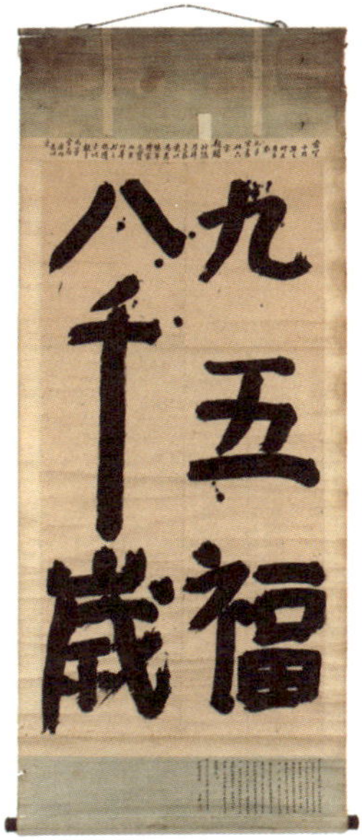

순조의 글씨
1795년 순조가 여섯 살 때 숙직하고 있던 윤행임에게 써 준 글씨네. '구오복팔천세九五福八千歲'라고 해서체로 썼네. 복을 누리며 오래 살라는 뜻으로 『서경書經』과 『장자莊子』에 나오는 말일세.

명을 하고 어보御寶까지 찍어 주셨지. 석재란 『주역周易』의 '석과불식碩果不食'이라는 말에서 따온 것이네. 과실나무에 달린 가장 큰 과일은 따 먹지 않고 두어 다시 종자로 쓰는 것을 말하지. 무슨 뜻이겠나? 내가 후대에 큰일을 하도록, 큰 쓰임이 되도록 하기 위해 잘 키우고 아껴 둔다는 말이 아니겠나? 이런 영광이 어디 있겠나?

이뿐만이 아닐세. 원래 내 이름은 한자로 '갈 행行' 자에 '맡길 임任' 자를 쓰고 있었지. 그런데 정조의 아들인 순조가 다섯 살 때인 1794년(정조18)에 내 이름의 '임任' 자를 '생각할 임恁' 자로 잘못 썼다네. 이를 본 정조가 당시 원자元子가 썼던 대로 한자를 고치라고 명하여 내 이름이 행임行恁으로 바뀌었네.

어떤가? 내 호를 직접 지어 주고, 내 이름자를 원자가 썼던 대로 바꾸어 주니 그 사랑이 얼마나 큰지 짐작이 가지 않나? 이런 큰 사랑과 은혜는, 황공하게도 하찮은 이 사람의 재주를 높이 사 준 까닭도 있겠지만, 사실 내가 삼학사三學士의 후손이라는 점도 크게 작용한 것으로 보이네.

삼학사라고 들어 봤나? 병자호란 때 나라와 임금의 치욕을 막기 위해 끝까지 청나라와 싸우자고 주장한 홍익한洪翼漢, 윤집

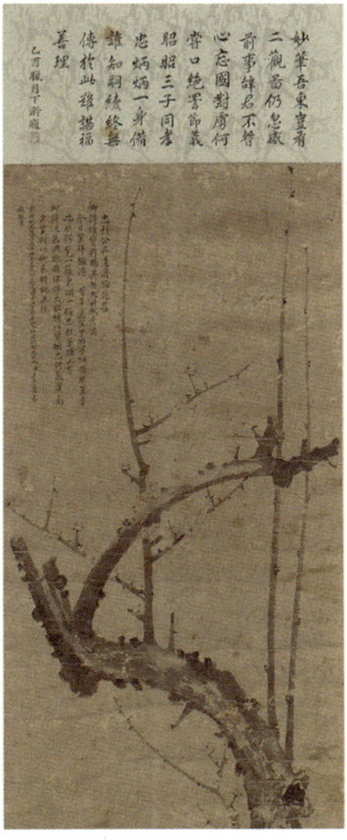

좌) 윤집 초상
병자호란 때 끝까지 청나라를 배척하고 싸우기를 주장했던 척화파의 대표 인물 윤집의 초상이네. 홍익한, 오달제와 함께 남한산성 안에 있는 현절사顯節祠에 배향되었네.

우) 오달제의 묵매도
윤집, 홍익한과 함께 삼학사로 불린 오달제가 그린 매화 그림이네. 매화는 추위에 시달려도 향을 팔지 않는다 하여 옛 그림에서 선비의 지조를 나타내는 주요 소재로 쓰였다네.

尹集, 오달제吳達濟 세 분을 가리키는 것이지. 이분들은 인조가 남한산성 밖으로 나와 삼전도三田渡에서 청나라에 항복한 후 만주에 있는 심양瀋陽으로 끌려갔네. 심양에서 모진 고문을 당하고 온갖 회유에도 척화斥和의 뜻을 굽히지 않다가 끝내 목숨을 잃고 말았어. 윤집 공이 바로 나의 현조玄祖, 그러니까 5대조이지.

물론 잘 알고 있네. 오늘날 척화를 주장한 것을 두고 비판의 목소리가 훨씬 높다는 것을 말일세. 척화파의 주장이 나라의 존망과 백성의 민생을 걱정해서가 아니라, 임진왜란 때 명나라가 우리를 도운 재조지은再造之恩에 대한 의리를 지키려 했던 것이 아니냐 하는 지적, 잘 알고 있다네. 맞네. 그 비판과 지적, 충분히 이해하네. 온 백성이 힘을 모아 외세의 침략을 물리쳐 놓고서도 명나라가 군대를 보내 준 덕분에 겨우 나라를 되살렸다고만 생각하니 못마땅하기 짝이 없겠지.

하지만 그저 사대주의일 뿐이었다고 매도할 일만은 아니네. 지금은 동아시아에 불과하지만, 그 당시에 우리는 동아시아를 이 세상의 전부로 알았고 천하라고 불렀네. 그런 천하를 호령하는 초강대국 중국에 사대事大를 하는 것은 조선의 지리적 위치와 국력을 따져 봤을 때 현명한 외교 정책일 수도 있었네. 오늘날의 국제 정세를 살펴봐도 이해가 될 걸세. 세계의 각 주권 국가들이 동등한 권리를 보장받고 있다고 하지만, 국제 연합UN에서 안전보장이사회 상임이사국 다섯 나라만 거부권을 가지고 있는 것도 다 마찬가지가 아닌가?

그렇다 하더라도 중원 대륙의 주인이 누구인지가 중요한 것은 아니었지. 중원의 지배자가 몽골족이면 어떻고 만주족滿洲族이면 어떤가? 한족漢族이 세운 왕조만이 정통성이 있는 천자天子의 나라라고 생각하는 것은 분명 고루한 사상이었네. 마치 지금 미국의 대통령이 앵글로 색슨계 백인이 아니라면 미국을 미국으로 인정하지 않겠다는 것과 매한가지 아닐까? 그런 점에서 그 시대를 살았던 우리의 사상이 낡았다는 것, 인정하겠네. 역사를 공부하는 이유가 무엇이겠나? 어제를 살펴 오늘을 올바로 이해하고 내일에 잘 대비하는 것 아닐까? 앞서 말한 일을 거울삼아 앞으로 미래 세대는 우리처럼 편협한 시각을 갖지 않기를 바라네.

어쨌든 나는 정조에게 팔다리 같은 신하, 고굉지신股肱之臣이라고 자부하고 있네. 정조의 뒤를 이은 순조는 내가 남다른 인정을 받고 오랫동안 가까이서 모셨다 하여 나에게 선왕先王의 묘지명墓誌銘을 지으라고 명하였지. 나를 알아준 임금을 위하여 따라 죽지도 못한 이 몸이 차마 그 일을 맡을 수 있을까? 게다가 학식이 천박하고 부족한데 하늘과 땅처럼 크고 해와 달같이 빛난 그 덕을 감히 만분의 일이나마 그려 낼 수 있을까? 무척 걱정스러웠지만 나는 모든 슬픔과 두려움을 떨치고 죽을힘을 다해 한 자 한 자 글을 적어 내려갔네. 『정조실록正祖實錄』에 그 글이 실려 있으니, 지금도 찾아볼 수 있을 걸세.

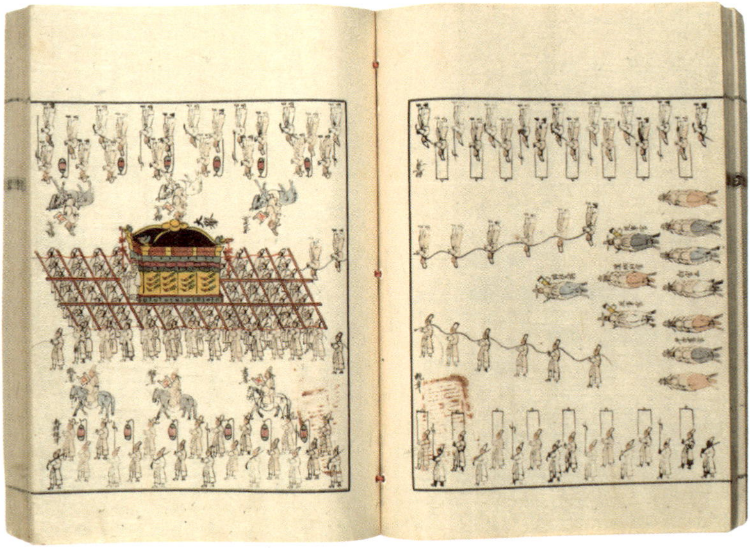

정조의 국장 행렬
정조의 국장國葬을 기록한 『정조국장도감의궤』 가운데 정조의 상여 부분을 그린 그림이네.
정조는 1800년 6월 28일 창경궁昌慶宮 영춘헌迎春軒에서 보령寶齡 마흔아홉으로 승하하였네.
나는 순조의 명을 받아 정조의 묘지명을 지었네.

죽음에까지 이르렀으니, 참으로 원통하게 되었다

영광의 길은 잠깐이었어. 나는 정조가 승하한 후 한 해 만에 그의 뒤를 따라갔지. 그때 내 나이가 마흔이었네. 마흔, 그동안 배운 학문과 쌓은 경륜으로 한창 이 세상에 뜻을 펼칠 나이에 이 세상과 하직하고 말았어. 조정의 명이었지. 사십 평생을 종묘사직宗廟社稷을 위해 헌신했던 내가 조정의 명에 의해 죽게 된 거지.

정조 승하 후 영조의 두 번째 부인 정순 왕후와 노론老論 벽파僻派는 정조가 했던 일 대부분을 그 전에 했던 대로 돌리려 했네. 그들에게 나는 걸림돌이었어. 노론이니 벽파니 하는 말은 들어 봤겠지? 선조宣祖 때 이 나라 선비와 관료들이 동인東人과 서인西人으로 갈라졌지. 인조반정으로 서인이 권력을 잡은 후에 숙종 대에 와서 노론과 소론少論으로 또 나뉘었어. 영조 대에 정권을 독점한 노론이 정조 대에 와서 시파時派와 벽파로 다시 또 갈라섰네. 사도 세자의 죽음을 동정하던 시파는 정조의 탕평책蕩平策을 따랐고, 사도 세자를 공격했던 벽파는 오로지 노론의 가치만이 옳다며 임금의 탕평책을 반대했어.

나는 정순 왕후와 벽파에 맞서 정조가 살아생전 품고 있던 뜻을 받들어 탕평을 계속하는 것이 바른 길이라고 주장했네. 특히나 서학西學을 모질게 탄압하지 말자고 했지. 이는 나를 비롯한 몇몇 사람의 의견일 뿐만 아니라 선왕의 유지遺旨이기도 했어. 선왕은 정학正學 곧 유학儒學이 바로 서면 서학은 저절로 사라질 거라며 서학을 공부하거나 믿는 사람들을 엄하게 처벌하지 않았지. 그러나 1801년(순조1) 대왕대비로서 수렴청정垂簾聽政하던 정순 왕후는 서학을 대대적으로 박해하고 시파와 남인南人의 주요 인사를 제거해 버렸어. 이 사건이 신유년에 일어났다 하여 신유박해辛酉迫害 또는 신유사옥辛酉邪獄이라고 하지.

그들은 서학을 사학邪學 곧 '아비도 무시하고 임금도 무시하는 무부무군無父無君의 나쁜 학문'이라고 규정하고, 서학을 믿는 무리는 모두 사형에 처해야 한다며 벌 떼처럼 일어났지. 당시 나는 "진정으로 잘못을 뉘우치고 깨우친 사람이나, 범죄 현장에서 확증을 잡힌 사람이 아니면 법을 너그럽게 적용해서, 스스로 새로워지게 하는 것이 어진 정치입니다."라며 천주교도 모두를 극형으로 다스리는 것을 극구 반대했네. 이러니 선왕의 체온이 채 식기도 전에 그의 정책을 손바닥 뒤집듯 뒤집고자 하는 세력에

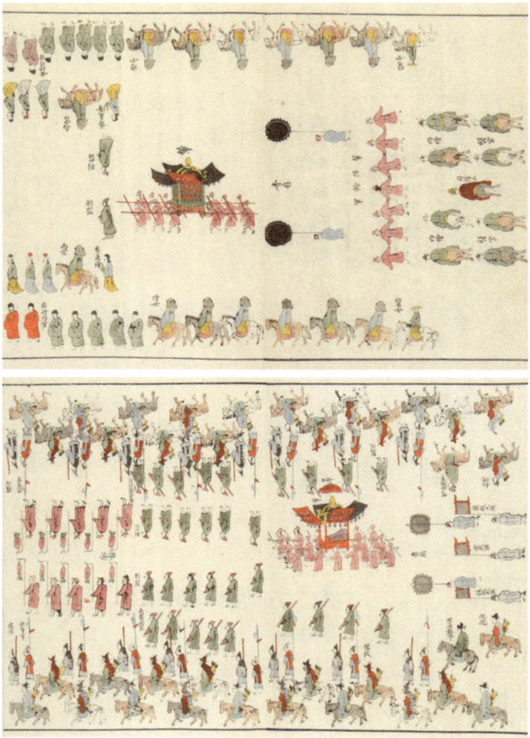

영조와 정순 왕후의 혼례 행렬
영조가 계비인 정순 왕후와 올린 혼례를 기록한 『영조정순왕후가례도감의궤』 가운데 영조가 왕비를 친영親迎하는 장면을 그린 그림이네. 정순 왕후는 정조와 나이 차가 일곱 살밖에 나지 않았지. 정조 사후 정순 왕후는 궁중의 최고 어른인 대왕대비로서 수렴청정하며 정조가 시행했던 정책 대부분을 그 전에 했던 대로 되돌려 놓았다네.

게 난 눈엣가시였겠지. 마침내 나는 "선대왕의 뜻을 속이고 사학의 패거리를 구제했다."는 이유 등으로 죽임을 당하고 말았어. 정순 왕후가 나를 사사賜死하라는 명을 내린 날 실록에 실린 나에 대한 졸기卒記의 마지막에는 이렇게 적혀 있네.

> 이름난 집안의 자손으로 젊어서 과거에 급제하였다. 용모가 수려하고 글솜씨가 뛰어났으며 순발력 있게 대처할 줄 알고 재치 있는 언변을 지녔다. 이에 정조의 특별한 돌봄을 가장 많이 입어 근 20년간이나 측근에서 왕을 모셨다. …… 임시발任時發의 흉언凶言 때문에 죽음에까지 이르렀으니, 참으로 원통하게 되었다.
>
> 『순조실록純祖實錄』 순조1년(1801) 9월 10일

나 하나의 죽음에 대해 넋두리하는 건 아닐세. 선비가 나라를 위해 목숨을 버린다면 그것이야말로 영광 아니겠나? 그러나 나의 죽음은 그러질 못했네. 역사를 앞으로 밀고 나가는 죽음이 아니었네. 난 그것이 더 원통하고 슬프다네. 신유박해는 우리 역사를 한 걸음 후퇴시킨 처사였네.

요즘 우리 역사를 긍정적으로 보자는 시각이 많은 걸로 알고 있네. 그중에 조선의 당쟁이나 통치 이념인 성리학性理學도 다시 보자는 논의가 많다지? 꾸준한 연구와 비판으로 훌륭한 성과를 거두고 있는 줄로 아네. 그런 시각에서 나는 성리학 때문에

주자 초상
남송 때 유학자 주희의 초상이네.
주희가 세운 신유학新儒學을 성리학 또는 주자학이라 하지.
조선 시대에 사상가로서 타의 추종을 불허하는 추앙을 받은 인물이었네.

조선이 멸망했다는 해석이 옳지 않다는 데에 동의하지만, 반대의 논리로 조선이 500년 동안 왕조를 유지할 수 있었던 힘의 원천이 성리학이라는 시각도 지나치다고 보네. 성리학 자체는 문제가 아니었어. 성리학을 공부하고 현실에 적용하려던 사람이 문제였네. 조선의 사대부는 주자朱子, 남송南宋 때 유학자 주희朱熹 성리학만을 외곬으로 따르려고 했고, 다른 사상은 깔보거나 업신여겼지. 주자의 말씀을 따르고, 성리학만 공부하면 도道가 온 천지에 가득하여 사람들이 저마다 예의와 염치를 알고 잘 사는 대동大同 세상이 될 것이라는 기대, 난 그것이 문제였다고 보는 것이지.

우리 조선조만 해도 초기 성종 때까지는 다양한 학문이 활발히 꽃을 피웠지. 세종 대왕 때 이루어 놓은 성대한 학문의 성과를 보게. 유학은 물론이고 언어, 음악, 천문, 농업, 의학, 군사,

기계 등 광범위한 분야에서 높은 수준의 지식을 쌓고 있었지. 『훈민정음訓民正音』, 『칠정산 내편七政算內篇』과 『칠정산 외편七政算外篇』, 『농사직설農事直說』, 『향약집성방鄕藥集成方』, 『역대병요歷代兵要』와 같은 각종 서적과 측우기 발명 등은 역사 시간에 교과서에서도 배웠을 거야.

그러나 조선 사회는 갈수록 주자 성리학의 포로가 되어 버렸어. 퇴계退溪 이황李滉과 율곡栗谷 이이李珥가 주자의 저서를 온전히 이해하고 깊이 연구하여 조선의 성리학을 꽃피운 것은 분명 우리의 문화적 역량을 보여 준 자랑거리야. 하지만 우리 같은 후손들이 그 열매만 따먹는 데 몰두한 게 아닌지 반성하고 있네. 인조 때에 이미 계곡谿谷 장유張維 같은 큰 문장가도 "중국에는 학술에 갈래가 많아 정통 유학을 공부하는 자도 있고, 도교를 배우는 자도 있고, 성리학을 배우는 자도 있고, 양명학을 배우는 자도 있다. 학문을 통해 진리에 도달하는 길은 하나가 아니다. 그런데 우리나라는 조금 더 배웠거나 덜 배웠거나 간에 책 끼고 글 읽는 사람은 다 정자程子, 송나라의 유학자 정호程顥·정이程頤 형제와 주자의 글만을 암송하여 다른 학문이 있음을 알지 못한다. 과연 우리 학문 수준이 중국보다 훌륭해서 그런 것일까?"라고 한탄하기도 하였다네.

다행히 영조와 정조 때 청나라에서 유행하던 박학의 바람이 조선 땅에도 불어와 감수성 풍부한 많은 선비들이 새로운 사조를 일으켰네. 잘 아는 북학北學, 실학實學 바람이 바로 그걸세. 홍대용, 박지원, 박제가, 유득공, 이덕무 같은 이들이 주역이었지. 서학이 서울과 지방 곳곳으로 퍼져 나간 것도 이런 새 바람과 깊은 관계가 있어. 서학이란 단지 종교로서의 천주교만을 의미하는 것이 아니었네. 지식인에게 서학이란 넓은 의미에서 서양에 대한 견문과 지식, 학문을 다 일컫는 것이었지. 청나라 수도 연경燕京에서부터 불어온 그 바람이 주자 성리학 유일사상으로 숨 쉴 구멍조차 없던 조선의 사상계에 새 기운을 불어넣었어. 비록 정조도 청나라에서 유행한 신변잡기식의 가벼운 문장인 패관소품稗官小品을 멀리하고, 올바른 옛 고전 문장으로 돌아가는 문체 반정文體反正을 시도하여 주자 성리학을 다시 세우려 하였지만, 사람을 죽여 가면서까지 목적을 이루려 하진 않았네. 그래서 정조가 다스리던 시절에 그렇게 많은 신진 학자가 넓은 의미의 서학에 개방적인 태도를 지녔던 것이네.

이런 역사의 흐름은 신유박해가 일어나면서 모두 물거품이 되었지. 이제 양식 있는 젊은이는 누구누구 할 것 없이 서학에서 등을 돌렸어. 이 시대를 살아간 사람은 다 그럴 수밖에 없었을 거야. 서학에 관심을 보이면 자기 한 몸 망치는 것뿐 아니라 온 집안이 결딴났으니. 나는 신유박해라는 소용돌이 속에서 목숨을 잃은 것보다도 조선을 이끌어 줄 새로운 사상을 죽음으로 몰아넣은 게 너무 안타깝고 슬프네. 이때 남인이던 정약용 집안 사람들이 서학에 두루 연루되어 집안이 풍비박산되었지.

허허. 그래도 이 일로 18년 유배 생활을 한 정약용이 이룩한 숱한 불후의 저작과 그의 형 정약전丁若銓이 귀양 간 흑산도에서 지은 『자산어보茲山魚譜』를 보면, 한 인간에게 가해지는 고통이 역사라는 나무에선 열매를 맺고 여물 수도 있는 것 같네. 이런 경우를 두고 역사의 아이러니라고 해야 하나?

내 소개가 길었네. 하소연까지 더해져 미안하군. 이해해 주게. 자, 그럼 나 규장각 각신 윤행임과 함께 『이충무공전서』를 길잡이 삼아 우리 고전 여행을 떠나 보세.

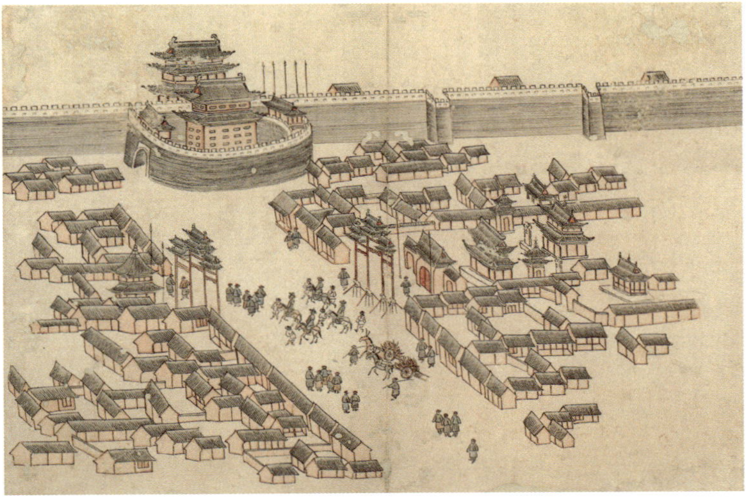

연행도의 한 장면

청나라로 간 조선 사신 일행이 베이징의 동문인 조양문朝陽門으로 들어가는 장면이네.
전국 시대戰國時代 연나라 수도였던 까닭에 지금의 베이징을 연경이라 하였지.
그곳에 사절로 가는 일을 연행燕行이라 불렀고, 그 과정을 기록한 그림을 연행도라 한다네.

제2절

규장각, 시대의 으뜸이 되는 자리

세상에서 가장 아름다운 도서관

맨 앞에서 나를 규장각 각신이라고 했었지. 규장각 각신이 뭐 그리 대단하다고 다른 여러 경력을 버려두고 굳이 그렇게 소개했을까? 이미 눈치를 챘겠지만 사실 난 정조의 총애를 입어 규장각 각신보다 더 높은 벼슬을 많이 지냈네. 스물한 살에 문과에 급제한 뒤로 예문관藝文館 검열檢閱, 승정원 주서注書 등을 담당하였고 사간원司諫院 대사간大司諫, 승정원 도승지都承旨 등 청요직清要職을 두루 거쳤지. 청환淸宦과 요직要職! 벼슬길에 오른 사람이라면 누구나 꿈꾸는 자리. 지위가 높거나 봉록이 많은 것은 아니지만 뒷날에 중요한 임무나 직책을 맡을 수 있는 자리이지. 더욱이 모든 문관의 인사권을 쥔 이조 판서도 해 보았고, 정승보다 더 영광스러운 자리라는 홍문관弘文館과 예문관의 대제학大提學도 지냈네. 요즘 말로 엘리트 코스를 두루 밟고 고관대작에까지 올랐던 거지.

그러나 나는 지금까지 내가 맡았던 어떤 높은 벼슬보다도 규장각 각신으로 날 소개하네. 『이충무공전서』 맨 마지막에 박혀 있는 '원임原任 직각直閣 신臣 윤행임'. 내가 영원히 불리고 싶은 이름일세. 현직도 아닌 전직에, 당상관堂上官도 아닌 그리 높지 않은 품계임에도 난 영원히 규장각 각신으로 불리고 싶네. 왜일까?

규장각은 많이 들어 봤겠지? 역사 시간에는 물론이고, 책이나 신문, 텔레비전에서도 많이 보았을 거야. 정조의 개혁 정치와 왕권 강화 정책을 뒷받침하는 학술 정책 연구 기관이라는 말과 함께. 자네, 규장각을 실제로 본 적 있나? 창덕궁昌德宮에 가 보게. 창덕궁에 후원後苑이란 곳이 있네. 임금의 정원이라 하여 상원上苑이라고도 하고, 임금의 정원이라 함부로 들어갈 수 없는 곳이라 하여 금원禁苑, 비밀스러운 곳이라 하여 비원秘苑, 내밀한 곳에 있다 해서 내원內苑이라고도 했던 곳. 이름 그대로 그곳은 임금이 나랏일을 돌보다가 짬을 내어 거니는 조심스럽고 내밀한 곳이지. 그 창덕궁 후원이 시작되는 곳에, 이름만 들어도 가슴 설레는, 내 젊은 시절의 꿈이 서려 있는 규장각이 있었네.

한양 도성 북쪽 끝자락인 북악산이 한강을 바라보고 두 팔을 벌렸을 때 왼팔 격인 매봉 자락에 기대어 터를 잡은 창덕궁은 지형을 따라 자연스럽게 전각들을 배치한 참 아름다운 궁궐이네. 산자락 여기저기에 작은 내川와 정자들이 밤하늘의 은하수처럼 촘촘히 자리 잡고 있지. 그중에서 으뜸인 곳이 네모난 연못 부용지芙蓉池 주변이야. 규장각 건물은 둔덕 위에서 부용지를 굽어보며 서 있지. 돌이켜 보면 이곳 창덕궁 후원은 트임과 감춤이 함께 있는 곳이었네.

창덕궁 후원 일대 풍경

순조 때 그린 '동궐도東闕圖' 속 창덕궁 후원 일대 풍경이네.
창덕궁은 창경궁과 함께 경복궁景福宮 동쪽에 있다 하여 '동궐'이라 불렸지.
창덕궁 후원은 금원, 비원, 내원, 북원北苑 등 다양한 이름으로 불렸네.

부용지 동쪽의 영화당暎花堂과 춘당대春塘臺는 트임의 장소였어. 혹시 '춘당춘색고금동春塘春色古今同'이라는 말 들어 보았나? 판소리 '춘향가'에 나오는 한 대목, 이몽룡이 과거 시험장에서 받아 든 시제試題야. 무슨 뜻일까? 춘당대의 봄빛은 예나 지금이나 같다는 말이지. 이몽룡이 과거 시험의 마지막 관문인 전시殿試를 본 곳이 바로 춘당대이고, 춘당대는 영화당 앞에 있는 뜰일세. 초시初試, 복시覆試를 다 거친 합격자들이 임금이 보는 앞에서 등수를 가리는 마지막 시험을 본 것이지. 이 영화당 앞뜰 춘당대는 아주 넓어서 여러 가지 국가 행사를 열기에 알맞았어. 나라에 경사가 있을 때 이곳 춘당대에서는 초시와 복시를 거치지 않고 곧바로 급제시키는 춘당대시春塘臺試라 부르는 특별 과거를 보이기도 했지. 그럴 때 이곳은 확 트인 열림의 공간이었네.

반면 영화당 뒤의 부용지는 아주 내밀한 공간이었네. 부용지에는 연꽃을 닮은 정자 부용정芙蓉亭이 두 발을 담그고 있지. 부용정에서 연못 너머로 보면 자그마한 문이 있지? 문의 양쪽으로 대나무 틀에 넝쿨이 둘러싼 취병翠屛이라는 생울타리가 보일 걸세. 문 가까이 가서 보면 세로로 어수문魚水門이라 쓰인 현판을 볼 수 있을 걸세.

왜 어수문이란 이름을 붙였을까? 이름을 지을 때는 좋은 의미를 부여하기 마련이지? '어수'에는 임금과 신하 사이에 마음과 뜻이 서로 딱 들어맞아야 한다는 의미가 담겨 있네. 소설 『삼

부용정
창덕궁 후원이 시작되는 부용지에 발을 담근 부용정의 모습이네.
부용芙蓉은 연꽃을 뜻하네. 두 기둥만 연못에 담근 것, 다면체의 입체적인 건물 구조 등은 다른 데서는 좀처럼 찾아보기 힘든 모습이지.

국지연의三國志演義』에서 유비劉備가 제갈량諸葛亮과의 관계를 물고기와 물에 비유한 데서 나온 말이지. 유비가 제갈량을 등용한 후 두 사람 사이가 나날이 가까워지자 관우關羽와 장비張飛는 불만을 터트렸어. 이때 유비가 "나에게 제갈량이 있는 것은 마치 물고기에게 물이 있는 것과 같다. 바라건대 그대들은 다시는 말을 꺼내지 말라."라고 딱 잘라 말했다네. 아주 친밀한 친구 사이를 '수어지교水魚之交'라고 하는 것도 이 고사에서 생긴 거지. 이처럼 어수문에 규장각 각신이 정조의 제갈량이 되기를 바라는 마음을 담은 것이 아닐까?

어수문 옆으로 난 작은 문을 지나 화계花階를 따라 올라가면 2층짜리 웅장한 누각을 만나지. 정조가 직접 쓴 주합루宙合樓라는 현판이 걸려 있는 이 건물이 바로 규장각이었네. 그 건물 툇마루 1층이 왕실의 도서를 모아 둔 규장각이고, 2층 다락이 열람실이었어. '주합'이란 우주와 하나가 된다는 뜻이야. 정말로 주합루에 올라 사방을 둘러보면 내가 이 우주와 하나가 된 듯한 느낌이 든다네. 이 세상에 있는 모든 책을 모아, 이 세계에 남은 모든 지식을 거두어, 이 우주의 원리를 깨치려는 팽팽한 기운이 넘실대던 곳이었네.

어수문과 주합루

규장각 건물 모습이네. 앞에 보이는 문이 어수문이고, 규장각의 2층이 주합루라네.
누각의 2층 다락을 누樓라 하고, 1층을 각閣이라 하지.

창덕궁 후원에서 정조는 아끼는 신하들과 함께 꽃놀이를 하고, 낚시를 하고, 술잔을 주고받고, 시를 읊었지. 눈을 감아도 떠오르는 그날의 흥겨운 소풍. 이것이 진정한 군신 간의 의리가 아니고 무엇이겠나? 예로부터 내원의 놀이에는 임금의 인척이 아니면 들어와 참여할 수 없었네. 임금의 인척이 아닌 신하를 잔치에 부른 것은 특별히 베푼 은전恩典이었지.

그날의 아름답고 정겨운 풍광을 정약용은 이렇게 글로 남겨 놓았네.

> 금상今上 정조 19년(1795) 봄, 상께서 꽃을 구경하고 고기를 낚는 잔치를 베푸셨다. …… 그때 대신大臣과 각신 가운데 연회에 참석한 사람이 모두 10여 명이나 되었다. …… 상께서 여러 신하를 둘러보며 "내가 이곳에 온 것은 즐겁게 놀려고 해서가 아니다. 다만 경들과 함께 즐기면서 서로 마음이 통하게 하여 천지의 조화에 응하려는 것이다."라고 말씀하셨다. …… 술을 마시자 상의 얼굴은 즐거운 빛을 띠었고, 목소리는 온화하고 부드러웠다. ……
>
> 날이 저물 무렵 상께서 부용정 난간 앞에서 연못에 낚싯대를 드리웠다. 여러 신하도 연못 주위에 앉아 낚싯대를 드리우고 고기를 낚아서 통 안에 넣어 두었다가 모두 놓아주었다. 상께서는 또 여러 신하에게 배를 띄우라고 명하고 배 안에서 시를 짓게 했는데, 정해진 시간 안에 시를 지어 올리지 못하는 사람은 연못 가운데 있는 작은 섬에 가두겠

다고 하셨다. 몇 사람이 과연 섬 가운데로 귀양을 갔는데, 곧 풀어 주었다. 또 음식을 올리게 하여 취하고 배가 부를 때까지 마시고 먹게 해 주었다. 상께서 붉은색 깁으로 두른 어전御前의 초롱을 내려 주셔서 그것으로 길을 밝히며 돌아왔다.

『여유당전서與猶堂全書』「부용정 잔치에 참석하고芙蓉亭侍宴記」

어떤가? 정해진 시간 안에 미처 시를 다 짓지 못한 사람을 장난삼아 부용지 한가운데 있는 조그만 섬에 귀양 보내는 광경이 눈앞에 그려지지 않나? 이런 흥겨운 소풍, 운치 있는 잔치를 들어 본 적이나 있나?

온갖 꽃이 흐드러지게 핀 봄날, 비 내리는 늦여름 오후, 누르고 붉게 단풍 물든 가을날 저녁, 흰 눈이 대지를 뒤덮은 한겨울 아침, 어느 때고 좋네. 창덕궁 후원에 가 보게. 마음에 드는 곳에 앉아 책을 읽노라면 이 세상 모든 시름을 잊을 수 있을 거야. 아니 자칫 아름다운 풍광에 빠져 책 읽는 건 물론이고 더위나 배고픔까지 잊을지도 모르겠군. 공부하다 지쳤을 때, 평소 보고 싶던 책을 들고 찾아가 보아도 좋겠네. 치열하게 공부하던 조상의 숨결을 한번 느껴 보게. 사방을 둘러싼 숲에서 불어오는 사각거리는 소리가 규장각 각신들이 글을 읽고 토론하는 소리처럼 들릴지도 모르겠네. 세상에서 가장 아름다운 도서관, 규장각에 꼭 한번 가 보게.

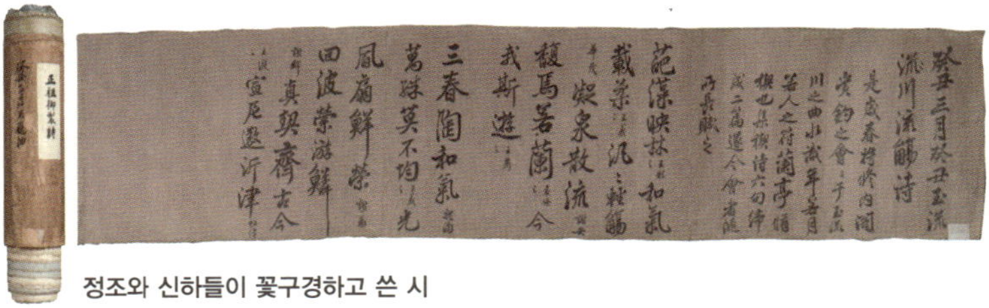

정조와 신하들이 꽃구경하고 쓴 시

내원에서 정조와 신하들이 꽃구경을 하고 지은 시를 모아 두루마리에 적어 놓았네.

좋은 말로 나를 성심껏 인도해 주기를 바란다

내각內閣 곧 '궁궐 안의 중앙 관서'라고도 하였던, 정조 시대 가장 영광된 기관인 규장각이 과연 왕실 도서관 구실만 했을까? 규장각은 처음에 임금의 글을 모아서 보관하는 곳이었어. 규장각이란 이름 자체가 '임금의 글과 글씨를 모아 둔 집'이란 뜻이네. '규奎'는 하늘에서 학문과 예술을 맡아보는 별을 가리키는 말이야. 그래서 임금의 글과 글씨를 규장奎章, 규한奎翰이라고 불렀지.

1463년(세조9)에 세조의 제갈량이라고도 불렸던 양성지梁誠之가 "임금의 글과 글씨는 은하수처럼 만세토록 영원히 빛나므

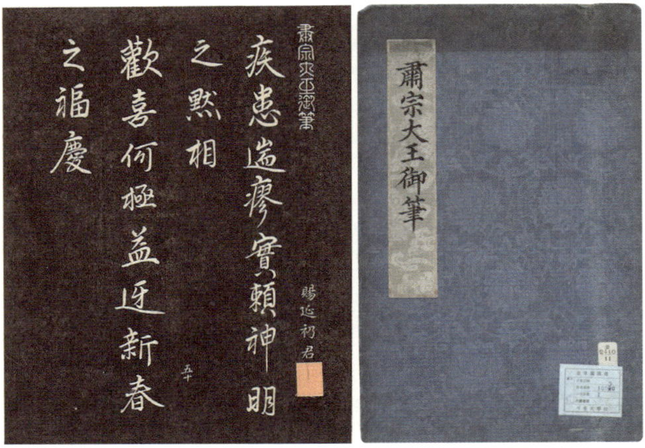

숙종의 글씨

『숙종대왕어필肅宗大王御筆』은 숙종이 친히 쓴 글씨를 모아 놓은 책자라네.
숙종은 규장각을 실제로 만든 왕이네.
임금이 친히 지은 글을 어제御製라 하고, 임금이 친히 쓴 글씨를 어필御筆이라 하네.

로 신하된 자라면 당연히 훌륭한 건물에 소중히 모셔야 한다."며 그 건물을 규장각이라 이름 짓자고 했네. 그때까지만 해도 조선이 건국된 지 얼마 되지 않아 역대 임금의 글이 그리 많지 않았어. 규장각을 실제로 만든 것은 그로부터 200년이 지난 숙종 때야. 하지만 규장각이 그저 역대 임금의 글과 글씨만을 모아 보관하는 왕실 전용 서고일 뿐이었다면 지금처럼 규장각을 기억하고 그 기능을 아는 사람이 많지 않았을 걸세.

1776년 3월, 정조가 즉위한 해 즉위한 달이었네. 왕은 창덕궁 금원 안에서 가장 경관이 빼어난 영화당 부근 연지蓮池 옆에 터를 잡아 건물을 세우라고 명하였고, 여섯 달 후인 9월에 완공하였네. 그리고 이곳에 제학提學 2명, 직제학直提學 2명, 직각直閣 1명, 대교待教 1명을 두었는데 이 여섯 사람이 바로 규장각 각신이네. 나는 1783년(정조7) 6월에 처음 대교로 임명된 후 연거푸 두 차례 더 대교를 맡았고, 5년 뒤에는 직각으로 승진했지.

나뿐만이 아닐세. 역대로 규장각 각신이었던 사람은 자부심이 대단하였네. 규장각 각신이 도대체 어떤 일을 했고, 어떤 사람이 각신을 역임했기에 다른 벼슬을 다 마다하고 규장각 각신이라는 직함을 자랑스럽게 여기는 걸까? 먼저 규장각 각신에 오른 사람의 면면을 보면 그 이유를 짐작할 수 있을 걸세. 백과사전을 놓고 홍국영洪國榮, 채제공蔡濟恭, 정민시鄭民始, 김종수金鍾秀, 심환지沈煥之, 김조순金祖淳을 찾아보게. 어떤가? 찾아 읽

규장각도

김홍도金弘道가 서른두 살 때 규장각 전경을 그린 그림이네. 세조 때 양성지가 임금의 글과 글씨를 모아 규장각에 보관할 것을 건의했고, 정조 때 와서야 비로소 창덕궁 안에 웅장한 모습으로 자리 잡았네.

규장각 수교 주련

규장각에 걸어 놓았던 수교受敎 주련柱聯이네. '수교'는 임금의 지시 사항을 말하고, '주련'은 기둥이나 벽 등에 써서 붙이는 글귀를 뜻하네. 규장각 각신이 지켜야 할 근무 지침을 적어 놓았네. 내용은 "규장각 각신은 근무 중에 관을 쓰고 의자에 앉는다."(좌)와 "손님을 보아도 자리에서 일어나지 않는다."(우)는 것이네.

어 보았나? 이들은 정조 때 그리고 더 훗날까지 역사에서 이름이 거론되는 인물들이지. 이들 모두가 규장각 각신을 역임했네. 정조 때의 기라성綺羅星이라고 해도 지나친 말이 아니지. 그런 만큼 규장각 각신은 아주 특별한 대우를 받았어. 옛날 독서당讀書堂처럼 한가롭게 머물면서 글을 읽을 수 있는 별장이 주어졌네. 근무 중에는 맡은 일에만 집중할 수 있도록 규장각 각신 출신이 아니면 대신이라도 들어오지 못하도록 하였지. 그 대신 근무 중에 공적인 일이 아니면 자리를 비울 수 없고, 손님을 보아도 자리에서 일어나지 못할 정도로 엄한 규율을 지켜야 했어.

일반 관리와 다른 대우를 받은 규장각 각신은 맡은 임무도 아주 많았네. 그들은 당직할 때 아침저녁으로 임금에게 문안하였고, 신하와 임금이 대화할 때는 사관史官으로 참석하여 모든 내용을 기록하였어. 경연經筵에도 들어가 임금과 더불어 학문과 나랏일을 토론하였고 임금이 내리는 각종 문서를 만들기도 하였으며, 학술 서적을 편찬하고 과거의 시험 문제를 출제하기도 했네.

이제 규장각이 단순한 도서관이 아니라는 것을 분명히 알겠지? 규장각은 왕의 비서실인 승정원, 학술 연구 기관이며 왕의 자문 기구인 홍문관, 역사 서술 기관인 춘추관春秋館, 왕의 이름으로 나가는 글을 짓는 예문관이 담당하던 여러 기능을 아우르는 기구라고 할 수 있네. 이처럼 정조가 새로 만들고, 나를 비롯한 각신들이 근무하던 규장각은 조선의 두뇌였다고 할 수 있지.

이렇다 보니 시기하고 질투하는 사람이 자꾸 생기는 것도 이상한 일이 아니었네. 오죽하면 공조 참의 이택징李澤徵은 정조에게 "규장각은 전하의 사사로운 관청이지 나라의 공적 기관이 아니고, 각신은 전하의 개인적인 신하이지 조정의 신하가 아닙니다."라고 따졌을까? 왜 그랬을까? 정조는 무엇 때문에 이런 견제를 받으면서도 규장각을 그토록 키우고, 규장각 각신을 이토록 아꼈을까? 정조는 이렇게 말한 적이 있어.

> 나는 세손世孫 시절부터 어진 신하를 가까이하고 척신戚臣에게는 일정한 거리를 두는 도리를 깊이 알고 있었다. 그래서 즉위 초에 맨 먼

저 규장각을 세웠던 것이니, 그저 겉으로만 학문을 숭상하고 학문의 도로 다스리는 것처럼 꾸미려 한 것이 아니다. 이렇게 한 것은 이들과 늘 가까이 지내 이들이 나를 좋은 말로 성심껏 인도해 주기를 바랐기 때문이다.

『정조실록』 정조19년(1795) 3월 10일

나는 나랏일을 보는 중에 틈이 날 때마다 규장각의 여러 신하와 함께 경전과 역사에 관한 논의들, 백성의 고통, 정치의 잘잘못, 지나간 시대의 치세治世와 난세亂世 등에 대해 마음 가는 대로 찾아서 보고 있으니, 실상 좌우에서 나를 돕게 하려는 뜻이 있는 것이다.

『정조실록』 정조6년(1782) 5월 29일

정조의 말 그대로 규장각은 정치를 어지럽히는 근본 원인이 된 척신을 멀리하고, 임금을 계발하고 일깨우기 위해 존재했네. 400년 된 조선을 다시 일으키고, 성군 세종 대왕처럼 태평성대를 이루고자 하는 일념으로 만든 학문 기관이자 정치 기관이었지. 규장각 각신은 학문과 역사를 통찰하여 백성의 고통을 덜고, 정치를 바르게 하고자 하는 임금을 옆에서 도왔지. 세종 대왕에게 집현전集賢殿 학사學士 성삼문成三問, 박팽년朴彭年, 신숙주申叔舟, 정인지鄭麟趾가 있었다면 정조에게는 규장각 각신이 있었던 거야. 각신은 우리 시대 최고의 인재이자 학자였고, 조선을 부흥하고 백성의 살림을 넉넉하게 할 정책을 마련하는 두뇌였

奎章閣

지. 그래서 정조는 이렇게 말했는지 몰라. "규장각은 이 시대의 으뜸가는 자리이니, 문文과 예禮가 여기에 있다."고 말이야.

나 윤행임은 규장각을 조선 최고의 도서관, 없는 책이 없는 곳이라고 자랑스럽게 여겼었지. 하지만 이제 와 보니 그건 우물 안 개구리 같은 생각이었네. 정조가 즉위한 해에 청나라에 갔던 사신이 모두 1만 권에 달하는 『고금도서집성古今圖書集成』이라는 전집을 사 왔을 때의 이야기를 들어 보면 무슨 말인지 실감이 날 걸세. 수원 화성을 건설할 때 정약용이 만든 거중기擧重器도 이 전집에 들어 있는 『기기도설奇器圖說』을 참고하여 만들었지. 『고금도서집성』을 연경에서 구할 때, 그곳의 상인이 이랬다는 거야. "이 책이 간행된 지 거의 50년은 되었는데 당신네 나라는 학문을 숭상한다면서 이제야 사려고 하오? 일본은 이미 3질이나 구해 갔소."

굳이 이런 이야기를 하는 까닭을 이해해 주게. 규장각은 조선 후기의 문화 역량을 보여 주는 자랑거리임에 틀림없네. 하지만 같은 시대의 우리 주위 세계는 어땠는지도 함께 살펴볼 필요가 있네. 굳이 산업 혁명과 시민 혁명이 한창이던 유럽이나 미국처럼 먼 곳을 보자는 건 아닐세. 가까이 있는 일본과 비교해 보게. 같은 시대에 일본은 다이묘大名라고 하는 봉건 영주마다 규장각 같은 도서관을 가지고 있었네. 조선으로 치면 규장각이 팔도에 하나씩 있었던 셈이지. 게다가 그곳에서는 중국뿐 아니라 조선과 서양에서 만든 책을 거의 망라하여 소장하고 있었다더군.

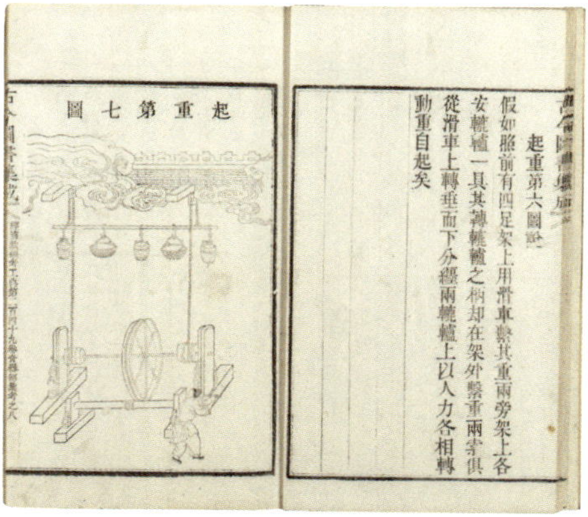

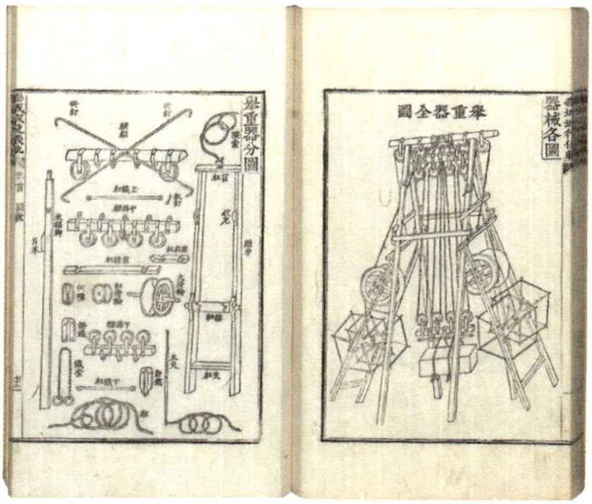

상) 기중기 그림
『고금도서집성』 중의 한 권인
『기기도설』에 실려 있는
기중기起重器 그림이네.
서양 선교사가 역학의 기본 원리를
설명하면서 그것을 응용한 도구와
기계 장치를 자세히 밝혔다네.
'기기奇器'란
신기한 기계를 뜻하지.

하) 거중기 그림
거중기는 수원 화성을 건설할 때
정약용이 고안해 사용했다는
기구이네.
그림은 『화성성역의궤』에
실려 있네.
도르래의 원리를 이용해
무거운 돌을 옮기는 데 사용하였지.
『기기도설』을 참고해
만들었다고 하네.

안타깝게도 조선의 규장각은 세계 각국의 도서관들과 견주어 보았을 때 아주 작은 호수에 불과했어. 그것도 모든 수원水源을 향해 열려 있지 않아 한쪽에서만 물을 취할 수 있을 뿐이었지. 이젠 알겠지? 남보다 좀 낫다고, 열심히 노력하고 있다고 자만해서는 안 되네. 새 시대에는 이 나라 곳곳에 온 세상을 담을 수 있는, 규장각보다 훨씬 큰 그릇을 빚길 바라네.

내 일러 줌세

통신사 행렬도 중 정사正使

통신사가 본 일본의 출판

1719년(숙종45) 신유한申維翰이 통신사 사행의 제술관製述官으로 일본에 다녀와 책을 썼네. 제술관이란 외교 문서의 글을 지으면서 일본 지식인들과의 문화 교류를 담당하는 직책이네. 글재주가 뛰어난 젊은 관료가 주로 맡았던 일이지. 당시에 외교 사절로 중국이나 일본에 다녀온 사람들은 여행의 전말을 기록하는 글을 지었네. 청나라면 보통 연경에 다녀온다 하여 『연행록燕行錄』을, 일본이면 바다 건너 다녀왔다 하여 『해유록海遊錄』을 썼어.

그 가운데 출판 관련 기록을 보면, 오사카의 서점에서 유성룡柳成龍의 『징비록懲毖錄』, 강항姜沆의 『간양록看羊錄』 같은, 기밀을 기록해 놓은 조선 책이 버젓이 판매되고 있었다고 하네. 더욱 놀라운 것은 일본에 상륙하여 지금의 도쿄인 에도로 가는 길에 일본인들과 주고받은 문장을 불과 1개월 만에 편집해서 책으로 인쇄했다는 사실이야. 일본 내에 유통되는 조선 책이 100종 정도였고, 중국에서 수입해 온 책이 1,000종에 달하고, 민간에서 간행하는 책이 조선의 10배가 넘었다고 하네.

정조가 다스리고 있던 18세기 말에 일본은 이미 출판의 대중화가 이루어졌네. 에도에 6,000명이 넘는 출판업자가 있었고, 교토에서는 1만 점이 넘는 책을 출판하고 있었다고 하네. 글을 읽을 수 있는 독자층과 책을 소비할 수 있는 경제력 있는 독자들이 존재했던 것이지. 출판과 독서가 일본이 쌓은 부와 국력의 원천이 아니었을까?

제3절

정조, 만천명월주인옹

과인은 사도 세자의 아들이다

오늘날까지 우리가 이순신을 기릴 수 있는 길을 닦아 준 『이충무공전서』는 정조의 명으로 이 세상에 나올 수 있었네. 책을 좋아했던 왕, 정조는 누구였을까? 앞서 말했듯이 정조는 열한 살 어린 나이에 한여름 뜨거운 햇볕을 받는 좁디좁은 뒤주에 갇혀 죽는 아버지의 모습을 보았네. 그 충격이 얼마나 크고 슬픔이 얼마나 깊었을지 직접 보거나 듣지 않았다 해도 헤아릴 수 있을 걸세.

아버지의 상을 마치자마자 세손 정조는 앞서 죽은 큰아버지 효장 세자孝章世子의 양자로 이름을 올리네. 죄인의 자식으로서 왕이 되게 할 수 없다는 할아버지 영조의 배려였겠지만 정조로서는 이제 아버지를 아버지라 하지 못하는 처지가 된 셈이야. 한평생 정조는 아버지의 죽음에 괴로워했네. 철이 들면서 손자를 너무나 예뻐하는 할아버지를 볼 때, 아버지가 죽게 된 데에 자신의 존재가 한몫했다는 생각이 들었을 수도 있네. 그러나 아버지의 죽음은 할아버지의 명령이었고, 세손 시절에는 주위가 온통 할아버지의 처분에 동조했던 자들로 가득 차 있어 마음 놓고 아버지를 그리워하지도 못했지.

채제공 초상
정조 시대의 명재상 채제공의 초상이네. 정조가 "나는 이 대신大臣에 대해서는 실로 남모르게 나만이 아는 속 깊은 교분이 있었다."고 말할 정도로 신임한 인물이었네.

얼마나 사무쳤으면 스물다섯 건실한 청년으로 보위에 오른 첫날에, 신하들에게 처음 한 말이 "아! 과인은 사도 세자의 아들이다."였을까? 왜 하필 할아버지 영조가 그토록 하지 않기를 바라던 바로 그 말을 하고 말았을까? 정조의 측근으로 영의정을 지낸 채제공蔡濟恭의 목격담을 보면 더 애틋함을 느낄 수 있어.

> 일찍이 옛글에서 피눈물이라는 표현을 보기는 했어도 아직 그것을 실제로 본 적은 없었는데, 이번에 임금의 소맷자락에서 직접 피눈물을 보았습니다. 아! 하늘이 어찌 이리하신단 말입니까? …… 진실로 하늘에 사무치는 지극한 원통함이 가슴 깊이 응어리진 경우가 아니라면 어떻게 눈에서 쏟아지는 눈물이 진짜 피가 되는 지경에 이르겠습니까?
>
> 『정조실록』 정조17년(1793) 5월 28일

경기도 양주 배봉拜峯에 있던 아버지 사도 세자의 무덤을 화성 현륭원顯隆園으로 옮길 때 통곡하던 정조의 모습을 보고 한 말이네. 그랬네. 왕은 피눈물을 머금고 있었고, 어려서부터 이미 마음속에 차가운 얼음을 품고 살았네. 어찌 안 그렇겠나? 아버지가 미치광이로 할아버지의 손에 죽었는데, 어린 마음에 그것이 상처가 되지 않는다면 그 아이가 더 이상한 것 아니겠나?

그러나 왕은 반듯했네. 온갖 나쁜 짓을 일삼다 쫓겨난 연산군처럼 광기에 사로잡히지 않았네. 무엇이었을까? 무엇이 그 큰

상) 정조효손은인과 외함

1776년(영조52) 왕세손이던 정조에게
영조가 나린 은 도장과 그것을 넣어 보관하던 함이네.
정조가 『승정원일기承政院日記』에 실린
아버지 사도 세자의 죽음에 대한 기사를 삭제해 줄 것을
요청한 데 대해 영조가 칭찬하며 내린 것이네.

중) 정조효손은인의 인면

'83세의 영조가 효성스런 손자에게 주는 글'이란 뜻으로
'효손 팔십삼서孝孫八十三書'라 새겨져 있네.
영조는 늘그막에 "할아비는 손자를 의지해 살고
손자는 할아비를 의지해 산다."고 입버릇처럼 말했다네.

하) 유세손서

사도 세자에 대한 정조의 효심에 감동하여 영조가
왕세손이던 정조에게 내린 글이네. "아! 해동海東 300년,
조선의 83세 왕은 25세 손자에게 의지한다."로 시작하여
"종묘사직을 잘 보존하라."고 당부하는 말로 끝을 맺네.

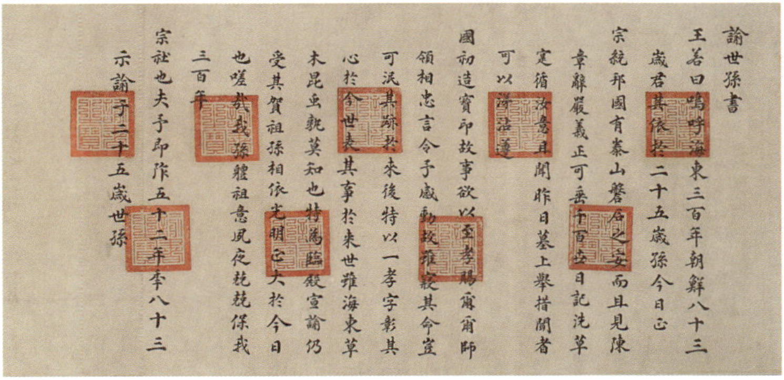
諭世孫書
王若曰嗚呼海東三百年朝鮮八十三
歲君其依於二十五歲孫今日也
宗統邦國有泰山磐石之安而且見陳
章辭嚴義正可垂千百世日記洗草
寔循汝意且聞昨日墓上舉措聞者
可以涕泣漣
國初造寶印故事欲以至孝賜爾爾師
領相忠言令予感動故雖敎其命宜
可泯其跡於來後特以一孝字彰其
心於今世表其事於來世雖海東草
木昆虫孰莫知也特爲臨殿宣諭仍
受其賀祖孫相依光明正大於今日
也嗟哉我孫體祖意夙夜乾乾保我
三百年
宗社也夫予即阼五十二年李八十三
示諭于二十五歲世孫

정조의 죽책

1759년(영조35) 정조가 여덟 살 때 왕세손으로 책봉되면서 받은 죽책竹冊이네. 왕세손으로서 지켜야 할 도리와 교훈을 새겼네. 왕에게 존호를 올리거나 왕비를 책봉할 때는 옥책玉冊을 사용했네.

아픔을 견뎌 내고 이겨 내게 했을까? 나는 가장 큰 힘이 독서와 글쓰기였다고 생각하네. 정조는 아침저녁으로 할아버지의 문안을 살피는 일이 아니면 하루도 거르지 않고 책 읽기에 몰두했네. 미치광이 폐세자廢世子의 아들이라는 꼬리표가 누르는 중압감이 말할 수 없이 무거웠지만 늘 바른 자세로 글을 읽고, 서연書筵에서는 진지하게 묻고, 할아버지를 지극히 공손한 태도로 모셨네. 설사 영조의 눈 밖에 나서 자신도 아버지와 같은 일을 당할까 두려워서 그렇게 했다고 할 수 있을지는 몰라도 글 읽기는 훌륭한 습관이었네. 머지않아 임금이 될 사람으로서 원하는 것은 무엇이든 가질 수 있었을 텐데도 무섭고 서러운 생각을 떨쳐

버리기 위해 오락에 빠지거나 쓸데없는 일에 힘을 쓰지 않았어. 자기 절제가 뛰어났다고 할 수 있지.

정조는 또 어렸을 때부터 동궁이 되고 보위에 오를 때까지 행동과 말을 기록하지 않은 날이 없었어. 이것을 연월별로 편집하여 아침저녁으로 보고 반성할 자료로 삼았지. 처음에 춘저春邸에 있을 땐 모두 손수 적었네. 즉위한 뒤로는 규장각의 신하들에게 맡겼지만 내용을 넣고 빼는 것은 직접 살피고 챙겼어. 왕의 개인 일기에서 출발한 것이 나랏일의 공식 기록이 되었지. 그렇게 묶인 책이 『존현각일기尊賢閣日記』와 『일성록日省錄』이네. 하루에 세 가지로 자신을 반성한다는 『논어論語』 속 증자曾子의

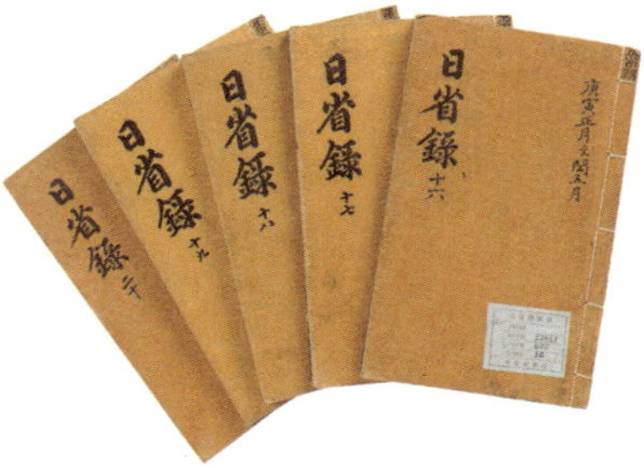

일성록
정조의 개인 일기를 모태로 하여
조선이 멸망할 때까지 지속적으로 편찬된
공식 기록물이네.

말씀에서 책 이름을 따온 『일성록』은 조선이 멸망할 때까지 대를 이어 계속 편찬되었고, 『승정원일기』와 함께 시대를 증언하는 중요한 기록 유산이 되었지. 왕은 이리 말했네.

> 나는 일찍부터 일기 쓰는 버릇이 있었다. 아무리 바쁘고 번거로운 일이 있을 때라도 반드시 잠자리에 들기 전에 기록하여 하루에 세 가지로 자신을 반성한다는 의미를 붙였다. 『정조실록』 정조5년(1781) 8월 19일

『일성록』은 보통의 사료와 다르네. 검서관檢書官 유득공에게도, 각신인 나에게도 『일성록』 작성은 매우 중요한 업무였어. 1784년(정조8)부터는 매일 당직하는 각신 이름까지 기록하였지. 『일성록』을 어떤 형식으로, 어떻게 만들었는지 유득공이 잘 정리해 놓은 글이 있어. 같이 볼까? 여기서 말하는 '강綱'은 큰 줄거리 또는 요지를, '목目'은 잘게 나눈 낱낱의 조항을 말하네.

> 성상이 즉위한 이후 규장각에서 『일성록』을 대신 엮었다. 매일 숙직하는 검서관이 승정원의 문서를 가지고 강과 목으로 나누어 문장을 뽑고 사건을 빠짐없이 기술하였다. 각신은 이를 다듬어서 5일치 기록을 한 권씩으로 만들어 정리하고 잘 베껴서 올렸다. 임금의 글이면서 선비의 글도 되니, 그 일이 특히 중요하다.
>
> 『고운당필기古芸堂筆記』「내각에서 『일성록』을 대신 엮다內閣代撰日省錄」

매일의 독서와 하루하루 자신을 돌아보면서 쓰는 일기는 정조를 원대한 꿈을 가진 강한 왕으로 키웠네. 정조는 일찍이 "선비는 마음이 넓고 굳세지 않으면 안 된다. 책임은 무겁고 갈 길은 멀기 때문이다."라는 『논어』 속 증자의 말씀을 자신의 좌우명으로 삼았네. 그 뜻을 새겨 세손 시절 평소 거처하던 경희궁慶熙宮의 연침燕寢에 홍재弘齋라는 편액을 걸어 놓고, 자신의 호號로 삼았지. 그렇게 공부하고, 쓰고, 말한 글을 모아 펴낸 책이 184권 100책에 달하는 『홍재전서弘齋全書』라네. 정조 이전 역대 어느 임금도 개인 문집을 가져 본 적이 없다네.

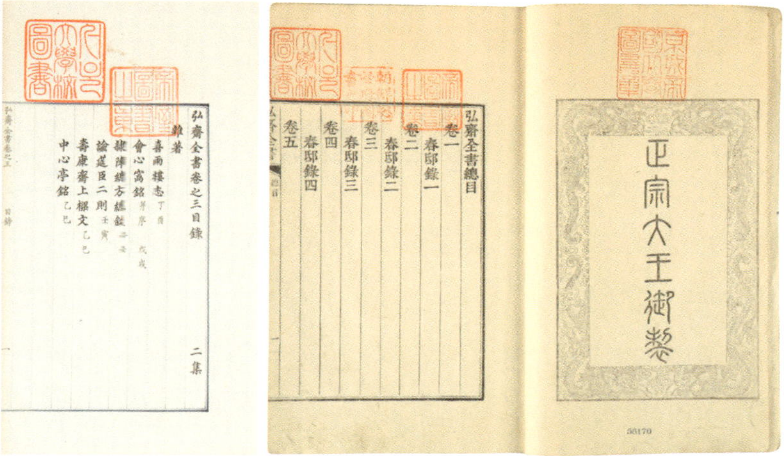

상) 홍재전서

정조의 시문을 모아 편찬한 문집으로, 왼쪽은 필사본이고 오른쪽은 활자본이네.
184권 100책에 이르는 거질巨帙이지. 정조는 책도 많이 읽고 글도 많이 쓴 임금이었네.

하) 서궐도

경희궁의 모습을 담은 그림일세. 경희궁은 경복궁 서쪽에 있어 '서궐西闕'이라 불렀네.
이 궁궐의 집경당集慶堂에서 영조가 승하하고, 숭정문崇政門에서 정조가 즉위했다네.

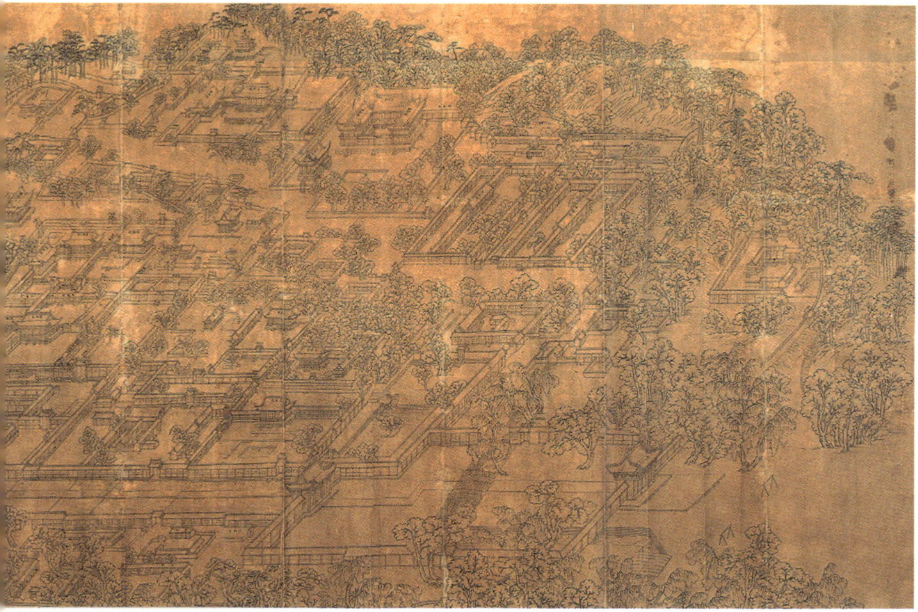

『홍재전서』 안에는 신하들이 곁에서 보고 듣고서 기록한 왕의 말씀도 있네. 왕의 말을 받아 적는 신하는 왕과 관련한 안 좋은 내용을 적으려면 무척 조심스러워졌겠지? 그러나 정조는 "만약 너무 지나치게 좋은 점만 강조하여 떠벌린다면 훗날 이 기록을 보는 자들이 오늘을 두고 뭐라 하겠는가?"라고 단단히 주의를 주었네. 그 기록이 「일득록日得錄」일세. 자신을 엄히 다룬, 독서를 좋아한 한 사람이 품었던 큰 생각이 잘 담겨 있네. 곁에 두고 어느 때고 손에 잡히는 대로 차분히 읽어 본다면 생각이 한결 맑아질 걸세.

정조는 보위에 오른 뒤로 성실하게 정사를 돌보았네. 평소 촛불 아래에서 상소上疏나 장계狀啓, 혹은 옛사람의 글을 읽다가 밤늦게 자리에 들었네. 행여 다음 날 날이 새는지를 몰라 조회朝會에 늦을까 봐 연침 동쪽에 수탉을 두고 길렀네. 왕은 군주로서의 사명감이 투철했고 백성을 사랑했네. "임금은 배와 같고 백성은 물과 같다. 내가 이제 배를 타고 백성에게 왔으니 더욱 철저히 조심한다."고 스스로를 타이른 분일세. 임금이 조심하지 않으면 백성이라는 물이 배를 뒤집을 수도 있음을 안 거지.

정조는 왕을 대신해 백성들을 직접 만나는 지방 목민관牧民官의 중요성을 누구보다 잘 알고 있었네. 부임 인사를 온 수령과 장수들에게 "한 가지라도 죄를 범할 경우 용서하지 않을 것이니 유념하라. 그대들의 이름을 벽에 써 붙여 두고서 치적의 부지런

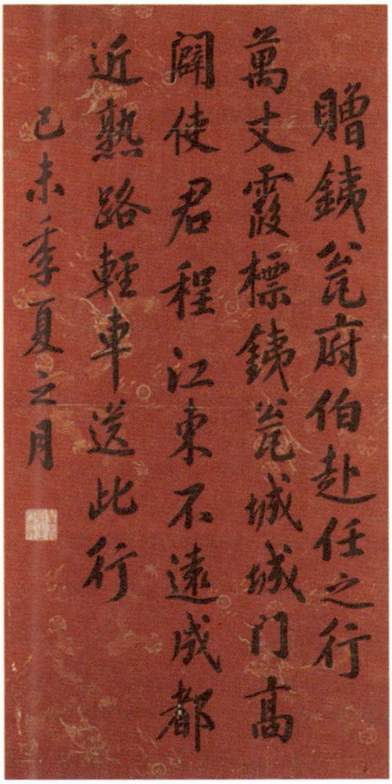

정조가 지방 관리에게 준 글
1799년에 정조가 영변 부사寧邊府使 서형수徐瀅修에게 지어 준 시구詩句로, 제목은 '증철옹부백부임지행贈鐵甕府伯赴任之行'이네. 왕을 대신해 백성을 다스리러 가는 지방관을 격려하고 있네.

함, 게으름을 살피겠다."고 하교하였지. 말로만 끝내지 않고 줄기차게 암행어사暗行御史를 보내 점검하였네. 부정이 적발된 수령은 물론, 제대로 적발하지 못한 어사에게도 벌을 내렸어. 관리가 긴장하면 할수록 백성이 그만큼 더 편안해질 수 있다는 사실을 꿰뚫고 있었던 거지. 실로 타고난 자질, 훌륭한 자세, 성실성 등 군왕으로서 부족함이 없는 군주였고, 그에 걸맞은 정치를 펼쳤네. 스스로도 자부심이 대단하여 '만 갈래 시내에 비치는 밝은 달과 같은 존재'라는 의미로 '만천명월주인옹萬川明月主人翁'이라는 호를 지어 사용하였지.

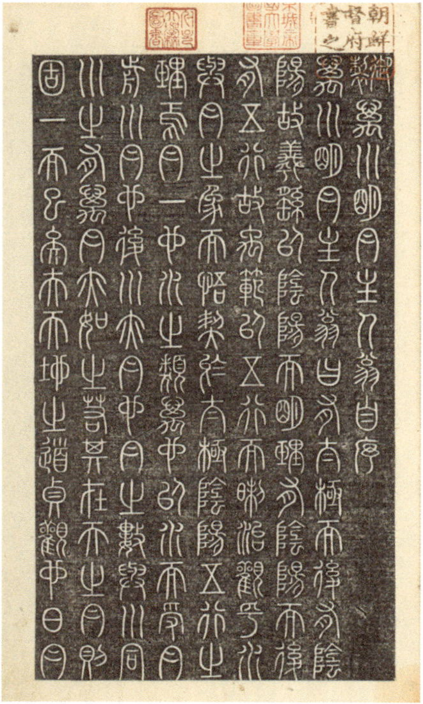

만천명월주인옹 자서
1798년 정조가
'만천명월주인옹'이란 호를 쓰게 된
사유를 적은 글일세.
왕은 '만 갈래 시내에 비치는
밝은 달과 같은 존재'라는
자부심이 담겨 있네.

황단에 공경히 절한 까닭은

바른 생각과 깊은 독서, 굽은 것을 곧게 펴겠다는 개혁 의지와 실천력에 정치적 수완까지 갖추었건만 왜 정조의 정치는 빛을 보지 못했을까? 이렇게 훌륭한 왕이 있었는데도 왜 조선은 그 후로 내리막길을 걷다가 끝내 이민족의 지배를 받게 되었을까? 왕이 너무 일찍 승하해서? 아들 순조가 어린 나이에 보위에 올라서? 정조 사후 노론 벽파의 반동 정치 때문에? 안동 김씨의 세도 정치 때문에? 만약에 정조가 10년, 아니 몇 해만 더 보위에 있었더라면 조선의 미래가 달라졌을까?

요즘 영조와 정조가 다스린 시대를 '조선의 르네상스'라 부르고, 정조를 '미완의 개혁 군주'라고도 한다지만, 조금은 냉철하게 그 시대를 돌아봐야 하지 않을까 싶네. 그 시대는 과연 어떤 시기였을까? 아프지만 냉정하게 되짚어 봐야 할 대목이네.

숙종 영조 연간(1674~1776)에 지속된 경제 성장으로 조선은 새로운 사상과 문화의 기운이 꿈틀대고 있었네. 경제 형편이 나아진 하층민은 신분의 굴레를 벗어던지고자 했어. 노비의 도망이 이어지고, 재산을 일군 상민은 돈으로 양반 신분을 샀네. 서얼庶孼은 차별 철폐를 요구하고 나서고 중인中人은 양반과 같은 수준의 문화를 즐기려 했네. 판소리, 탈춤, 풍속화, 방각본坊刻本 소설, 사설시조, 위항委巷 문학 등이 이 시대에 모습을 드러냈지.

도덕과 의리를 따지는 근엄하고 바른 고문古文을 멀리하고 경쾌하고 발랄한 명나라와 청나라의 신식 문장을 쓰는 것이 젊은 선비들 사이에 유행처럼 번졌네. 연암燕巖 박지원朴趾源의 『열하일기熱河日記』로 대표되는 소품체小品體 문장은 새로운 시대 상황을 담을 수 있는 그릇이었어. 그 때문이었을까? 청나라 오랑캐에 무릎 꿇은 치욕을 씻자는 북벌론北伐論을 의심하는 이들이 나오더니, 급기야 청나라를 배우자고 하는 무리까지 생겨

났네. 세상은 자유를 원하고 있었고 주자 성리학이라는 틀 안에만 갇혀 있기를 거부했네.

정조는 이런 시대 상황을 위기로 보았네. 명분과 도덕 질서가 무너진다고 생각했지. 정조는 이런 위기 상황을 원래대로 되돌리려고 했네. 먼저 대명 의리大明義理를 다시 바로 세우려 했지.

> 나흘 전에 황단皇壇에 공경히 절한 것은 명나라 신종 황제가 돌아가신 날이기 때문이다. 그날 충신의 후손들을 불러 만나고 문사에게는 글짓기 시험을, 무사에게는 활쏘기 시험을 보였다. 나라를 다시 일으켜 주신 황제의 은혜를 길이 기념하고, 미루어 우리나라 충신에게 확대하여 비석을 세워 충무공 이순신의 공덕과 사업을 표창하려 한다.
>
> 『이충무공전서』「윤음綸音」

『이충무공전서』를 펼쳐서 처음 보게 되는 글의 첫 단락일세. 황단이라고 들어 본 적 있나? 본래 이름은 대보단大報壇이라고 하지. 창덕궁 후원에 있었네. 명나라 황제 세 명의 제사를 모시는 곳이야. 세 명은 명나라를 세운 태조, 임진왜란 때 군대를 보내 조선을 구원한 신종, 그리고 명나라 마지막 황제 의종이라네. 조선의 왕이 왜 중국 황제의 제사를 지낼까? 재조지은 즉 나라를 다시 만들어 준 은혜 때문이야. 그 은혜를 크게 갚겠다는 의미에서 대보단이라 이름했지. 정조의 증조할아버지 숙종이 세웠는데, 정조는 누구보다도 정성껏 대보단 제사를 드렸네. 재위 24년 동안 23년을 친히 행차하여 제사 드릴 정도였지. 왕은 다른 무엇보다 명나라에 대한 춘추대의春秋大義를 중시했네. 명나라가 망하면서 무너진 중화中華가 조선에서 살아났다고 생각했기에 정조에게 청나라는 중화 대륙을 깔고 앉아 있는 거만한 오랑캐일 뿐이었어.

정조는 잘못된 생각은 잘못된 문장에서 비롯된다고 보았네. 문장이란 도道를 담고 있어야 했네. 『논어』나 『맹자孟子』, 『중용中庸』, 『시경詩經』 같은 책에 보이는 문장처럼 딱딱하고 반듯하며, 형식을 갖추어 쓰는 글이 좋은 문체였어. 인간의 사랑이나

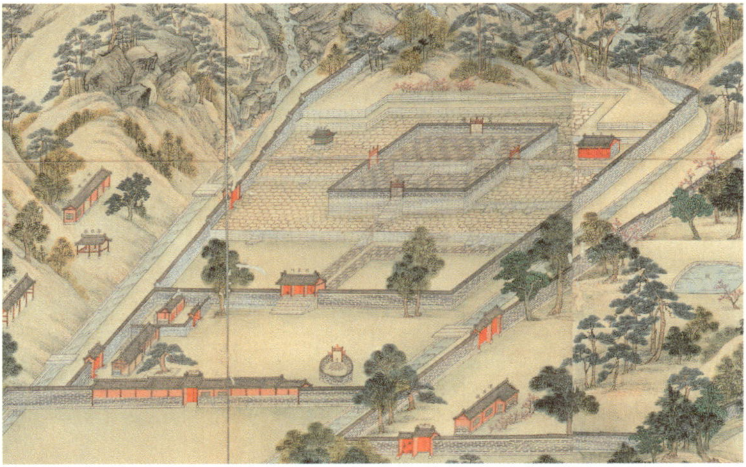

대보단 부근

'동궐도' 중에서 명나라 황제들을 제사 지내던 대보단 부근이네. 청나라를 의식해 창덕궁 후원 깊숙이 숨겨 두었네. 대명 의리를 강조하는 상징적인 장소였지. 일제 강점기에 헐렸네.

서울로 돌아오는 정조의 행차
1795년(정조19) 어머니 혜경궁 홍씨를 모시고 수원 화성에 갔다가 돌아오는 모습을 담은 '환어행렬도還御行列圖'라네.
이해는 혜경궁 홍씨가 회갑을 맞이한 해였네.

갈등, 희로애락, 분노나 기쁨을 담은 문장이 아니라 인仁, 의義, 예禮, 지智 같은 도덕과 이성을 드러내는 문장이 좋은 문장이었지. 그런데 젊은 선비들이, 심지어 아끼고 믿는 규장각 각신들까지 경박한 소품체 문장에 빠져든 거야.

정조는 선비의 잘못된 문체를 바로잡아 세상을 고치려 했네. 소품체를 쓰는 선비는 과거 시험에서 낙방시키고 귀양까지 보냈네. 규장각 각신과 아끼는 신하에겐 반성문을 쓰게 했어. 책은 유교 경전만 보라고 했네. 소설은 선비가 읽어서는 안 될 것이라며 멀리하라 했지. 책을 읽을 때도 책상에 바른 자세로 앉아 경건한 마음가짐으로 읽으라고 가르쳤네. 청나라에서 들어오는 책은 작고 가

벼워 선비들이 누워서 보는 나쁜 버릇이 생긴다며 책 수입을 금지하기까지 했어. 읽지 않은 책이 없다고 할 만큼 책을 좋아하고, 문집을 낼 만큼 문장을 좋아했던 왕이 책과 문장을 탄압했네.

이런 일이 있었네. 경연에서 한 신하가 수원 화성을 축조할 때 사용했던 기계들을 그림으로 그리고 설명을 붙여서 임금의 문집에 싣기를 청한 적이 있어. 그때 왕은 이리 대답했네.

> 화성을 쌓는 공사 때문에 돌과 흙을 채취하고 운반하느라 사람의 공력을 많이 소비한다기에, 아쉬운 대로 힘을 덜기 위한 자료로 편리하게 사용할 도구를 우연히 만들기는 하였다. 그러나 이는 말단적인 기술에 불과하니 어찌 후세에 남겨 줄 만한 것이겠는가?
>
> 『홍재전서』「훈어訓語 4」

정조는 늘 백성의 현실을 안타까워하고 백성들의 고충을 해결하기 위해 노력했지. 청나라의 선진 문물을 받아들여 백성을 이롭게 하자는 홍대용, 박제가, 박지원 같은 선비들의 이용후생利用厚生에도 관심을 기울였어. 하지만 임금은 그것이 급선무라고는 생각하지 않았어. 왕은 그런 기술을 여전히 말단적인 것으로 생각했던 거야.

정조가 급선무라고 생각한 것은 의리를 밝히고 몸가짐을 바로 하는 일이었네. 임금이 바른 마음으로 정성을 다하면 태평성

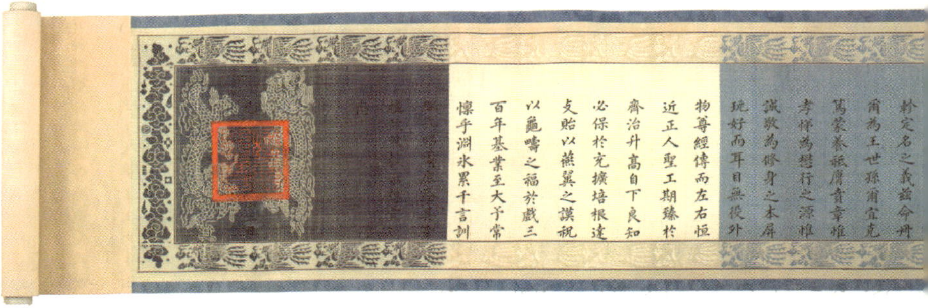

정조 교명

1759년 정조가 왕세손으로 책봉될 때 영조가 내린 교명敎命이네. 왕세손으로 책봉하는 뜻과 왕세손으로서 지켜야 할 일, 부귀 장수를 축원하는 내용을 담고 있네.

대가 될 거라고 생각했네. 사대부도 몸가짐을 바로 하고 마음공부를 정성껏 하면 좋은 정치가 될 거라고 생각했어. 그래서 "사대부가 한갓 장부나 기록하고 세금 거두는 능력이나 가지고 있다면 보잘것없는 말단 부류이다."라고 말했네. 백성의 고통을 덜고자 무던히 마음을 쓰면서도 구체적인 방법은 보지 못했던 것이지.

그랬네. 정조는 누구보다도 열렬한 주자학 신봉자였네. 정조가 만든 책 상당수가 주자의 저서에서 뽑아 엮은 것이었어. 임금은 조선을 바른 유학을 중심으로 하나 되는 나라로 만들고 싶어 했네. 그럴 실력도 있었고 자신도 있었다네. 명실상부한 군사君師였네. 임금이자 스승일 수 있는 분이었지. 황단에 지극정성으로 제사를 지내는 것도, 선비들에게 유교 경전을 읽고 고문을 쓰도록 강요한 것도 같은 이유였네. 정조가 만들고 싶었던 세상

은 여전히 과거에 성리학자들이 꿈꾼 이상 세계였네.

어떤가. 지금까지 보고 배웠던 것과 다르지 않은가? 또 앞에서 내가 그렇게 칭송했던 정조의 모습과도 너무도 다르지 않은가?

정조는 한 나라의 왕으로서 깊은 책임감을 가지고 직무를 성실히 수행하려 무던히도 애를 썼네. 높은 점수를 매겨도 좋네. 하지만 한편으로 생각해 보면 아쉬운 점도 많네. 조선의 왕은 어려서부터 백성이 나라의 근본이라고 배워 왔네. 탐욕스러운 관리로부터 불쌍한 백성을 보호하는 것이 자신의 임무라고 생각하며 살았어. 조선왕조실록 어디를 보아도 알 수 있는 사실이야. 어느 왕이고 가뭄이 들면 반찬 가짓수를 줄였어. 천재지변이나 돌림병이 돌면 부덕의 소치라며 신하들에게 따끔한 충고를 하도록 종용했네. 겉으로만이 아니라 진심으로 그리했네. 이 나라,

이 백성이 그들의 것이었으니. 정조가 역대 어느 왕보다 바르고 영민했으며 성실하고 책임감이 강한 왕이었던 것은 사실이야. 그러나 달라지는 세상을 이해하고 새로운 전망을 제시하진 못했네. 정조의 마음이 백성에게 가 있었던 것은 분명하지만 실제 마음을 기울인 학문과 정책 방향은 여전히 주자학에 바탕을 두고 있었던 거야.

정조만 탓할 순 없을 것이네. 우리 모두가 같은 시대의 바깥 세상을 너무나 몰랐네. 옛사람과 옛글에서만 진리와 기준을 찾으려 했지. 청나라에서, 일본에서, 저 멀리 서양에서 새로운 세상의 새로운 글과 새로운 생각과 새로운 물질 문명이 봇물처럼 터져 나오는 것을 못 봤던 게야. 바로 여기, 이곳에서 새로운 진리와 기준을 찾을 생각을 못 했다네. 왕을 비롯하여 어느 누구도 시대의 한계를 뛰어넘어 한 발을 더 내딛지 못했던 것이지.

이제 더 이상 역사에서 왕을 불러오려 하지 말게. 정조의 말마따나 왕은, 지도자는 백성이라는 물 위에 떠 있는 배에 불과한 것일세. 배를 잘 나가게 하는 것도, 뒤집을 수 있는 것도 물이라는 점을 명심하게. 이제 정조의 어깨에 지워진 짐을 그만 내려놓아 주면 좋겠네. 정조가 개혁 군주가 아니면 어떤가? 정조는 이미 많은 역할을 하였네. 이제는 자네들 몫일세. 과거를 거울삼아 현재를 성찰하고 내일을 바라보는 것은 바로 자네들일세.

내 일러 줌세

융릉의 봉분

사도 세자의 무덤을 불렀던 이름, 묘·원·능

왕실에서는 무덤을 부르는 이름에도 서열이 있네. 왕과 왕비의 무덤은 능陵, 서자와 세자빈 그리고 왕비가 아닌 왕의 생모의 무덤은 원園, 나머지 대군과 왕자의 무덤은 일반인과 마찬가지로 묘墓라 했지. 사도 세자의 무덤은 이 세 가지 이름을 차례로 다 가진 독특한 내력이 있네.

양주에 있던 사도 세자 무덤의 원래 이름은 수은묘垂恩墓였어. '은혜가 드리웠다'는 뜻이야. 당초 세자로 예우하지 않고 대군·왕자의 예로 모셨다는 사실을 알 수 있지. 왕이 된 정조는 아버지의 시호를 장헌 세자莊獻世子로 고치면서 무덤 이름도 영우원永祐園으로 올렸네. '영원한 행복'이라는 뜻이네. 비로소 세자에 걸맞은 무덤 이름을 갖게 된 것이지.

아버지의 묏자리가 좋지 않다고 생각한 정조는 즉위한 지 13년 되던 1789년에 명당으로 알려진 화산花山으로 무덤을 옮겼네. 이때 난간석欄干石과 병풍석屛風石을 두르고 이름을 현륭원顯隆園이라 고쳐 지었지. '부모의 큰 은혜를 드러낸다'는 뜻이네.

오늘날 융릉隆陵이라 부르게 된 것은 고종 때에 장헌 세자를 장조莊祖로 추존追尊하면서 왕릉으로 격을 높였기 때문이네.

제4절

유득공, 서얼 집안의 검서관

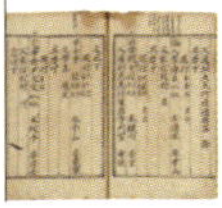

천하를 오랑캐라 무시하고 자기야말로 예의에 맞고 중화를 따른다 하니

나의 벗 유혜풍柳惠風 군은 박학하고 시를 잘하며 옛 문물제도에 조예가 깊다. 이미 『우리나라 옛 도읍지 스물한 곳을 읊은 시와 그에 대한 주석을 단 『이십일도회고시주二十一都懷古詩注』를 편찬하여 우리나라에서 가 볼 만한 곳을 상세하게 서술한 바 있다. 또 관심을 넓혀 『발해고渤海考』 한 권을 지어 발해의 인물, 지리, 역대 군왕, 역사를 조목조목 빠짐없이 서술하였는데, 종횡무진 넘나드는 내용이 볼만하다.

『정유각집貞蕤閣集』「『발해고』 서문渤海考序」

검서관 신臣 유득공이 인쇄를 감독하였다. 『이충무공전서』「지識」

『이충무공전서』를 소개할 때 빼놓지 않아야 할 인물이 또 한 사람 있네. 이 책의 인쇄를 감독하는 책임을 맡았던 검서관 유득공이라네. 그를 소개하기 전에 '이름'에 대해 같이 먼저 새기고 시작하겠네.

혜풍은 이름도 아니고, 호도 아니네. 이건 자字라고 하는 걸세. 옛날에는 이름을 함부로 부르는 것은 예에 어긋난다고 생각했네. 어른이 되고 난 뒤에도 그 이름을 부를 수 있는 사람은 임금과 스승, 부모님뿐이었지. 자기 이름을 댈 때도 마찬가지였고.

나이가 비슷하거나 적더라도 항렬行列이나 관직이 높을 경우는 이름 대신 자를 불렀지. 자는 지금의 성인식과 같은 관례冠禮 때 부모님이나 웃어른이 지어 주는 두 번째 이름일세. 하지만 우리나라는 열 살이 넘으면 혼례婚禮를 서두르는 조혼早婚 풍속이 있어 관례를 그다지 중요하게 여기지 않았기 때문에 자에 대한 애정이나 인식이 형식적인 것이 되었네. 자네도 자는 좀 낯설게 여겨질 거야. 하지만 공식적으로는 이름 다음으로 인정을 받아 공적인 문서에는 호를 쓰지 않고 자를 썼네. 이순신이 무과武

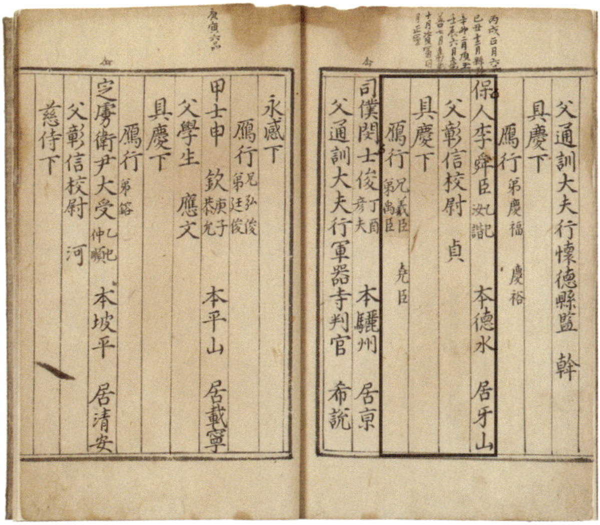

父通訓大夫行懷德縣監 幹
具慶下
鴈行 弟慶福 慶裕
保人李舜臣 汝諧 乙巳 本德水 居牙山
父彰信校尉 貞
具慶下
鴈行 兄羲臣 堯臣 弟禹臣
司僕閔士俊 彥夫 丁酉 本驪州 居京
父通訓大夫行軍器寺判官 希說
永感下
鴈行 兄弘俊 廷俊
甲士申欽 恭甫 庚子 本平山 居載寧
父學生 應文
具慶下
鴈行 弟
定虜衛尹大受 仲順 乙巳 本坡平 居清安
父彰信校尉 河
慈侍下

이순신의 무과 방목
과거 급제자 명단을 수록한 기록이네. 이순신이 태어난 해와 자, 본관과 거주지, 아버지 함자와 생존 여부, 형제 이름이 적혀 있네.

科에 급제한 해의 합격자 명단인 방목榜目에도 이름 아래 '여해汝諧'라는 이순신의 자가 나오는 것을 볼 수 있네. 지금도 사전에서 옛 인물을 설명하는 글을 보면 본관本貫 다음에 자가 나오고 그 뒤에 호가 나오는 걸 볼 수 있을 걸세. 이제 알겠나? 어찌해서 임금에게 올린 글에는 유득공이란 이름이 있는데 벗이 쓴 글에는 이름 대신 자가 들어가 있는지를?

말이 난 김에 자와 호에 대하여 좀 더 말해 보겠네. 관례를 중시하는 중국에서는 우리와 달리 자를 쓰는 경우가 많네. 앞서 말한 유비는 자가 현덕玄德이어서 유현덕이라고 부르고, 제갈량은 자가 공명孔明이어서 제갈공명이라고 부르네.

호는 어린 사람이나 지위가 낮은 사람, 또는 허물없이 지내는 사람 사이에 지어 불렀던 이름일세. 자손이나 아랫사람이 부를 때도 호를 쓰네. 다만 자기의 선조는 호 뒤에 공公을, 그 밖의 윗사람에게는 선생先生을 붙여 부르면 되네. 잘 아는 퇴계, 율곡, 다산, 연암 등이 모두 호라네.

규장각 검서관 영재泠齋 유득공. 내가 그를 어떻게 소개하면 좋을까? 이 사람 참 잘생겼네. 검서관으로 선발된 유득공을 처음 만나 본 정조가 "참 잘생겼다." 했다지? 자네는 학교에서 실학자, 규장각의 네 검서관 중 한 사람, 『발해고』의 저자로 배웠겠지? 좀 더 배웠다면 시를 잘해 중국에까지 이름이 났고, 저서 『경도잡지京都雜志』에 우리나라에서 처음으로 세시 풍속歲時風俗이라는 말을 쓴 인물이라는 것도 알 테고.

또 하나, 서얼이라고 배웠을 걸세. 이 말은 반은 맞고 반은 틀렸다고 할 수 있네. 유득공이 서류庶類인 것은 맞지만 서자庶子나 얼자孼子는 아닐세. 무슨 말인고 하니, 조상 중에 서자가 있어, 그 뒤로 대대로 서류 곧 서얼 집안 출신이라 불린 것이지.

서얼에 대해서는 홍길동 이야기에서 많이 들어 잘 알고 있겠지? 아버지를 아버지라 하지 못하고 형을 형이라 하지 못한다는 유명한 말도 잘 알겠지? 적서嫡庶 차별이라는 이 고약한 습속에 대해서도 이야기를 좀 해야겠네.

아버지를 아버지라 부르지 못하는 자가 있고, 형을 형이라 부르지 못하는 자가 있습니다. 또 사촌을 종으로 부리는 자가 있고, 머리가 허옇고 등가죽이 쭈글쭈글한 노인이 머리 땋은 아이들의 아랫자리에 앉는 경우도 있습니다. 할아버지나 아버지 항렬인 사람에게도 절을 하지 않고 손자뻘 조카뻘 되는 자가 어른을 꾸짖는 일도 있습니다. 그러고도 오히려 우쭐대며 천하를 오랑캐라 무시하고 자기야말로 예의에 맞고 중화를 따른다 하니 이것은 스스로를 기만하는 습속입니다.

『정유각집』「병오년의 소회丙午所懷」

유득공과 함께 규장각 검서관을 지낸 초정楚亭 박제가朴齊家의 문집 가운데 전傳에 실린 글이네. 그는 서자였지. 위의 글은 1786년(정조10) 정조가 널리 나라를 바로 세울 뜻을 구했을 때 올린 것이야. 장유유서長幼有序를 앞세우는 유교 논리가 실생활에서는 얼마나 허울일 뿐인지, 혈육 간에도 적서를 차별하는 조선 양반의 얼굴이 얼마나 구차한지가 고스란히 드러난 글이지.

당초 똑같은 자식인데도 적자嫡子와 서자 사이에 차별을 두게 된 이유가 꼭 그른 것만은 아니었네. 고려 때 성행했던 일부다처제 풍습을 고치기 위해서였으니까. 조선을 건국할 무렵 본부인 한 사람을 제외한 나머지는 첩으로 격하하고, 그 후손들에게 과거를 못 보게 한 것도 그 때문이었네. 그러나 원래 의도는 온데간데없고, 차별만 남았네. 양반 사대부들은 첩을 두는 것을 능력을 과시하는 수단쯤으로 생각했는지, 재력이 있는 양반 치고 첩을 두지 않은 사람이 없을 정도였네.

양인 신분 첩에서 난 서자의 한도 컸지만 천인 첩에서 난 얼자는 제 형제의 종이 되기도 했다네. 자기 친아우·친조카를 종으로 부리기가 꺼려지는 경우에는 친척끼리 서로 바꾸기도 했다는군. 도대체 이런 게 말이나 된다고 보는가? 그러고도 청나라를 비롯한 온 천하를 야만족이라 무시하고, 자기야말로 예의에 맞고 중화의 문화를 따른다고 자부하니, 어찌 한심한 일이 아니겠나?

따지고 보면, 후궁의 몸에서 태어난 왕자의 아들로서 왕위에 오른 선조 이후로는 역대 임금도 모두 서류라고 봐야 하지 않겠나? 그 때문인지 모르겠지만 서얼들의 꾸준한 요구가 있었고 나라에서는 차츰 그 차별을 완화해 갔네. 인조 때 이원익李元翼의 건의를 계기로 처음 서얼이 요직에 진출하는 것을 허용했네. 그 후 영조 대에 와서는 청직淸職과 현직顯職까지 열렸지. 영조는 일찍이 자신의 재위 기간 중 이룬 업적 여섯 가지를 꼽을 때 서얼에게 청요직을 개방한 것을 들기도 했지. 서얼이라는 말을 대놓고 하기도 거북해서 완곡하게 에둘러 '일명一名'이라 부르기도 했어.

나라의 법이 바뀌는데도 불구하고 양반의 행태는 나아지지 않았어. 특히 성균관에서 앉는 자리를 놓고 벌인 사건을 보면 부

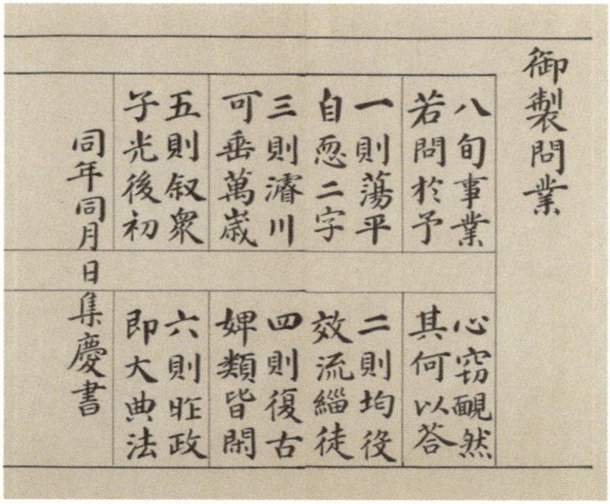

御製問業

八旬事業
若問於予
心窃靦然
其何以答
一則蕩平
自愧二字
二則均役
效流緇徒
三則濬川
可垂萬歲
四則復古
婢類皆閑
五則叙衆
予光後初
六則昵政
即大典法

同年同月日集慶書

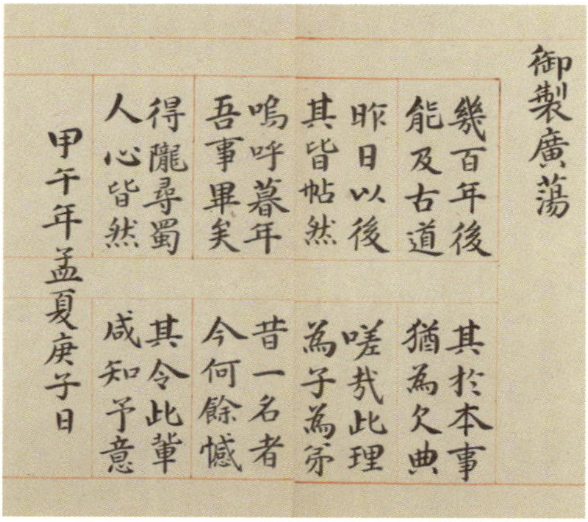

御製廣蕩

幾百年後
能及古道
其於本事
猶為久典
昨日以後
其皆帖然
嗟哉此理
為子為弟
嗚呼暮年
吾事畢矣
昔一名者
今何餘憾
得寵尋蜀
人心皆然
其令此筆
咸知予意

甲午年孟夏庚子日

상) 영조의 업적
영조가 재위 50년 되는 1774년에 자신의 업적 여섯 가지를 말한 것으로 '어제 문업'이라고 하네. 탕평책, 균역법, 청계천 준설, 계집종에 부과되는 공역 폐지, 서얼의 청요직 진출 허용, 『속대전』 편찬이 그것이네.

하) 영조의 서얼소통
영조가 말년에 민가에서도 적자가 없을 때는 서얼이 가계를 잇도록 하는 법을 시행한 것을 흡족해하며 쓴 글로, '어제 광탕'이라고 하네.

끄러워 차마 고개를 들 수 없을 지경이네. 예부터 관직이 없는 사람에겐 나이가 벼슬이라고 했네. 성균관 유생도 벼슬이 없으니 나이순으로 앉는 것이 맞지. 이런 걸 서치序齒라 하네. 그런데도 성균관 유생들이 서얼은 남쪽에 따로 앉도록 했던 일이 있었네. 임금의 호통도, 성균관 대사성大司成의 지시도 다 소용없었지. 성균관 유생의 상소는 대신大臣의 상소와 다름없다 하여 나라가 선 이래 수백 년 동안 답변 없이 도로 내려 준 예도 없을 만큼 예우를 했네. 그런 예우를 받던 이 나라의 최고 지성인이라는 자들이 사람을 대하는 태도가 이 정도이니 조선이라는 나라가 어찌 무너지지 않고 배기겠는가?

서얼이라 하여 버리고, 평안도나 함경도 출신은 서북인이라 하여 등용하지 않고, 호남은 정여립의 난 이후, 영남은 이인좌의 난 이후 반역을 일으켰던 고장이라 하여 벼슬길을 막았네. 그다지 크지도 않은 나라에서 인재의 절반을 버렸던 거야. 여기에 향리鄕吏, 아전衙前, 의원醫員, 역관譯官같이 행정과 기술에 중요한 역할을 하는 사람들에게 중인이라는 굴레를 씌우고, 노비는 인간으로도 취급하지 않으면서 인재가 없다고 한탄을 하니, 이 얼마나 우스운 꼴인가?

길이 막혔다 하여 지조를 굽히지 않았네

> 규장각은 본래 중요한 역할을 하는데, 전하의 정사를 보좌하는 일에 있어서는 더욱 그러합니다. 그래서 서리胥吏까지도 반드시 글재주 있는 사람을 택하니 아무리 말단이라도 직임에 걸맞은 사람을 갖추려는 것입니다. 하늘이 재주 있는 사람을 낼 때는 각각 제대로 쓰일 수

> 있도록 한 것입니다. 그런데 지금 서얼 중에 많은 사람이 학문과 식견을 갖추고도 벼슬길이 막혀 지닌 능력을 써 보지도 못하고 있으니, 참으로 애석합니다.
>
> 교서관은 본각의 외각外閣에 해당하는 만큼 이곳에서 교열하는 직임은 매우 중요합니다. 교서관 자리 중에 네 자리를 따로 떼어 '검서관'이라 하고, 서얼 가운데 합당한 자를 선발해서 임명하는 것이 어떻겠습니까?
>
> 『승정원일기』 정조3년(1779) 3월 27일

뜻밖의 기회가 왔네. 규장각 제학 홍국영洪國榮이 정조에게 아뢰어 학문과 실력을 갖춘 서얼에게 규장각 검서관 자리를 주도록 건의하였네. 정조도 일찍이 "저 서류도 나의 신하인데, 그들로 하여금 제자리를 얻지 못하게 하고 그들의 포부도 펴 보지 못하게 한다면 이 또한 과인의 허물이다. 서류도 과거를 보고 관직에 등용될 수 있도록 특별히 방법을 강구하라."고 지시한 바 있었지. 둘의 뜻이 잘 맞았네.

검서관이 주로 맡은 일은 책을 베껴 쓰고 교정하는 것이었네. 검서관 업무는 몸에 힘이 다 빠지고 정신이 아득할 만큼 과중했어. 『일성록』을 쓰고, 임금의 갖가지 분부를 받들고, 과거 시험을 진행하는 것까지 날마다 일이 산더미처럼 쌓였네. 나흘에 한 번 집에 가는데 늘 해 질 무렵에 귀가했다고 하네. 거기다 문신들이 자신의 당번을 검서관에게 미루어 검서관은 규장각 숙직까지도 도맡아 하기 일쑤였지.

격두에 시달렸지만 정조의 따뜻한 배려도 받았네. 초계문신抄啓文臣에게 시험을 보이고 성적 우수자에 대한 시상식이 끝난 뒤, 시험 진행 요원들에게도 격려차 상을 준 적이 있네. 이때 검서관 네 사람 모두에게 귀한 후추와 동개筒箇를 하사하였지. 동개는 활과 화살을 담아 등에 매는 가죽 주머니라네. 이에 더해 목민관으로 일할 수 있도록 배려해 주고, 든든한 후원자가 되어 주었네. 박제가가 부여 현감 자리를 박탈당할 때 의금부義禁府에서는 곤장 100대를 치고 3000리 밖으로 귀양 보낼 것을 주장했었네. 이때 정조는 "다른 관료에 대해서는 너그럽게 처리하면서 왜 세력 없는 서류에게만 가혹하게 법을 적용하려 하는가?"라면서 막아 주기도 했지.

네 검서관에 대한 임금의 배려는 물론 높고 특별했지. 하지만 임금의 배려도 제도의 벽과 습속까지 허물 수 있었던 것은 아니었네. 임금의 명으로 만들어진 「서류의 과거 응시 및 관직 진출 허용에 관한 법규庶類疏通節目」라는 것도 서얼이 갈 수 있는 관직의 종류와 오를 수 있는 품계의 한계를 정한 것이었네. 요직으로는 호조, 형조, 공조의 참상관參上官까지만, 지방관으로는 부사府使와 목사牧使까지만 할 수 있었네. 참상관은 종6품 이상 종3품 이하의 벼슬이라네. 아무리 재주가 출중하고 업무 실적이 우수해도 정책 결정에 참여하고 정치적 책임을 지는 당상관으로는 오를 수 없었지. 거기다 적자와 분란을 일으킬 경우 신분 질서를 어지럽힌 죄로 엄히 다스린다는 경고까지 달아 둔 상태였네.

이들 반쪽짜리 양반을 지탱하는 힘은 사실 정조의 사랑도 넓어진 관로官路도 아니었네. 오늘날까지 이름이 남을 수 있도록 그들을 키운 건 학문에 대한 열정과 궁핍한 날을 함께한 빛나는 우정이었네. 명색이 양반이다 보니 할 수 있는 일이라고는 독서밖에 없었지. 하지만 독서로 실력을 쌓은들 뭐하겠나? 과거를 볼 수도, 봐야 등용되지도 못하는 처지인걸. 설사 등용된다 해도 그저 책을 교정하는 일이나 하는 정도였네. 그런 형편 속에서도 불우한 청년들이 의기투합했지. 당장의 쓰임에 연연해하지 않고 그저 열심히 공부했네.

좁은 세상에 갇히지 않기 위해 넓은 세상으로 나가는 것을 두려워하지 않았네. 사절단을 수행하지 않고는 외국에 나가는 것이 허용되지 않은 때, 유학 가는 제도도 없던 시절, 남들이 오랑캐라 비웃는 청나라로 고생길을 마다하지 않고 떠났네. 고상한 선비들은 거들떠보지도 않던 기와 조각과 똥 덩어리, 벽돌과 수레에서 문명과 시대를 읽었네. 북경의 서점가 유리창琉璃廠에서 천하의 책을 다 읽고야 말겠다는 의지를 불태웠네. 과거의 낡은 생각에서 벗어나기 위해 당대의 청나라 지식인과 교류의 문을 열었네. 그 지식 교류는 대를 이어 아름다운 이름을 남겼네.

이들이 모인 곳이 한양 도성 어디서나 볼 수 있는 10층짜리

의주 북경 사행로

청나라로 가는 사신 일행의 여정을 세세하게 기록한 '입연정도도入燕程道圖'에 그려진 사행로라네. 의주에서 압록강을 건너 요동을 지나 산해관山海關을 넘어 북경에 이르기까지의 노정路程이 상세히 기록되어 있네.

탑동에서의 연회

종로 3가 탑골 공원 근처 탑동에서 연회를 베푸는 모습을 담은 『탑동연첩塔洞宴帖』 속 연회 모습이네. 멀리 죽순처럼 솟아오른 백탑이 보이는군. 유득공을 비롯한 젊은 북학파가 이곳에 모여 우정을 나누었네.

흰 대리석 석탑, 백탑白塔 근방이었네. 지금의 탑골 공원이지. 백탑은 원각사지 10층 석탑이고. 당대 지성사에 우뚝 선 박지원이 있었고, 그 주위로 박제가, 이덕무李德懋, 백동수白東脩, 숙질叔姪 사이인 유금柳琴과 유득공 같은 서얼 출신 지식인이 우정의 동심원을 그리고 있었네. 한번 찾아가면 돌아가는 것을 잊고 열흘이고 한 달이고 머물렀고, 지은 시문과 짧은 편지글이 책으로 엮어도 좋을 정도가 되었으며, 주고받는 이야기로 낮을 이어 밤을 지새우곤 했던 곳. 그들은 좌절 때문에 뜻을 바꾸지 않았고, 길이 막혀 있다 하여 지조를 굽히지 않았네. 백탑에서의 맑은 인연을 박제가는 이렇게 기억하고 있네.

> 도회지를 빙 두른 성의 중앙에 탑이 솟아 있어 멀리서 바라보면 마치 눈 속에서 대나무 순이 솟아 나온 것처럼 보이는데 그곳이 바로 원각사 옛터이다. 지난 무자년, 기축년 무렵 열여덟아홉 살 때 박지원 선생이 문장에 뛰어나 당세에 이름이 높다는 소문을 듣고 탑 북쪽으로 선생을 찾아 나섰다. …… 그 무렵 이덕무의 사립문이 그 북쪽에 마주 서 있고, 이서구의 사랑이 그 서편에 솟아 있었으며, 수십 걸음 떨어진 곳에 서상수의 서재가 있었다. 또 거기서 북동쪽으로 꺾어 들어가면 유득공과 그의 삼촌인 유금의 집이 있었다. 나는 한번 갔다 하면 돌아오는 것도 잊고 열흘이고 한 달이고 연거푸 머물곤 했다.
>
> 『정유각집』「『백탑청연집』 서문白塔淸緣集序」

흥미로운 시대였네. 넓게 읽고 두루 익히는 박학의 바람이 일었네. 동시에 어떤 일에 미쳐 다른 것을 돌아보지 않고 몰두하는 벽癖과 치癡로 무장한 새 세대가 등장했어. 세상은 그들을 편벽된 병자, 바보라 했네만 이런 벽과 치를 주목한 이들이 있었지. 박제가는 "고독하게 새로운 세계를 개척하고, 전문적 기예를 익히는 것은 오직 벽을 가진 사람만이 가능한 것"이라 했네. 이덕무는 책만 읽는 바보라고 해서 스스로를 '간서치看書癡'라고 부르기도 했지. 그들은 '미치지 않으면 미치지 못한다不狂不及'고 생각했네. 그들이 이루어 놓은 성취가 지금 자네 앞에 모습을 드러내고 있네. 실학이라고 부르더군. 백탑의 거사居士들을 북학파라고도 하더군. 교과서에서도 배웠을 것이네. 시대를 앞섰기 때문에 당대에는 용납될 수 없었다고 배웠을 거라 생각하네.

출신 성분이 실력으로 이룬 전문성을 이기는 사회는 건강한 세상일 수 없네. 학문에서, 세상을 경륜하는 책략에서 그들은 일급의 재사才士가 될 수 있었네. 그러나 당대는 그들을 받아들이지 못했네. 정조의 말마따나 그들은 바짝 마르고 누렇게 뜬 얼굴로 나란히 죽고 말았네. 그러나 새 시대가 그들을 불러 주목하고 있네. 당대에는 아무짝에도 쓸모없다고 버림받았던 이야기가 200년을 훌쩍 지나 활활 살아나고 있네. 궁핍한 날의 벗들이, 알아주는 이 없어도 자신의 삶에 미치고 세상에 질문을 던진 이들이 지금 다시 말을 걸고 있네. 지금 세상이 다시 그들의 벽과 치,

그리고 그들의 질문을 되새기고 있네. 비록 그들이 당시에 내놓은 해답이 지금 기준으로 보아 미흡하다 하더라도 괜찮네. 자네가 읽어 내야 할 것은 백탑의 젊은 그들이 내놓은 해답이 아닐세. 그들이 던진 질문일세. 어차피 정답은 없는 것 아닌가?

> 이용과 후생은 한 가지라도 갖추어지지 않으면 그 폐단이 위로 바른 덕을 해치게 된다. 따라서 공자께서 "백성의 수가 많아진 다음에 그들을 교화시키도록 하라."고 말씀하셨던 것이고, 관중管仲이 "의식이 풍족해진 다음에 예절을 알게 해야 한다."고 말했던 것이다.
>
> 현재 백성들의 생활은 날이 갈수록 곤궁해지고, 재정은 날이 갈수록 궁핍해지고 있다. 이러한 상황임에도 불구하고 사대부가 팔짱을 낀 채 바라만 보고 구제하지 않을 것인가? 또 과거의 습속에 젖어 편안히 안락을 누리면서 실정을 모르는 체만 할 것인가?
>
> 『정유각집』「『북학의』 자서北學議自序」

내 일러 줌세

연행도 중 유리창

유리창과 젊은 북학

홍대용, 박지원, 이덕무, 유득공, 박제가 그리고 김정희. 이들이 지닌 공통점이 무얼까? 맞네. 모두 사신의 일행이 되어 청나라 수도 연경을 다녀온 사람들이라는 점이네.

특히 이들은 연경에서도 유리창이라는 곳에 갔네. 유리창은 서울의 인사동 같은 곳이지. 명나라 초 자금성紫禁城을 지을 때 유약을 바른 기와, 곧 유리 기와를 만드는 공장이 생기면서 유리창이라는 이름이 생겼다네. 자금성이 완공된 후 문을 닫아 빈 공장 자리에 서적상들이 들어오면서 책과 문화, 예술의 거리로 바뀌었지.

1765년(영조41)에 사행을 떠나 다음 해 홍대용이 이곳을 처음 찾은 이래 젊고 호기심 많은 후배들이 뒤를 이어 따라갔네. 그들이 갔을 때, 유리창은 청나라 문화의 황금시대를 보여 주는 대표적인 곳이었네. "산더미 같은 책을 사고파는 서점이 치아처럼 가지런히 붙어 있었다."고 하네.

중국, 일본 이외의 지역과는 문화 교류가 쉽지 않던 시절, 병자호란 이후 청나라를 오랑캐로 깔보던 낡은 편견은 조선 사회의 지식 유통을 막아 놓았네. 교류와 소통이 없는 지식은 금세 낡고 쓸모없는 것이 되어 버리기 마련이라네. 그나마 이들 젊은 북학파 지식인이 있어 우리는 지금 그 시대 문화의 향기를 더듬어 볼 수 있는 것이네.

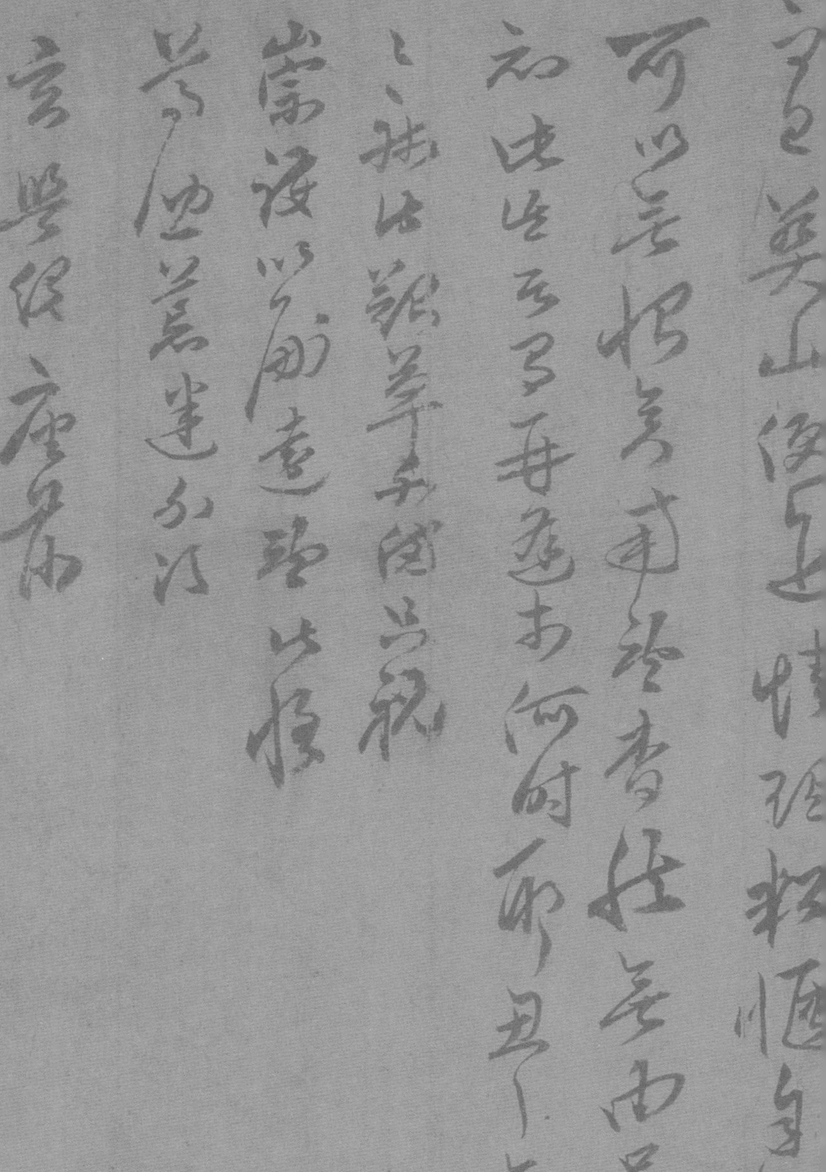

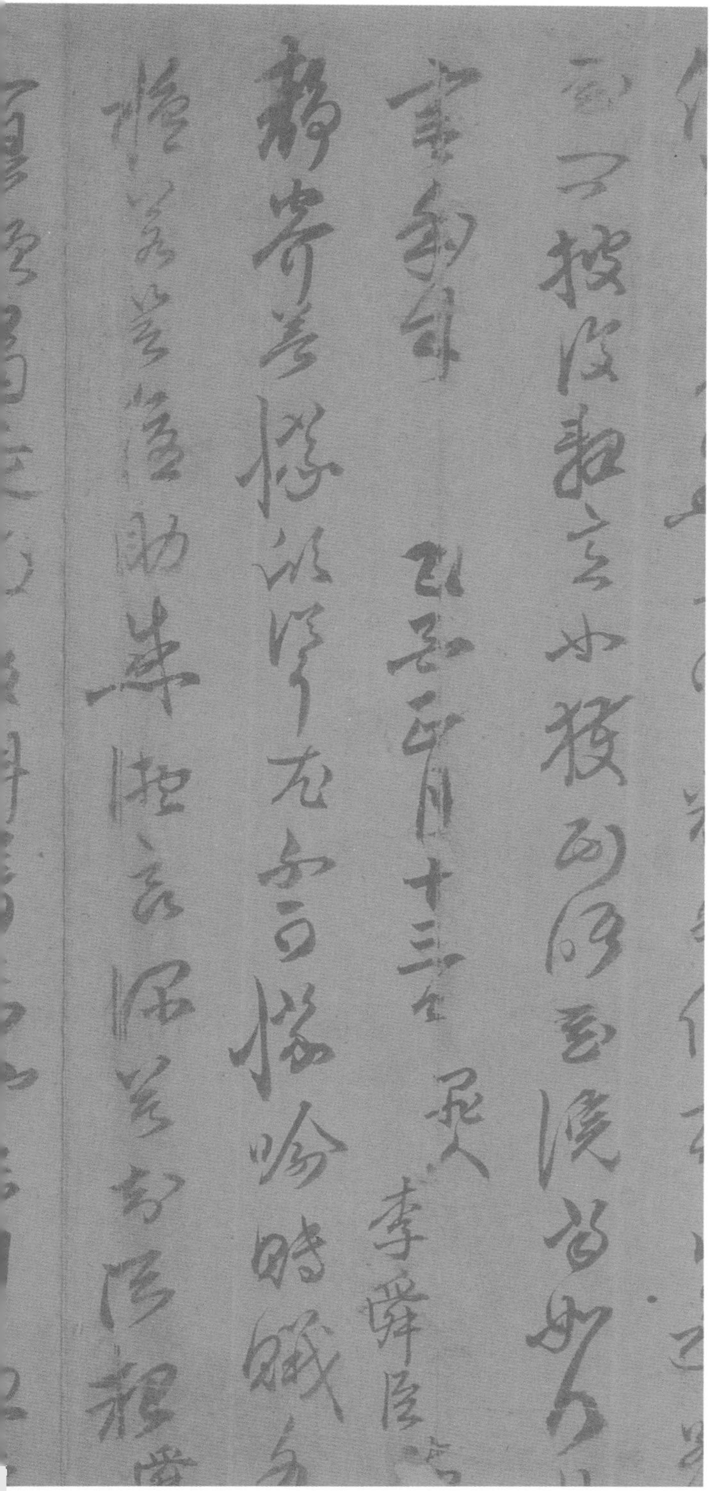

【제2장】

글, 이 책은 어떻게 만들었을까

제1절

우리 옛글, 이순신의 글·기린 글·살린 글

이순신의 글, 분란을 일으킨 쪽은 저희가 아닙니다

우리 조상들은 어떤 글을 썼을까 궁금하지 않나? 요즘 쓰는 글과는 어떤 것이 같고, 어떤 것이 다를 것 같나? 어떤가? 한글로 번역된 것이라도 조상이 남긴 옛글을 읽고 그 뜻을 헤아리기 위해 좀 알아야 하지 않겠나? 오늘 자네와 함께 찬찬히 살펴볼 『이충무공전서』를 제대로 이해하기 위해서라도 그리고 앞으로 또 다른 우

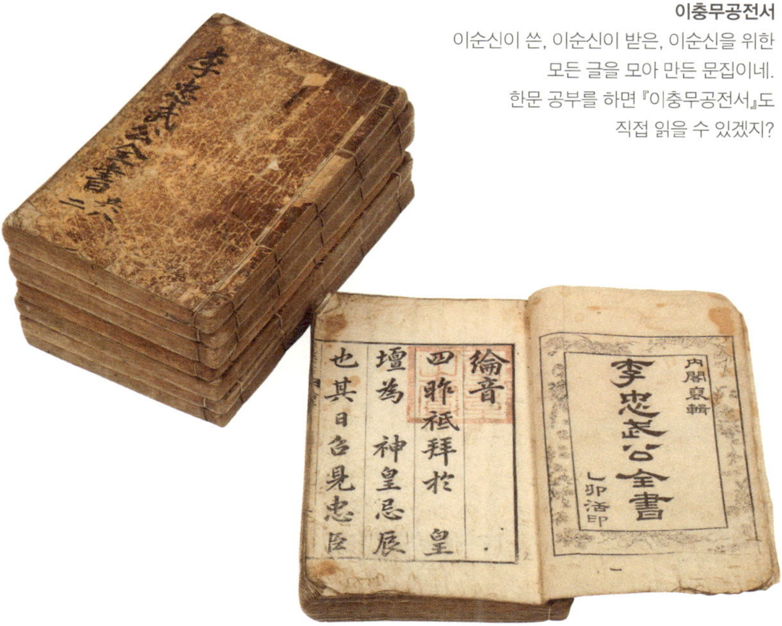

이충무공전서
이순신이 쓴, 이순신이 받은, 이순신을 위한
모든 글을 모아 만든 문집이네.
한문 공부를 하면 『이충무공전서』도
직접 읽을 수 있겠지?

리 옛 책을 읽기 위해서라도 어렵겠지만 같이 공부해 보세. 지금과 달라 생소하지만 옛글에서만 맛볼 수 있는 그윽함이 있다네.

그 전에 한 가지 부탁할 게 있네. 한자와 한문을 공부해 보라고 권하고 싶네. 박물관에 가 보게. 거기에 우리 조상이 남긴 수많은 문화유산이 있을 걸세. 대개가 한문으로 되어 있지. 이 땅에서 나고 자라 삶을 영위했던 조상의 경험과 지혜가 그 속에 담겨 있으니 알기 어렵다 하여 어물쩍 넘어갈 수는 없지 않나? 언어라는 잠금 장치를 풀어서 읽어 내야 하지 않겠나? 한문을 외국어로 공부하는 것도 괜찮은 방법이네. 외국어 공부를 하는 재미가 쏠쏠하다네. 한 글자 한 문장 외고 더듬어 읽어 가는 재미. 그렇게 해서 나와는 다른 시대와 공간을 산 사람들의 생각을 이해할 수 있을 때 느끼는 환희는 정말 말로는 표현하기 힘들 만큼 크다네.

암기를 시대에 뒤떨어진 낡은 공부 방법이라고 생각하지 말게. 공부의 시작은 암기네. 암기는 아주 오랜 반복 학습이네. '익힐 습習' 자 알지? 이 한자가 어떤 의미를 품고 있는지 아나? 글자를 나누어 보면 '깃 우羽' 아래 '흰 백白'이 있네. 새가 무수히 날갯짓을 연습해야 비로소 하늘을 날 수 있다는 사실을 알고 있나? 날개가 있는 새는 본능에 따라 저절로 날 것 같지만 무수한 반복과 훈련을 통해 창공을 자유자재로 날 수 있다는 사실 말이네. 배움이란 그런 것이네.

> 저 이순신은 모자라는 재능에도 불구하고 중임을 맡았습니다. 나랏일을 한시도 소홀히 할 수 없어 몸이 놓여날 길이 없다 보니, 고작해야 산등성이에 올라 어머니 계신 곳을 바라보며 그저 험난한 세태를 한탄할 뿐입니다. 아침에 나간 자식이 늦도록 돌아오지 않아도 부모는 동구 밖에 나와서 기다리곤 하는데, 3년 넘게 자식 얼굴을 보지 못한 어머니의 심정이야 더 말할 나위 있겠습니까? …… 지난 계미년(1583), 제가 함경도 건원 권관乾原權管으로 있을 때에 부친께서 돌아가셨습니다. 천 리나 떨어진 먼 곳에서 상을 당하여 부랴부랴 집에

돌아갔으나 생시에 약 한번 달여 드리지 못하고 돌아가실 때도 뵙지 못하였습니다. 이것이 평생의 한으로 남아 있습니다. 지금 어머니 연세가 일흔이 넘어 사실 날이 서산에 걸린 해처럼 얼마 남지 않았습니다. 이러다가 어느 날 갑자기 돌아가시기라도 하면 저는 또다시 꼼짝없이 불효자식이 될 것이고, 어머니께서도 저승에서 눈을 감지 못하실 것입니다.

『이충무공전서』「체찰사 완평 이원익 공에게 드리는 편지上體察使完平李公書」

일본군과 싸우느라 3년이나 어머니를 뵙지 못한 이순신이 체찰사 이원익에게 며칠간의 휴가를 신청하면서 보낸 편지글이네. 어머니에 대한 이순신의 효성은 널리 알려졌으니 잘 알고 있을 걸세. 『난중일기』에도 어머니를 그리는 마음이 곳곳에 배어

이원익 초상
오리梧里 이원익의 초상이네.
이원익은 선조·광해군·인조 세 임금을 모신 인물이었네.
그가 이순신을 칭송하는 기록을 여러 책에서 볼 수 있네.

있지만 이 편지 한 장은 또 얼마나 마음을 울리는지 모르네. 이순신은 함경도 변방에서 군인 생활을 할 때 연로한 아버지 병수발 한번 제대로 못하고 임종도 하지 못한 한이 있었네. 이 편지를 쓸 때 어머니 연세는 이미 일흔이 넘으셨네. 서산 너머로 지는 해처럼 언제 돌아가실지 모르는 상황이었지. 아버지에 이어 어머니 임종까지도 지키지 못한다면 얼마나 가슴에 한이 남겠나?

그러나 옛 어른들은 나랏일에는 참 엄격하였네. 이 편지글 뒤에 "지극한 효성이 내 마음과도 같소. 이 편지가 온 뒤로 깊이 감동하였소. 그러나 나랏일에 관계되는 까닭에 감히 함부로 허락할 수 없음이 유감이오."라는 이원익의 답장이 붙어 있네.

요즘 편지라고 하면 가까운 사이에 서로 안부를 묻는 정도로 생각하겠지. 하지만 옛날에 편지가 갖는 의미나 역할은 그것을 훨씬 넘어서는 것이네. 옛사람들은 편지를 주고받으면서 시문을 평하고, 학술을 논하며, 정치를 거론하였네. 퇴계 이황과 고봉高峯 기대승奇大升 사이에 7년 동안 펼쳐진 사단칠정四端七情 논쟁도 서로 편지로 묻고 답하고 토론하면서 벌어진 일이라네. 조선 시대 선비들이 가장 많이 읽고 금과옥조金科玉條처럼 여긴 책의 하나인 『소학小學』에 "편지 쓰는 일은 선비가 가장 가까이해야 할 일"이라는 말이 있을 정도라네. 우리는 한 사람이 남긴 편지글을 통해 그 인물이 어느 분야에 관심을 가지고, 정치·학문·사상·문학 등에 대하여 어떤 입장을 지녔으며, 누구와 교유했는지를 파악할 수 있네. 한 인물의 전기傳記 자료로도 없어서는 안 될 귀중한 글이지.

이 편지들은 집에 잘 보관해 두었다가 당사자가 사망한 후에 문집을 만들게 되면 함께 실었네. 편지글은 문집에서도 서書로 표기되어 아주 중요하게 다뤄지지. 『이충무공전서』에도 6편의 편지글이 실려 있네. 명나라 수군 도독都督 진린陳璘에게 보낸 답장, 윗사람에게 올린 편지와 조카에게 보낸 편지가 있네. "호남이 없으면 국가도 없다若無湖南 是無國家."라는 유명한 말도 이순신의 편지에 나오는 말일세.

> 생각지도 못했는데 도사 대인都司大人께서 선유宣諭하는 패문牌文이 진중에 이르렀습니다. 받들어 두 번 세 번을 읽어 보니 자상하고 지성스러움이 극진하기 그지없었습니다. 다만 패문에서 "일본 장수들이 마음을 돌려 귀화하지 않는 자가 없고 모두 병기를 거두고 군사를 쉬게 하여 제 나라로 돌아가려고 하니, 너희들 모든 병선兵船은 속히 각각 제 고장으로 돌아가고 일본군 진영 가까이서 분란을 일으키지 말도록 하라." 하셨습니다. 왜인들이 진을 치고 있는 거제·웅천·김해·동래 등은 모두 다 우리 땅입니다. 그런데도 저희가 일본군 진영에 가까이 있다 하신 것은 무슨 말씀이십니까? 저희더러 속히 제 고장으로 돌아가라 하시지만 저희가 돌아갈 제 고장이 어디란 말입니

까? 분란을 일으킨 쪽은 저희가 아니라 왜적들입니다.

『이충무공전서』「도사 담종인의 금토 패문에 답하는 글答譚都司禁討牌文」

1594년(선조27) 3월, 이순신은 왜선 30여 척이 고성과 진해 사이 바다에 나타나 분탕질을 치고 있다는 보고를 받았네. 조선 수군은 곧바로 적을 쫓아 소탕하고 나머지 패잔병을 추적했지. 그런데 일본군이 명나라 군사와 함께 나타나 명나라 장수의 공문서를 보여 주며 우리 군대를 따돌렸다네. 선유 도사宣諭都司라

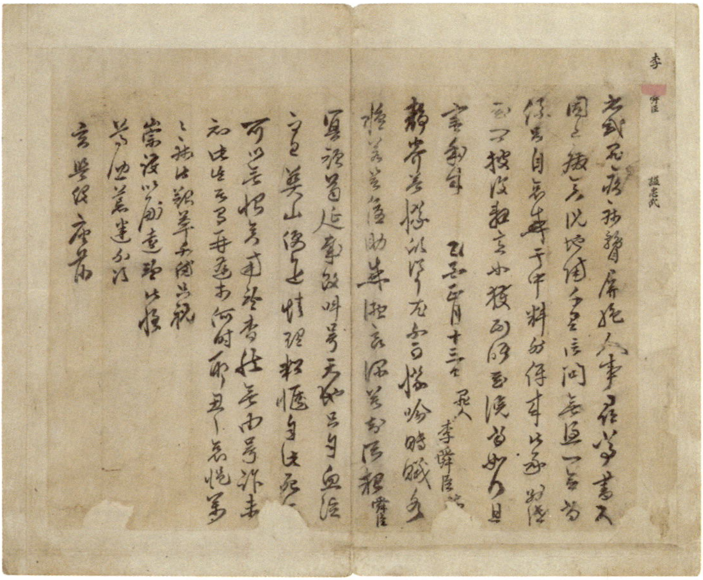

이순신의 서간첩

이순신의 친필 편지를 후손이 첩帖으로 묶어 놓은 것이라네.

조선 시대에는 조상이 손수 쓴 편지를 소중히 여겨 이렇게 첩으로 만들어 후손들에게 물려주었지.

는 벼슬을 가진 명나라 장수 담종인譚宗仁이 쓴 것이었네. 이름하여 금토 패문禁討牌文, 내용인즉슨 "왜군을 토벌하지 말라."는 것일세.

명나라의 참전과 의병의 활약으로 수세에 몰린 일본군이 남해안 곳곳에 진을 치고 있는 때였네. 명나라는 조선에서 더 이상 피를 흘릴 이유가 없다 하여 일본과 강화 협상을 벌이고 있었네. 그 와중에도 일본군은 노략질을 일삼고 있었지. 이순신은 당연히 일본군을 토벌할 수밖에. 그런데 명나라 장수가 이를 막아섰네. 적군인 일본군에게 조선군의 일본군 토벌을 금지한다는 공문을 쥐어 주고서 말일세. 이런 어처구니없는 일이 벌어진 원인은 조선군의 지휘권을 명나라 군대가 가지고 있었기 때문이네.

이날 이순신은 몸이 몹시 불편했네. 그날 일기에는 앉고 눕기조차 힘들다고 썼네. 다음 날은 더욱 상태가 나빠져서 뒤척이는 것조차 어려웠네. 아랫사람을 시켜 패문에 답하는 글을 쓰도록 했네. 하지만 글의 꼴이 말이 아니었어. 원균元均이 다른 사람을 시켜 쓴 글도 못마땅하였네. 하는 수 없이 아픈 몸을 이끌고 억지로 일어나 앉아 글을 지었네.

상대는 임금도 함부로 대하지 못하는 명나라 장수. 이순신은 상대의 기분이 상하지 않도록 참 공손하게 글을 써 내려갔네. 그러면서도 패문의 내용을 차분하게 되물으며 전쟁을 일으킨 당사자가 일본군임을, 일본군이 진을 치고 차지한 땅은 회복해야 할 우리 영토임을 당당하게 주장하고 있네. 일찍이 제갈량이 출병하기에 앞서 올린 「출사표出師表」를 읽고 눈물을 흘리지 않으면 선비가 아니라고 했네. 나는 이순신의 이 글을 읽고 울분을 느끼지 않는다면 조선의 의인義人이 아니라고 하겠네.

이순신을 기린 글, 백성들은 오래도록 잊지 않는구나

『이충무공전서』는 크게 이순신이 직접 지은 글과 제삼자가 이순신을 위해 혹은 이순신에 대해 쓴 글로 나누어 볼 수 있네. 이순신이 쓴 글로는 권1에 들어 있는 시, 몇 편의 편지와 문장 그리고 일기와 장계가 있네. 편지와 문장 가운데 1편씩은 앞서 이미 보았네. 시와 일기, 장계는 뒤에서 따로 자세히 보겠네.

여기서는 이순신을 위해 혹은 이순신에 대해 쓴 글 몇 편을 골라 보겠네. 이 글들은 권9부터 권12까지 부록에 담겨 있네. 이 글들의 제목을 보면 반복되는 몇 가지 양식이 보일 게야. 녹錄, 장狀, 비碑, 기記, 서序, 발跋, 차箚, 제문祭文, 송頌, 명銘 들이 그것이네. 지금은 참 낯선 말이겠지만 옛사람이 많이 썼던 글의 형식이네. 문체文體라고 하면 이해가 되겠는가? 다른 문집에서도 이런 글을 쉽게 볼 수 있네.

이항복 초상
임진왜란 때 도승지로서
선조를 의주까지 호종하면서
전란 극복에 큰 공을 세운 이항복의 초상이네.
「충민사기忠愍祠記」, 「전라좌수영대첩비」 등을 지어
이순신의 공적을 높이 평가한 인물이지.

남쪽 백성들에게 끼친 충무공의 공덕은 사람들의 입이 비석이 되어 영원히 남을 것이요, 종묘사직에 끼친 공의 공적은 사관이 역사에 기록하여 전할 것이니, 굳이 비를 세울 일이 무엇인가?

『이충무공전서』「전라좌수영대첩비全羅左水營大捷碑」

이제 다시 수백 년이 지나 주춧돌은 옮겨지고 우물과 부엌마저 메워졌건만 아득한 파도 너머 고기 잡는 늙은이나 우거진 송백 사이에서 나무하는 젊은이들이 아직도 손가락으로 제승당制勝堂 옛터를 가리켜 주니, 백성들은 이같이 오래도록 잊지 않는구나.

『이충무공전서』「제승당유허비制勝堂遺墟碑」

전라좌수영대첩비
이순신의 공덕을 기려
1615년(광해군7)에 세운 비네.
비에 새긴 본래 이름은
'통제이공수군대첩비統制李公水軍大捷碑'네.
남해안 여기저기에 이처럼
이순신을 기리는 비가 여럿 남아 있네.

이순신의 공로는 백성들의 기억 속에 영원히 남아 입에서 입으로 전해 오네. 자취도 남지 않은 곳을 백성들은 잊지 않고 찾아내네. 굳이 비석을 세워 기리지 않아도 된다고 말하네. 그러나 우리는 그의 자취를 좇아 비를 세우고, 사당을 지어 제사를 모신다네. 그것이 나라를 위해 목숨을 바친 이에 대한 뒷사람의 도리가 아니겠는가?

비문碑文은 어떤 인물이나 사건, 장소를 기억하기 위해 돌에 새긴 글을 말하네. 신도비神道碑는 종2품 이상 관료나 석학의 무덤 입구 길가에 세우는 묘비墓碑인데, 이순신의 일생을 기록한 「신도비」 비문은 잠곡潛谷 김육金堉이 썼네. 남해 충렬사忠烈祠에 세운,

송시열宋時烈이 쓴 「노량묘비露梁廟碑」는 사당의 내력을 기록한 묘정비廟庭碑라네. 이순신의 삼도 수군통제영三道水軍統制營이 1597년(선조30) 겨울을 났던 목포 앞 고하도高下島처럼 자취만 겨우 남았어도 이를 기리기 위해 세운 비가 유허비遺墟碑네. 「전라좌수영대첩비」나 「명량대첩비鳴梁大捷碑」는 요즘 말로 기념비라고 할 수 있겠네. 이들 비문의 형식은 모두 같아서, 앞에 인물의 행적이나 사건의 전말을 세세히 적은 긴 서문序文을 두고 마지막에 명銘이나 사詞라는 짧은 운문을 덧붙이네.

> 충무공이 한산도閑山島에 계실 적에 제승당을 세우고 거기서 기거하셨다. 그런데 공이 돌아가신 뒤에 통제영을 지금 있는 곳으로 옮기게 되자 제승당은 곧 폐허가 되고 말았다. 공의 옛터가 묻힌 지도 100년이 지났는데 얼마 전에 통제사統制使 조경趙儆이 그곳에 올라가 보고 탄식하기를 "이곳을 황폐한 채로 내버려 둘 수 없다." 하고 마침내 제승당을 다시 세우게 하였다.
>
> 그 규모와 제도는 한결같이 충무공 때의 옛 모습대로 하되, 거기에 별도로 관아 수십 칸을 지어 큰 훈련을 할 때 군사들이 음식 먹는 곳으로 사용하게 하였다. 나에게 편지를 보내어 기문記文을 청하기에 쾌히 승낙하였다. 『이충무공전서』「제승당기制勝堂記」

이 글은 1740년(영조16) 한산도에 제승당을 새로 지으면서 현판에 새긴 것이 지금까지 전해 온 것일세. 삼도 수군통제사 조경이 좌의정 조현명趙顯命에게 부탁하여 지은 것이네. 이런 글을 기문이라 하지. 『이충무공전서』 권11에는 모두 12편의 기문이 있네.

대개 어떤 건물이나 누대樓臺, 정자亭子 따위를 짓고 나면 유명 인사나 관련 인물에게 기문을 부탁하네. 그러면 의뢰받은 사람은 그 건물을 세운 이유, 과정 등을 기록하네. 또 부탁한 사람과의 관계와 의뢰받게 된 경위를 함께 적지. 글을 받은 사람은 현판에 새겨 건물 안쪽 잘 보이는 곳에 달았네.

우리나라에는 특히 누정樓亭에 대한 기문이 많이 남아 있네. 『신증동국여지승람新增東國輿地勝覽』에 보면 고을마다 있는 누정의 기문이 자세히 소개된 걸 볼 수 있네. 자네가 혹 옛 고을 경치 좋은 곳에 가서 누정을 만나면 그 안을 자세히 들여다보게. 대개 이런 기문이 걸려 있는 것을 찾을 수 있을 것이네. 진주 촉석루, 밀양 영남루, 강릉 경포대처럼 이름난 곳에는 칸칸이 빼곡하게 기문이 걸려 있을 걸세.

기문 다음에는 「가승서家乘序」와 「가승발家乘跋」이 실려 있네. 가승은 집안의 역사를 말하네. 가첩家牒, 가보家譜, 가사家史라고도 하는, 직계直系 조상 중심으로 간략하게 기록한 족보를 이르는 말이네. 그 밖에 분량이 많지 않은 조상의 문집을 가리킬 때도 쓰지. 조상이 직접 남긴 시문이 많지 않을 때 관련 글을 가승이란 이름으로 엮기도 한다네.

서序란 지금도 머리말이라는 이름으로 책을 엮을 때 반드시 들어가지. 요즘은 저자가 머리말을 쓰고 그 밖의 사람은 대개 추천하는 글을 쓰는 정도이지 않나? 하지만 옛날에는 자서自序라 해서 자기 자신이 쓴 서문을 부르는 말이 따로 있었고, 대부분 책을 쓰고 나면 친구나 동료 학인學人 또는 학계나 정계의 권위 있는 사람에게 부탁하여 서문을 받았다네.

서는 책을 발간하게 된 취지와 기본 내용을 다루네. 기문에서처럼 저자와 어떤 인연이 있고, 어떤 부탁으로 쓰게 되었다는 것이 빠지지 않고 들어간다네. 시문이나 논문집의 경우 작품에 대한 비평까지 곁들이기도 하지. 그런 서문 중에는 그 자체로 훌륭한 산문 작품이 되어 널리 읽혀 유명해지는 경우도 많네.

발跋은 서문과 글의 성격은 거의 같으나 실리는 위치가 책의 뒤라는 점이 다르지. 또 서문이 자세한 데 반해 대부분의 발문은 서문을 보충하는 성격이어서 간단하네.

이순신을 살린 글,
인재란 나라의 보배이니

마지막으로 이순신을 살린 글을 하나 읽어 보세. 1597년 초, 이순신은 조정을 속이고 임금을 무시했다는 무서운 죄명을 쓰고 옥에 갇혔네. 선조는 "죽어 마땅하다. 스스로 잘못했다고 말할 때까지 국문鞫問하라."고 지시했네. 누구도 이순신을 위해 변호해 주는 이가 없었네. 저 멀리에서 이원익이 상소를 올리고, 발을 구르며 안타까워했지만 아무 소용 없었네. 이순신이 고문을 당해 목숨이 경각에 달려 있던 그때, 조용하고 차분한 목소리의 상소문이 올라갔으니 판중추부사判中樞府事 정탁鄭琢의 신구차伸救箚가 그것이네.

> 삼가 아뢥니다. 이순신은 큰 죄를 지어 죄명이 매우 엄중한데도 밝으신 성상께서는 즉각 극형을 내리지 아니하셨습니다. …… 살리기를 좋아하시는 성상의 큰 덕이 죄를 범하여 죽을 자리에 놓인 자에게까지 미치니, 신은 지극히 감격스러운 마음을 가눌 수 없습니다.
>
> 『이충무공전서』「신구차」

'신구伸救'는 죄가 없음을 사실대로 밝혀 사람을 구한다는 뜻이야. '차자箚子'는 일반적으로 정해진 상소의 격식을 따르지 않고 간략히 적어 올리는 상소문을 말하는 것이네. 그 안에서 이순신을 살려야 하는 이유를 호소력 있게 주장하고 있네. 원균을 편드는 선조의 의도를 읽고 원균을 추어올리면서 이순신을 변호하는 모습을 보면 사람 마음을 움직이는 귀신같은 글솜씨에 탄복하게 된다네. 억울한 사정을 하소연하여 읽는 이의 감정을

정탁 초상
정유재란丁酉再亂 때 이순신을 구하는 글을 올린 정탁의 모습이네.
이순신이 옥에서 나온 4월 1일에도 사람을 보내 위로했네.
이순신을 깊이 이해하고 아낀 인물이었지.

울리면서도 쓰는 사람은 감정에 휘둘리지 않고 침착함을 잃지 않은, 참 좋은 글이야.

훌륭한 글은 아름다운 말로 듣기 좋게 꾸며 내서 만들 수 있는 것이 아니네. 무릇 글이란 솜씨나 재주 이전에 글을 쓸 대상에 대한 충분한 관찰과 이해와 애정이 있어야 나오는 것이네. 그런 점에서 이 글은 명문이라고 말할 수 있네. 나는 『이충무공전서』에서 이순신의 글을 빼고, 하나만 건지라고 하면 이 글을 고르겠네. 시간 내서 원문과 함께 찬찬히 대조해 가며 읽어 보길 권하네.

무릇 인재는 나라의 보배이니, 역관이나 주판질하는 사람까지도 재주와 기술이 있기만 하면 다 마땅히 사랑하고 아껴야 할 것입니다. 하물며 분기憤氣를 사르며 적을 막아 내는 데 중추적 역할을 하는 능력 있는 장수를 그저 법대로만 처분하고 너그러이 용서하지 않아서야 되겠습니까?

『이충무공전서』「신구차」

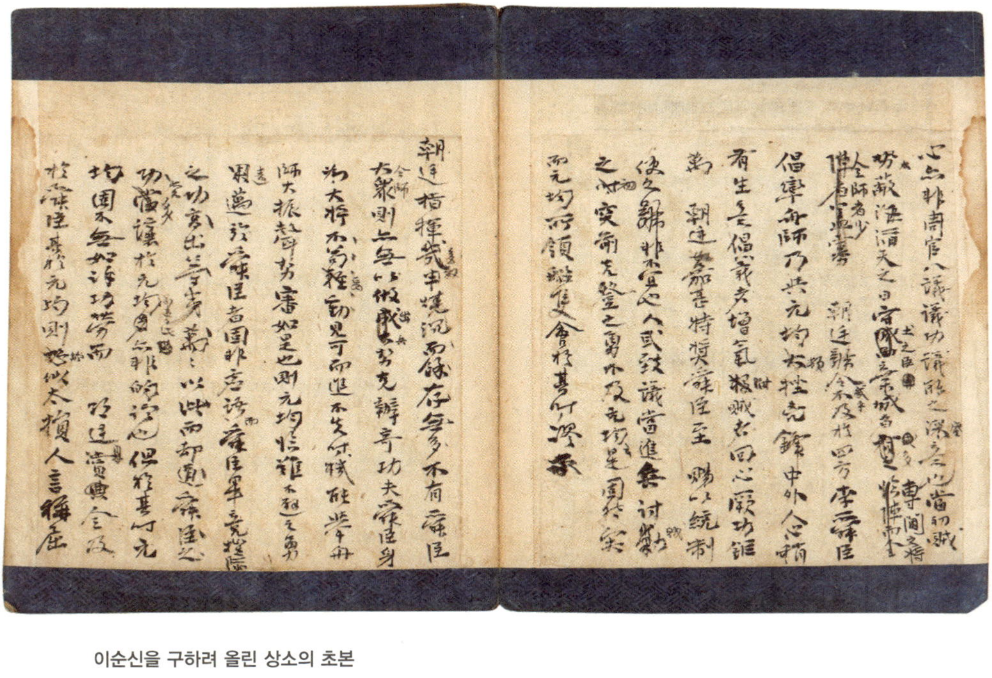

이순신을 구하려 올린 상소의 초본

정탁이 이순신을 구하기 위하여 쓴 상소의 초본 '논구이순신차초論救李舜臣箚草'라네. 썼다가 지운 자국을 통해 그가 고심한 흔적을 볼 수 있네.

내 일러 줍세

이순신의 독후감

"아, 슬프다. 때가 어느 때인데 이강李綱은 떠나려 했는가? 떠나면 또 어디로 간단 말인가? 무릇 신하 된 자가 임금을 섬김에는 죽음이 있을 뿐이요, 다른 길은 없다. 이러한 때를 당하여 종사宗社의 위태함은 마치 머리카락 하나에 천 근을 매단 것과 같다. 지금은 바로 신하 된 자가 몸을 버려 나라의 은혜를 갚을 때이다. 떠난다는 말은 진실로 마음에서 싹트게 해서도 안 되거늘, 하물며 어떻게 입 밖에 낼 수 있단 말인가?

그렇다면 내가 이강이라면 어찌할 것인가? 몸이 상하고 피눈물이 흐르도록, 간을 찢고 쓸개를 쓸어 내도록 사태가 적과 화친할 수 없는 지경에까지 이르렀음을 분명히 말해야 한다. 말을 들어주지 않아도 죽을 때까지 계속 주장할 것이다. 그래도 안 되면 임시로 화친의 계책을 따르며 그사이에 임시변통할 계책이 있는지 찾아볼 것이다. 죽음 속에서 살 길을 구한다면 만에 하나라도 구할 길이 있으리라. 이강은 이러한 계책을 내지 않고 그저 떠나가려고만 했으니 어찌 신하가 임금을 섬기는 의리라 하겠는가?"

이순신이 송나라의 역사를 기술한 『송사宋史』를 읽고 쓴 짧은 글이네. 『이충무공전서』 권1 잡저에 수록되어 있네. 송나라가 여진이 세운 금나라와 싸울 때 화친파가 우세한 조정을 등지고 초야로 떠난 이강의 행태를 비판한 글일세.

이 글에서 이순신은 오로지 죽음으로 임금을 섬긴다는 강인한 선비 정신을 보이는 한편, 그저 자신의 지조만을 지키기 위해 조정을 떠나는 것은 비겁한 자세라고 말하고 있네. 자기의 뜻이 통하지 않을 때는 임기응변으로라도 계책을 찾아볼 것이라 했네. 잠시 자기의 뜻을 접고, 더 큰 기회를 노려야 한다는 진짜 전략가의 자세를 볼 수 있는 글일세.

제2절

우리 옛 책,
밤새 베껴 쓰고 돌려 가며 읽던

제승방략과 국방 백서, 제목에 담긴 뜻

『제승방략制勝方略』과 『국방 백서國防白書』, 『각사수교各司受教』와 『행정법 개론行政法概論』. 비교될 만한 것으로 묶었네만, 어떤가? 짝지어 놓은 각각의 책이 의미하는 바를 짐작할 수 있겠나? 아마 앞에 나온 책 이름은 익숙하지 않을 테고, 뒤에 나온 책 이름은 익숙할 테지? 나 같은 사람은 반대로 뒤에 나온 책 이름이 아주 낯설다네. 똑같이 한자어를 썼는데도 전혀 알아볼 수 없는 게 많아.

'제승'은 상대를 제압한다는 말이고 '방략'은 방법과 전략이네. '각사'는 여러 관청을 의미하고 '수교'는 임금의 명령 즉 전교傳敎를 받았다는 말일세. 옛날엔 임금의 명령이 곧 법이었으니 이 책은 법령집이 되는 것이네.

옛 책의 제목이 중국에서 온 것이라면 지금은 영어에서 온 것이지. 백서白書는 '화이트 페이퍼white paper' 또는 '화이트 북white book', 행정법은 '어드미니스트레이티브 로우administrative law', 개론은 '인트러덕션introduction'에서 온 것이네. 다 일본에서 서구 문물을 받아들이며 번역한 말이지. 자네가 옛 책의 제목을 처음 보고서 바로 이해할 수 없듯이 옛사람도 지금 책을 보면 제목만 가지고 내용을 짐작하기 어렵다네. 서로 쓰는 말이 달라서야. 그러니 배워야 해. 옛사람이 현대를 이해하기 위해서는 번역된 외래어를 배워야 하듯이 자네도 지난 시대를 알려면 조상들이 썼던 말과 문자를 공부해야 하네. 그러지 않고 서로 나 몰라라 하고 담을 쌓는다면 우리는 영영 만날 수 없을 걸세.

그럼 옛날에는 책 이름을 어떻게 지었을까? 옛사람이 공부하며 읽은 책은 거의 한문으로 되어 있다네. 아마 표지 제목도 읽기 힘든 게 많을 걸세. 설사 운 좋게 아는 한자라서 읽었다손치더라도 도통 무슨 뜻인지 짐작조차 가지 않는 것도 수두룩할

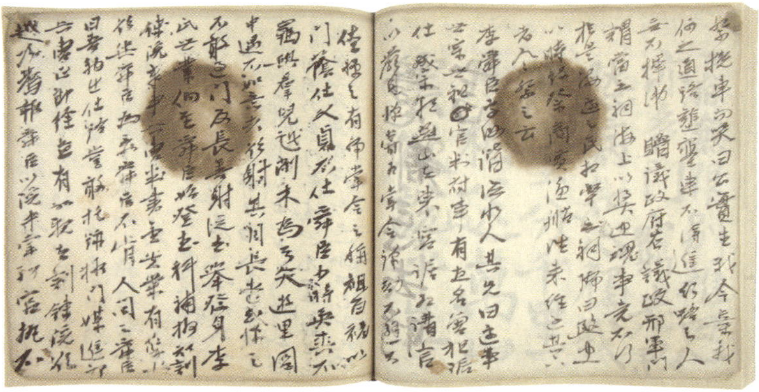

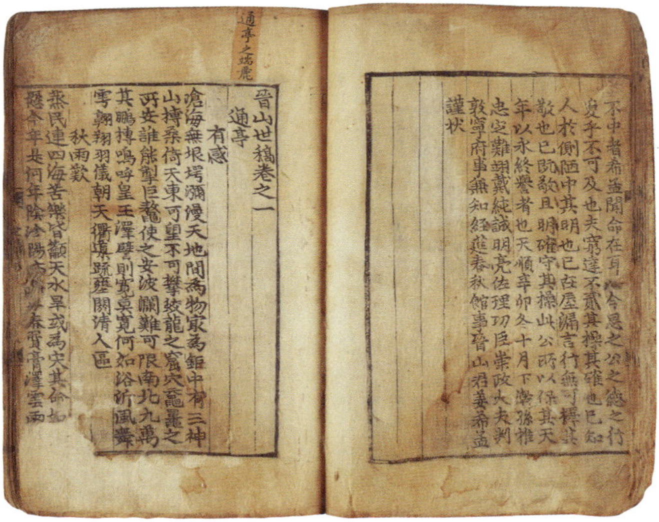

상) 징비록

유성룡이 임진왜란을 반성하며 그 전후 사정을 소상히 쓴 책이네. 책 이름은 "지난날의 잘못을 경계하여 후일 환란이 없도록 조심한다."는 『시경』의 구절에서 따왔네. 『징비록』 중에 실린 이순신과 관련 있는 내용을 뽑아서 『이충무공전서』 「기실紀實」에 수록하였네.

하) 진산세고

조선 초기 명신 강희맹姜希孟이 3대에 걸친 선대의 원고를 모아 편집한 문집이네.
진산晉山은 진주의 다른 이름이고, 세고世稿는 여러 세대에 걸쳐 지은 원고란 뜻이네.

거야. 그러다가 책장을 넘겨 내용을 들여다볼라 치면 더욱 기가 막히고 의기소침해질지도 모르겠네.

왜 안 그렇겠나? 이해를 좀 해 주게. 한글이라는 우수한 문자를 애써 만들어 곁에 두고도 학문을 하는 글로는 전혀 쓸 생각을 하지 못했네. 그저 아녀자가 배우는 암글로만, 무식한 백성끼리 쓰는 상스런 말을 적는 언문諺文으로만 생각했지. 아쉽기는 하지만 어쨌든 조상들이 한문으로 글을 남겨 놓았으니 완전히 읽고 이해하지는 못한다 해도 적어도 책 이름을 보고 무슨 책인지 알아챌 정도는 되어야 하지 않겠나? 이제 옛 책에 붙인 제목을 보고 그 책의 성격과 내용을 가늠해 볼 수 있는 방법을 같이 알아보세.

우리 옛 책을 한 저자가 쓴 여러 글을 한데 모은 문집과 어떤 한 가지 주제에 대해 쓰거나 엮은 저작으로 나누어 보겠네. 당연한 말이겠지만 앞의 경우는 제목에 지은이를 드러내야 할 것이고, 뒤의 경우는 주제를 드러내야 하겠지?

문집의 이름은 저자인 '아무개'의 '글 모음集' 또는 '원고稿'라는 형식을 띠네. 이때 저자의 본명은 휘諱라 하여 드러내 놓고 쓰기를 피하고 아호雅號나 당호堂號, 성姓과 자字, 가장 높았던 직명職名이나 시호諡號 뒤에 공公을 붙여 쓰는 게 일반적이네. 『퇴계집退溪集』, 『서애집西厓集』은 각각 이황과 유성룡의 아호를, 『난설헌집蘭雪軒集』, 『매월당집梅月堂集』은 각각 허초희許

楚姬와 김시습金時習의 당호를, 『성근보집成謹甫集』은 성삼문成三問의 자를, 『동국이상국집東國李相國集』은 이규보李奎報의 최고 직명을 붙여 만든 것이지. 고서古書를 알아보기 위해서는 옛 사람이 남긴 다른 이름도 살펴봐야 한다는 것을 알겠지?

문집에 붙이는 이름에도 가장 흔한 '집集' 이외에 여러 가지가 쓰이네. 돌아가신 분이 생전에 써서 남긴 원고라는 뜻으로 유고遺稿를 쓰기도 하고, 흩어진 유고를 모았으나 중요한 것은 빠뜨렸다고 생각되는 경우는 일고逸稿·일집逸集이라 하네. 겸손한 태도를 나타내는 재미있는 이름도 여럿 있네. 일정한 체계 없이 모아 놓았다는 뜻의 산고散稿나 잡고雜稿, 변변치 못하다는 뜻의 영고零稿, 보잘것없는 글이라는 뜻의 졸고拙稿, 어지러운 글이라는 뜻의 난고亂稿, 형식에 구애받지 않고 느끼거나 생각나는 대로 썼다는 뜻의 만언漫言·만필漫筆·만록漫錄·만집謾輯 따위를 붙이는 경우도 있네.

정조가 각별히 관심을 기울여 만든 두 책 『이충무공전서』와 『임충민공실기林忠愍公實紀』는 모두 성과 시호로 저자를 나타낸 경우이지. 전서全書는 오랜 노력 끝에 다 모았다는 뜻으로 전집全集·전고全稿라고도 쓰네. 실기는 조금 독특한 경우인데, 저자의 시문이 별로 남지 않았을 때 후세 사람들이 그 저자에 대해 쓴 여러 관련 기록을 모아 편찬한 것을 말하네. 문집이라기보다는 전기물 성격에 더 가깝다고 보아야겠네.

대개 책 이름 속에 이런 말이 있으면 문집 종류라고 판단해도 크게 틀리지 않을 걸세. 문집은 우리나라 고서의 반이나 된다고 하는군. 무슨 내용인지는 책장을 넘겨 가며 읽어 봐야겠지만 혹시나 주위에서 이런 종류의 책을 보게 되거든 너무 낯설어 하진 말게나.

하나의 주제로 묶은 단독 저작도 알고 나면 그리 어렵지는 않네. 크게 보면 이름을 붙이는 원리는 문집 종류와 같다네. 지역이나 저자에다가 주제나 내용을 더해 책 이름을 짓기도 하고, 주제나 내용에 성격을 더하여 짓기도 하네. 이때도 문집과 마찬가지로 지역과 주제를 뜻하는 어휘를 잘 알고 있어야 하겠지.

먼저 지역을 보면 우리나라를 대상으로 한 책에는 중국의 동쪽에 있다 해서 대개 동국東國, 해동海東, 대동大東이라는 이름이 많이 들어가네. 그 밖에 무궁화 나라라는 의미로 근역槿域, 동쪽을 가리키는 색인 청색을 따서 청구靑丘라는 말도 자주 쓰지. 이것 말고 중국과 대비하여 우리나라 고유의 것을 말할 때 '향鄕'이라고 쓰는 경우도 있네. 향에 맞선 표현으로 중국을 나타낼 때는 보통 '당唐'을 쓰지. 이렇게 해서 이름을 붙인 책으로는 『동국통감東國通鑑』, 『해동역사海東繹史』, 『대동야승大東野乘』, 『근역서화징槿域書畫徵』, 『청구영언靑丘永言』, 『향약집성방鄕藥集成方』 등이 있네.

주제나 내용의 경우도 몇 가지 중요한 어휘의 의미를 파악해 두면 어렵지 않을 걸세. 일례로 사史, 감鑑, 승乘 등이 들어가면 역사에 대한 것이라 보면 되네. 앞서 예로 든 책 중에서 역사책을 한번 찾아보게. 그렇지. 잘했네. 『해동역사』, 『동국통감』, 『대동야승』이네.

책의 주제를 나타낸 어휘로는 국가 경영을 뜻하는 경국經國, 성인의 학문을 뜻하는 성학聖學, 의학 처방을 뜻하는 의방醫方 등이 있다네. 책의 주제가 앞에 나올 경우 뒷말은 그 책의 성격을 나타내네. '요要'는 중요한 것을 뜻해. 절요節要는 중요한 것을 간추렸다는 뜻이고, 집요輯要는 중요한 것을 모았다는 뜻이네. '약略'은 간추렸다는 말이어서 사략史略은 간추린 역사책이란 뜻이 되네. 그 밖의 것들도 한자의 뜻풀이로 대강을 짐작할 수 있을 걸세.

이제 대전大典은 큰 법전이란 뜻이니 『경국대전經國大典』은 나라를 다스리는 큰 법전이란 것을, 유취類聚는 종류에 따라 모았다는 뜻이니 『의방유취醫方類聚』는 처방법을 주제별로 분류한 의학서란 것을, 궤범軌範은 법도와 규범이란 뜻이니 『악학궤범樂學軌範』은 음악의 법도가 되는 책이란 것을 쉽게 알 수 있겠지. 마찬가지로 『주자서절요朱子書節要』는 주자의 편지글 중에서 핵심만 간추렸다는 뜻이고, 『성학집요聖學輯要』는 성인이 되는 학문의 요체를 모았다는 뜻이고, 『동국사략東國史略』은 우리나라 역사를 간추렸다는 뜻인 것을 짐작할 수 있겠지.

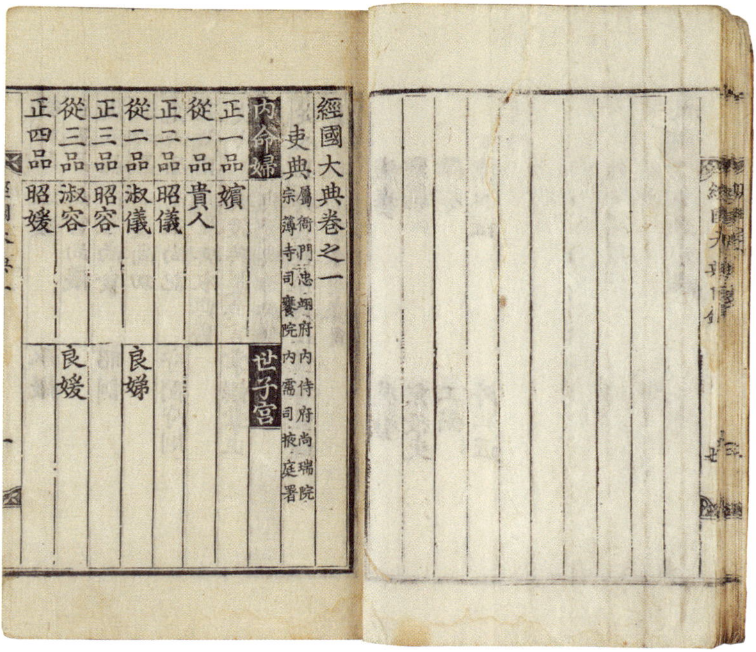

경국대전

모두 잘 아는 『경국대전』이네. 세조 때 처음 편찬한 후 수정 보완을 거듭해 성종 때 완간되었지. 조선의 기본 법전으로 과거 시험에 『경국대전』을 암기하는 과목이 들어 있었네.

정말 맛보기라고도 할 수 없을 정도로 몇 가지만 말했네. 이런 식으로 우리 옛 책을 다 알 수 있다고 여기면 큰 오산이지. 앞으로 옛 책을 볼 때 그저 제목을 외우려고만 하지 말고 이런 원리를 이용해서 스스로 뜻을 풀어 보고 익혀 두는 것이 좋겠네. 그 과정에서 지금과는 다르게 쓰이는 한자의 쓰임과 멋스러운 한자 어휘도 알아 두면, 나중에 좋은 자리에서 멋지게 써먹을 수 있을지 어찌 알겠나?

한 권의 책이 나오기까지

『이충무공전서』는 어떤 과정을 거쳐서 만들어졌을까? 앞서 보았듯이 『이충무공전서』도 기본적으로는 문집이네. 문집이라 함은 그 사람의 글을 다 모은 것이지. 옛날에 글을 쓰고 책을 냈던 이들은 지금의 작가처럼 글쓰기를 직업으로 하던 사람이 아닐세. 다방면에 걸쳐 글을 썼네. 사대부란 말이 바로 학자 관료를 뜻하는 것이네. 박지원이 말했던 것처럼 "책을 읽으면 선비요, 정치에 종사하면 대부"였다네. 공부하는 선비가 언제든 벼슬길에 나아가 대부로 조정에서 나랏일을 볼 수 있었고, 조정의 관리로 일하다가 또 언제든지 물러나 독서하며 글을 쓸 수 있었네.

그들은 평생 동안 시를 짓고, 편지를 통해 벗과 교유하고 학문과 사상의 깊이를 더해 갔네. 신하로서 임금이 요구하는 책문策問에 답해야 했고, 자신의 주장을 담은 상소문 곧 주소奏疏를 지어 올려야 했지. 부모와 형제자매의 죽음을 만나면 행장行狀을 쓰고 명망 있는 이에게 보내 명문銘文을 부탁했네. 명승고적을 찾아가서는 기문을 짓고, 시문집을 내는 이에게 서발序跋을 써 보냈네. 먼저 세상을 떠난 벗과 스승을 위해 애사哀詞와 제문祭文 짓는 일도 빼놓을 수 없었지.

평생 동안 글을 읽은 만큼 평생토록 글을 썼는데, 그 글을 모아 책을 엮은 것이 문집이네. 그들은 뒷날 자신의 문집을 편찬할 것을 염두에 두고 글을 썼네. 편지를 쓸 때도 훗날 문집에 넣을 것에 대비해 꼭 따로 한 통을 베껴 놓았지.

살아생전에 자신의 글을 모아 문집으로 만드는 경우도 더러 있지만 대개 자손이나 제자, 후학이 그 역할을 맡았지. 저자가 죽으면 후손이나 다른 문인이 원고를 광범위하게 모아들이네. 많은 분량을 저자 자신이 베껴 놓지만 저명한 문인이나 학자의 단편 저술은 생전에 여러 문인이 돌려 읽다 보니, 없어지는 수도 있지. 그래서 문집을 만들 때 평소에 교유하던 벗과 한 스승 밑에서 배운 문인에게도 널리 수소문해 원고를 모은다네. 저자가 이름이 높고 고명한 학자일 때에는 회의를 열어 원고 정리와 편집, 간행에 대해 논의한 다음 서로 일을 나누기도 하지.

모은 글을 모두 문집에 싣는 것은 아니네. 글을 검토하여 추려서 버릴 것과 실을 것을 구분하지. 신기로 한 글이라도 문제를 일으킬 가능성이 있으면 고치기도 한다네. 금기禁忌가 많은 시대였네. 아무도 보지 않는 글이라면 문제가 없겠지만 그것이 책으로 묶여 세상에 나올 땐 달라지지. 혹시 임금과 관련된 불충한 글은 없는지, 스승이나 벗과의 관계를 나쁘게 만들 소지는 없는지, 유학이 아닌 불교, 도교에 심취한 이단잡설異端雜說은 또 없는지 꼼꼼히 살핀다네. 가까운 사이에 주고받은 편지 중에 치부가 드러난 것은 아예 빼기도 했지. 어떤 경우는 조상이 지어 놓은 시문의 수준이 높지 않으면 문구를 수정해 싣기도 했다네. 그

것을 오히려 효도라 여기는 세태까지 생겼지.

『이충무공전서』를 편찬할 때도 이런 과정을 거쳤네. 조정에 올린 장계야 내용에 문제될 것이 없었지. 대신 이두吏讀로 토吐를 단 것은 다 순 한문체로 옮겼네. 『난중일기』에서는 중요한 인물을 노골적으로 질타하는 내용을 빼기도 했네.

책판과 인쇄된 책
『주자서절요』라는 책을 출판하려고 만든 책판과 그 책판을 인쇄해 만든 책이네. 어떻게 목판 인쇄를 했는지 짐작할 수 있겠지?

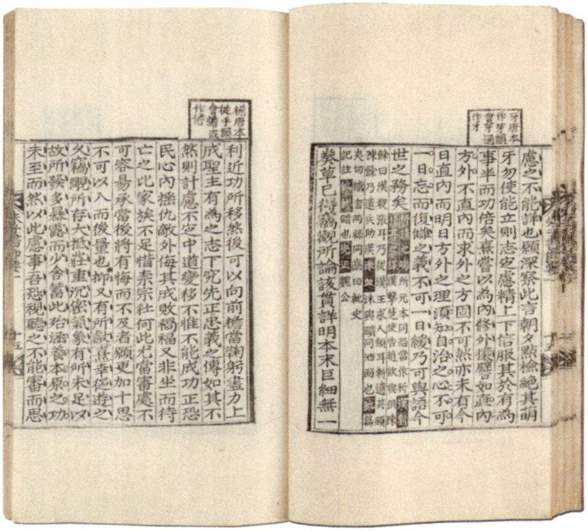

글을 모아 책을 만들 때 그것을 인쇄하는 방법에는 활자活字 인쇄와 목판木板 인쇄 두 가지가 있네. 활자란 문자 그대로 살아 있는 글자라는 뜻이네. 글자 한 자 한 자를 원고 내용에 따라 골라 맞추어 판을 짜서 찍은 후 다른 책을 만들 때 또 다시 풀어서 조립해 쓸 수 있는 것이지. 그래서 글자가 살아 있다고 하는 것이네. 여러 가지 책을 소량으로 찍어 내기에 좋은 방법이지. 이에 반해 목판본은 책 한 권의 내용을 책판冊板에 새겨 계속 반복해서 찍어 내는 것이야. 조선 시대에 금속 활자는 조정에만 있었기 때문에 개인이 문집을 만드는 경우 대개 목판으로 찍어 낼 수밖에 없었네. 지금도 서원과 향교에는 문집과 경전을 찍어 내던 책판이 많이 남아 있네.

책을 인쇄하기 전에 꼭 거쳐야 할 매우 중요한 과정이 하나 있네. 바로 교정校正이지. 교서관에서는 인쇄 과정에서 오자誤字 한 글자가 나올 경우 태笞를 30대 치게 되어 있었네. 태는 볼기를 때리는 형벌이야. 또 다섯 자 오자가 나오면 관원을 파출罷黜하도록 했지. 우리 옛 책이 우수한 이유 중 하나가 이런 엄격하고 꼼꼼한 교정에 있었네. 『이충무공전서』를 만들 때 교정을 맡은 이는 감인관監印官 유득공이었네.

책을 찍을 종이를 한번 볼까? 인쇄에 쓰이는 종이는 책지冊紙라 불렀네. 조선의 종이는 닥나무로 만들었어. 고르고 매끄럽도록 두드려 만들어 품질을 높였네. 단단하고 질기기로 유명해 중국에 보내는 사신의 공물貢物에서 빠지지 않았어. 책이 두껍고 무거운 흠도 있긴 했지.

한 장 한 장 인쇄를 하고 나면 인쇄된 종이를 책으로 엮어야 하네. 옛 책은 종이 한 장에 두 면을 인쇄하고 이를 반으로 접어 책으로 묶었네.

반으로 접은 종이들을 가지런히 놓고 앞뒤로 두꺼운 표지를 덧댄 후 책등에 다섯 개의 구멍을 뚫고 끈으로 단단히 묶네. 이런 작업을 장책粧册이라 하네. 요즘은 풀칠을 해 묶고 이런 과정을 제본이라 하더군. 가지고 있는 책을 세워 놓고 한번 보게. 책등에 표지와 내지를 연결하고 있는 것이 풀이네. 요즘 책과 달리 옛 책은 끈으로 묶었기 때문에 필요에 따라 책을 풀었다 다시 묶을 수도 있었지. 경우에 따라선 두 책을 하나로 묶을 수도, 한 책을 둘로 나눌 수도 있었다네.

문집은 널리 읽히기 위해 혹은 판매를 위해 만드는 것이 아닐세. 한 인물의 모든 것을 그가 기록하고 남긴 글로 재구성하여 기억하고 전승하는 것이네. 아주 적은 부수를 찍어서 주위에 배포했을 뿐이지. 나중에 자세히 보겠지만 『이충무공전서』도 문헌을 다루는 주요 국가 기관, 이순신 관련 사당, 편찬에 참여한 관료 등에게 나누어 주었을 뿐이네. 책을 볼 수 있는 사람은 소수였지.

책은 참 귀하신 몸이었네. 수량이 적어서 귀하기도 했고, 책을 만드는 데 드는 품이 많아 비싸서 귀하기도 했네. 또 책을 읽을 수 있는 사람이 적어서 귀하기도 했어. 책을 가진 사람은 책을 아낄 수밖에 없었네. 서로 빌려 주고 빌려 보았네. 필사筆寫 즉 손으로 베껴 쓰기를 마다하지 않았네. 책장을 넘기느라 닳아 해진 곳은 다시 풀어 그 안에 종이를 덧대어 수리를 하지. 이런 걸 배접褙接이라 하네.

모든 종이가 다 그렇지만 습기에 약한 것이 책이네. 책에 곰팡이가 피지 않도록 잘 관리해야 했지. 7월 장마 뒤에는 옷과 곡식을 햇볕에 말리듯 책도 바람을 쐬어 주고 볕을 쬐어 주었지. 이런 걸 포쇄曝曬라 하네. 조선왕조실록은 포쇄를 아주 엄격하게 하면서 그 과정을 꼼꼼히 기록으로 남겼네. 책은 그냥 물건이 아니었네. 어렵게 만든 귀한 책을 아끼던 옛사람의 정취가 시원한 가을바람과 함께 불어오는 듯하지 않나?

마음만 먹으면 누구나 책을 만들 수 있는, 책이 넘쳐 나는 시대가 되었네. 책에 목이 말라 밤새 베껴 쓰고 돌려 가며 읽던 시절은 가 버렸네. 이런 때에 우리 옛 책은 어쩌면 고리타분할 수도 있겠네. 새로 나온 책도 읽기 힘든데 굳이 곰팡내 나는 옛 책을 찾아 읽을 까닭이 있겠나? 그러나 '오래된 미래'라는 말처럼 수천 년을 살아온 인간은 늘 같은 자리에서 비슷한 고민을 해 왔던 것도 사실일세. 어머니에 대한 그리움, 자식을 앞세운 부모의 아픈 마음, 혼란한 시대에 대한 고뇌, 시기와 질투에 휩싸인 인간의 행태까지 이순신이 겪었던 일이 지금이라고 어찌 다르겠나? 자네가 지금 이순신 이야기를 읽는 것처럼, 자네의 선인들도 이순신 이야기를 읽고 감동의 눈물을 흘리고 안타까움에 한숨짓기도 했었네. 자네 뒤를 이어서도 이순신 이야기는 계속 읽힐 걸세.

여러 가지 한자 서체

내 일러 줌세

이충무공전서에서 볼 수 있는 여러 가지 한자 서체

『이충무공전서』의 책장을 넘기다 보면 한자의 글꼴이 서로 다른 것을 볼 수 있을 걸세. 한자의 글씨체에는 어떤 것이 있는지 한번 알아보세. 한자의 서체는 보통 다섯 가지로 정리하고 있네.

- **전서篆書** : 진시황이 문자 통일을 위해 글꼴을 정비하여 만든 것이라고들 하네. 약간 길쭉하면서 부드러운 느낌에 좌우가 대칭을 이룬 모양이네. 비석 맨 위에 쓰는 제목은 꼭 이 글씨체로 쓰는데 이를 두전頭篆 또는 전액篆額이라 하네. 「어제신도비명御製神道碑銘」에 있는 '어제'라는 글씨체가 이것이네. 도장을 팔 때도 이 서체를 많이 쓰다 보니, 도장 새기는 것을 전각篆刻이라고 하지.
- **예서隸書** : 전서의 획을 간단하게 줄이고 반듯반듯하게 만든 글자체네. '이충무공전서'라고 책 제목에 쓴 글씨처럼 가로획이나 내려 긋는 획을 오른쪽 아래로 길게 잡아당긴 것 같은 모양이야. 또 가로획의 끝을 살짝 들어 올려 전체 획이 탄력 있는 느낌을 주지. 전서가 아래로 길쭉한 형태인 데 반해, 예서는 가로로 퍼져 야무지고 맵시가 있지. 지금도 책의 표지나 건물의 현판에 많이 쓰네.
- **해서楷書** : 또박또박 바르게 쓴 것으로 『이충무공전서』의 본문과 숙종이 내려 준 현충사 편액에 적힌 서체가 이 글씨체네.
- **행서行書** : 해서를 약간 흘려 쓴 것으로 이병모李秉模가 쓴 「윤음」이 바로 이 서체네.
- **초서草書** : 빠르게 흘려 쓴 글자체로, 자획을 생략한 것이 많아 따로 배우지 않으면 쓰는 것은 물론 읽는 것도 어렵지. 이순신이 손수 쓴 『난중일기』가 이 초서로 되어 있네.

제3절

이충무공전서, 특별히 여기는 뜻을 보여 주어야 한다

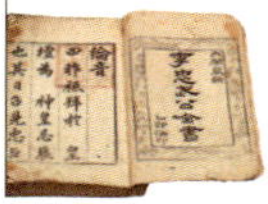

14권과 8책은 무슨 뜻일까

자, 이제 『이충무공전서』를 함께 꼼꼼히 살펴보세. 비록 직접 손에 들고 볼 수는 없지만 마음속으로 천천히 부드럽게 어루만져 보게. 만자卍字 무늬 능화판菱花板을 찍은 누런색 두툼한 표지에 '이충무공전서'라는 제목과 함께 일一에서 팔八까지 적힌 여덟 권의 책이 놓여 있네. 표지는 두터운 장지壯紙에 누런 치자 물을 들이고 콩을 곱게 갈아 즙을 내서 바른 후 판목板木에 눌러 무늬를 입혔네. 책

등에 다섯 개의 구멍을 뚫고 질긴 명주실로 묶었네. 나라에서 정성을 들여 만든 책이야. 이런 표지만 보고도 조선 책은 중국 책과 쉽게 구분할 수 있네. 옛 중국 책은 표지가 얇고 책을 묶는 실 구멍이 네 개이며, 능화판을 찍은 것도 흔치 않네.

우리가 볼 책이 모두 몇 권인가? 다음 쪽 사진에 있는 책을 한번 세어 보게. 모두 몇 권인가? 여덟 권이지? 그렇지, 책 표지에도 '모두 여덟 권'이란 뜻으로 '공팔共八'이라고 쓰여 있군. 그런데 『이충무공전서』를 소개한 글을 보면 모두 14권 8책이라고 하네. 무슨 말인가? 분명 우리 눈앞에 있는 책은 모두 여덟 권뿐인데 말이지.

요즘은 흔히 책을 권으로 세지. 한 권, 두 권, 이렇게. 본래 '권卷'은 돌돌 말린 두루마리 형식의 책을 말하고, '책冊'은 오늘날 보고 있는 것과 같이 묶인 형태의 책을 말하는 것이었네. 두루마리 책은 한 권, 두 권으로 세고, 묶음 책은 한 책, 두 책으로 세었지. 각각 세는 단위가 달랐던 거야. 그러다가 두루마리 형태의 책이 없어지면서 '권'은 장章, chapter이나 절節, section과 같은 '내용상 단위', '책 속의 목록'으로 의미가 바뀌고, '책volume'이 세는 단위가 되었네. 한 책은 여러 개의 권으로 이루어지기도 하고 한 권으로 이루어지기도 하지. 지금 말로 한다면 『이충무공전서』는 14개 항목chapter을 8권volume의 책book 속에 담았다고 할 수 있겠군. 이제 14권 8책의 의미를 정확하게 알겠지?

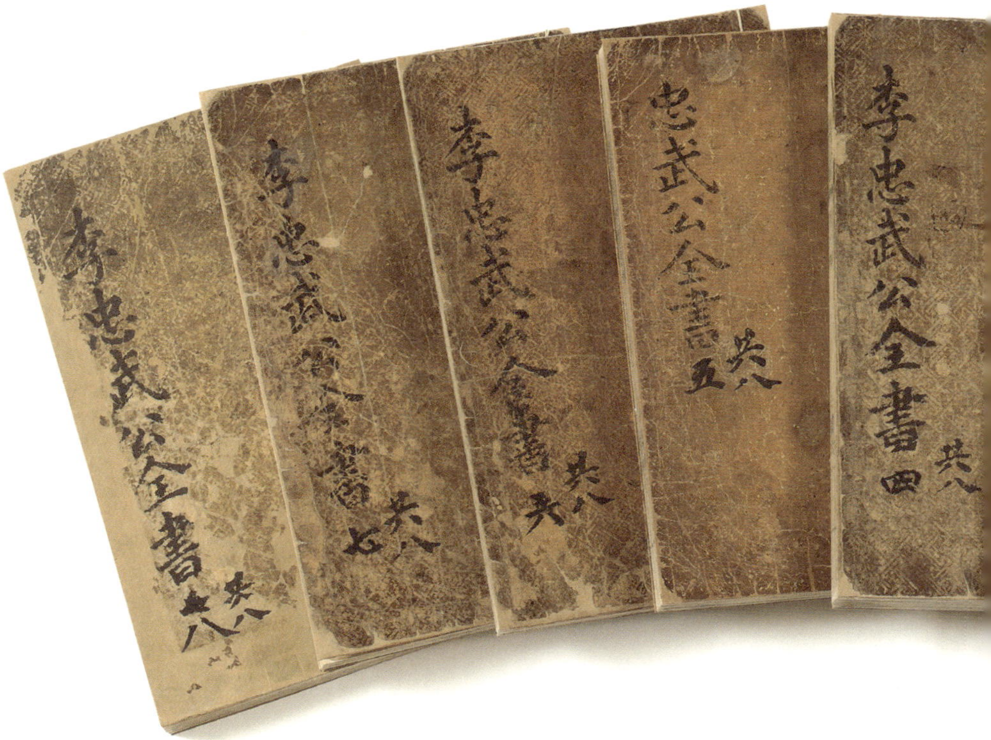

이충무공전서 8책

여덟 권으로 되어 있는『이충무공전서』를 늘어놓고 펼쳐 놓은 모습이네.
14개 항목을 8권의 책 속에 담아 두었네.

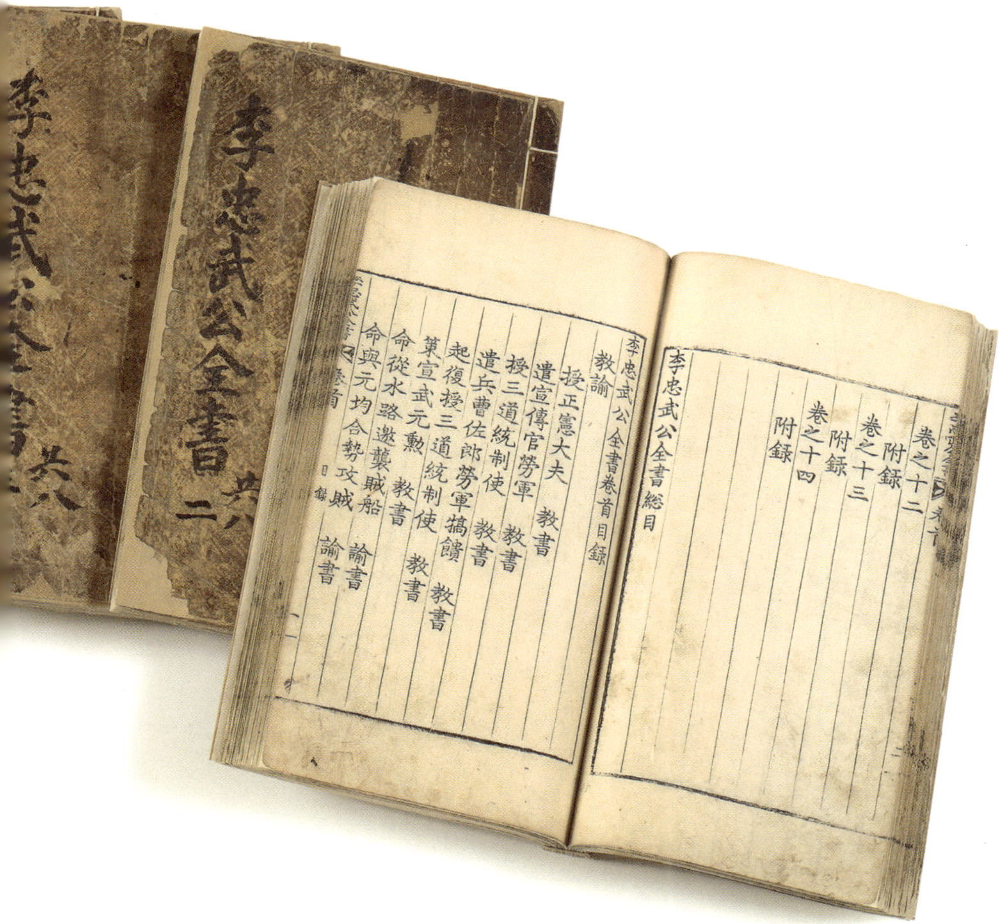
李忠武公全書
李忠武公全書 共八 二
李忠武公全書卷首目錄
教諭
授正憲大夫 教書
遣宣傳官勞軍 教書
授三道統制使 教書
遣兵曹佐郎勞軍犒饋 教書
起復授三道統制使 教書
策宣武元勳 教書
命從水路邀襲賊船 諭書
命與元均合勢攻賊 諭書
李忠武公全書總目
卷之十二 附錄
卷之十三 附錄
卷之十四 附錄

책을 펴 보세. 책장 맨 앞 장에 곧고 힘찬 예서로 쓴 제목이 보일 걸세. 제목은 넝쿨 꽃 무늬를 그려 넣은 네모 상자 속에 들어 있지. 그 좌우로 내각부집內閣裒輯과 을묘활인乙卯活印이라 적혀 있는 것도 한눈에 들어올 걸세. 내각이 규장각을 말한다는 것은 이미 알 테고, 부집은 흩어져 있는 자료를 모아서 편집하였다는 뜻이고, 을묘활인은 을묘년에 활자로 인쇄했다는 말이네. 제목과 발행처, 발행 연도를 적은 것이지. 요즘 책의 속표지와 판권을 섞어 놓은 것 같다는 생각을 할지도 모르겠군.

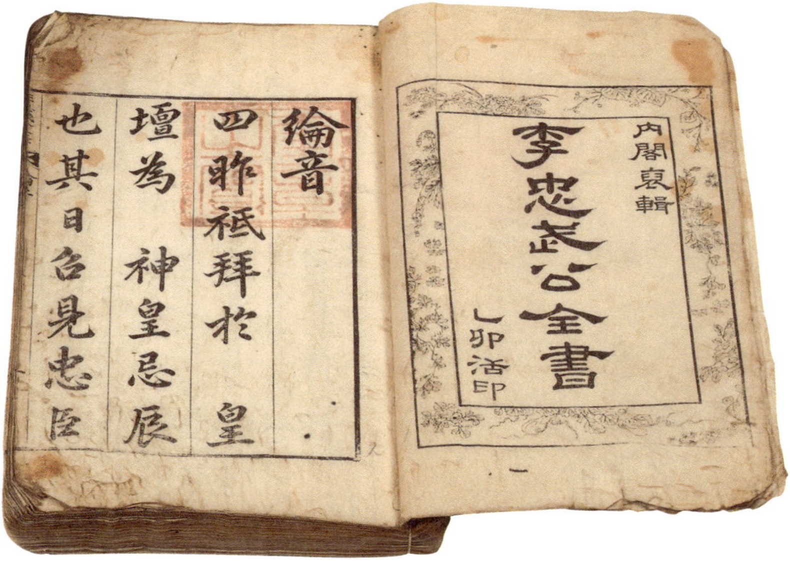

이충무공전서 중 면지

책의 앞뒤 표지 안쪽에 있는 지면을 면지面紙라 하네.
오른쪽 면을 보면 화려한 장식 속에 책 이름, 발행처, 발행 연도 등을 기록하였는데,
당시에 청나라에서 들어온 새로운 방식이네. 왼쪽은 윤음의 첫머리네.

겉표지 안쪽에 다시 면을 두어 제목과 발행처, 발행 연도를 표시한 이런 형식은 청나라에서 들어온 새로운 방식이네. "규장각에서 이순신에 관한 글과 사적事蹟들을 모두 모아 을묘년에 활자로 인쇄한 책", 이게 바로 『이충무공전서』라는 말일세.

이 을묘년은 1795년(정조19)으로, 정조에게는 아주 뜻깊은 해였네. 즉위한 지 20년이 되는 해인 동시에 어머니이신 혜경궁 홍씨惠慶宮洪氏와 돌아가신 아버지 사도 세자 두 분의 회갑回甲이 되는 해였네. 1월에 두 분의 공덕을 기려 존호尊號를 올리고, 가까이서 보필하는 문신, 병마절도사와 수군절도사 이상의 무관, 환갑을 맞은 벼슬아치 모두에게 한 자급資級씩 벼슬을 올려 주었네. 윤2월에는 화성에 행차해 봉수당奉壽堂에서 어머니의 회갑연을 베풀고, 화성 공사에 공을 세운 이들에게 포상도 하였네. 이런 뜻깊은 해에 이 책이 나왔다네.

속표지 곧 면지의 왼쪽을 보면 '윤음綸音' 두 글자가 크게 보일 걸세. 윤음은 임금이 내린 말씀을 말하네. 그 윤음 글자 위에 찍힌 커다란 붉은 도장이 보이나? 전서로 규장지보奎章之寶라고 새겨져 있네. 임금이 내려 준 책의 본문 첫 장 위에 찍는 보인寶印일세. 그 전에는 승정원에서 선사지기宣賜之記를 사용했는데, 규장각을 세운 이후에는 각신이 그 업무를 수행하면서 규장지보를 썼다네. 이런 인장印章을 내사인內賜印이라 하네. 내사인이 찍혀 있으면 임금이 하사한 책이라고 보면 틀림없네. 이런

봉수당에서 베푼 회갑 잔치
1795년 정조가 어머니 혜경궁 홍씨의 회갑을 맞아 화성 행궁의 봉수당에서 베푼 잔치를 그린 '봉수당진찬도奉壽堂進饌圖'네. 화성 행궁은 일제 강점기 때 헐린 것을 최근에 복원했네.

책을 반사본頒賜本 또는 내사본內賜本이라 하지.

옛 책을 보면 내사인 말고 여러 인장이 찍힌 것을 흔히 볼 수 있는데, 이런 걸 장서인藏書印이라고 하네. 책을 보관하고 있는 곳이나 주인을 나타내는 표시이지. 장서인이 대여섯 개 이상 남아 있는 책도 있다네. 그건 이 책이 어느 도서관, 누구의 손을 거쳐 보관되어 왔는지 내력을 보여 주는 것일세. 자네가 앞으로 더 공부를 많이 해서 우리 옛 책을 실물로 직접 볼 일이 생기면 이런 인장들을 자주 접하게 될 걸세.

그중에는 아주 가슴 아픈 인장도 있다네. 서울대학교 규장각

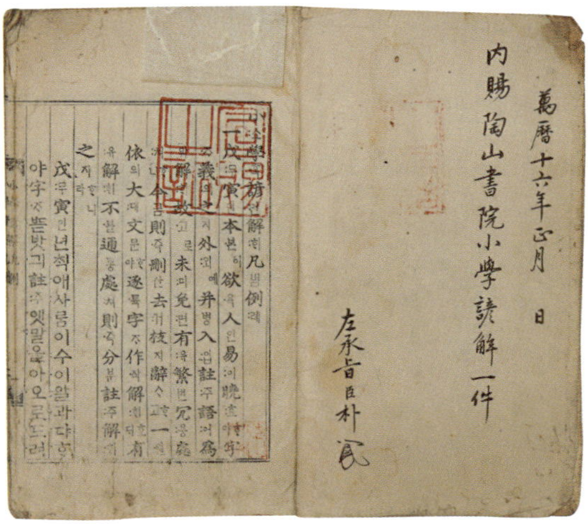

소학언해

어린이가 배워야 할 유교 윤리를 엮은 『소학』을 한글로 번역한 책이네. 왼쪽에는 '선사지기'라는 보인이 찍혀 있고, 오른쪽에는 '내사기內賜記'가 적혀 있네. 내사기는 임금이 내리는 책에 날짜와 받는 사람 또는 관청의 직함, 성명 등을 기록한 것을 말하지. 이 책은 1588년(선조21) 도산 서원에 하사한 것이네.

한국학연구원이나 한국학중앙연구원 장서각 등에서 보관하고 있는 우리나라의 중요한 고서를 열람하다 보면 쉽게 발견할 수 있는 장서인이 있지. 바로 '조선총독부도서지인朝鮮總督府圖書之印'일세. 대한 제국을 식민지로 삼은 일본 제국주의자들이 황실에 전해 내려오던 중요한 책을 모조리 받아서 이 장서인을 찍은 것이야.

장서인은 도서관이나 큰 기관에서만 사용하는 게 아니라네. 개인 수장가收藏家도 자기의 이름이나 좋은 글귀를 따서 멋진 인장을 새겨 찍는 경우가 흔하다네. 좋은 옛 그림에서도 흔히 볼 수 있는 장면이지. 자네도 쉽게 따라 할 수 있는, 책을 아끼고 사랑하는 흥미로운 방법이 될 걸세. 한번 해 보시게.

사진이나 그림에서 이런 옛 책을 많이 봤겠지? 그동안은 아마 우리 옛 책은 한자로 세로쓰기를 했구나 하는 정도로만 생각했겠지. 오늘 『이충무공전서』를 보면서 우리 옛 책이 지닌 형태의 아름다움을 느껴 보는 것도 좋겠네.

오래된 옛 책의 책장을 살며시 만져서 종이를 밀어 보면 그두 장이 맞붙어 있음을 느낄 수 있을 걸세. 옛 책에서 재미있는 것 중 하나가 판심版心이네. 실제 책에서는 접혀서 반만 보이네만, 여기에 책의 제목과 해당 권차, 면수까지 적혀 있네. 또 판심어미魚尾라 하여 물고기 꼬리 모양의 검은 바탕에 간단한 무늬를 넣은 멋스러운 부분도 있네. 앞쪽에 『이충무공전서』 여덟 권을 펼쳐 놓은 사진에서 직접 확인해 보게.

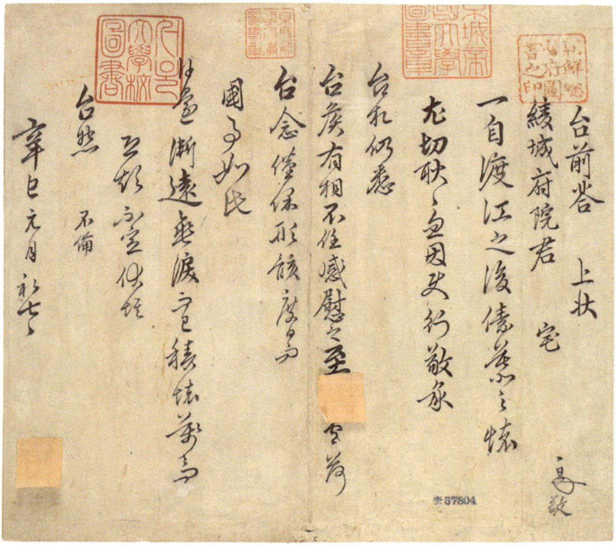

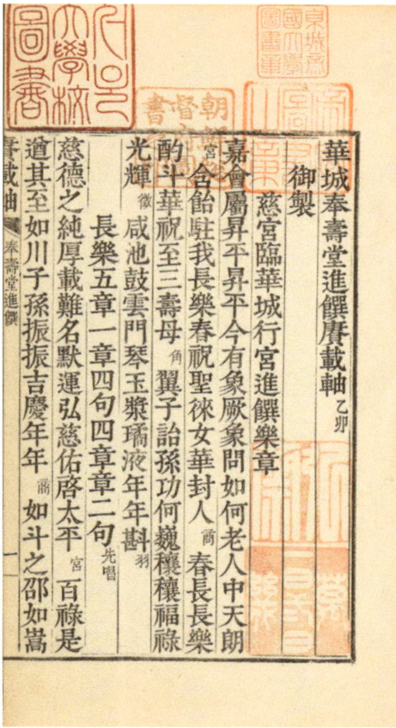

상) 효종의 글씨

효종의 어필이네.
위쪽에 찍힌 도장이 바로 장서인이네.
'조선총독부도서지인朝鮮總督府圖書之印',
'경성제국대학도서장京城帝國大學圖書章' 등이 보이네.
일제 강점기,
우리의 문서까지도
일본 소유가 되었던 것을
여실히 보여 주네.

하) 정조의 장서인

규장각한국학연구원에 소장되어 있는 책
『화성봉수당진찬갱재축華城奉壽堂進饌賡載軸』이네.
아래쪽에 '홍재弘齋'와 '일일이일만기一日貳日萬幾'라는
정조의 인장이 희미하게 찍혀 있네.

충절을 높이고 공로에 보답하는 일

> 왕은 충절을 높이고 공로에 보답하는 일이라면 아끼지 않고 할 수 있는 모든 일을 다 했다. 특히 충무공 이순신과 충민공 임경업林慶業을 최고로 여겨 그들이 남긴 글과 전해 오는 일을 모아 편집하고 충무공은 '전서', 충민공은 '실기'라 하여 책을 찍어 내었다.
>
> 『극원유고屐園遺稿』「건릉행장健陵行狀」

정조는 나라에 공이 있는 사람들에게 각별한 정성을 기울였네. 특히 임진왜란 때 조선의 바다를 홀로 지키다시피 한 이순신과 병자호란 때 의주 백마산성에서 굳게 버틴 임경업을 가장 높이 평가했네. 그래서 두 사람을 기리는 책을 만들라고 명령하였지. 이순신에 대해서는 특별히 책 이름을 '집'이라 하지 않고 '전서'라고 이름 붙이게 했다네. 임금이 신하의 시문을 모아 책으로 엮어 내는 일도 흔치 않거니와 그 이름을 전서라 한 사례는 더더욱 없었네. 이순신을 흠모하는 정조의 마음이 얼마나 깊었는지 이 책 한 권으로도 능히 헤아릴 수 있네.

「윤음」부터 보세. 「윤음」에는 모두 3편이 실려 있네. 『이충무공전서』를 편찬하게 된 경위를 담고 있지. 보통 문집이었다면 앞머리에 서문을 실었겠지. 하지만 임금이 직접 편찬을 명한 책이기에 임금의 글로 서문을 대신하였네. 3편은 각각 이순신 후

임경업 초상
병자호란 때의 충신 임경업의 초상이네. 국난 극복에 앞장선 명장으로서 이순신과 함께 정조가 가장 높이 평가한 인물이네. 비운의 삶을 산 그는 민간에서 무속 신앙의 대상이 되기도 했지.

손을 대보단 제사에 참여시키라는 명, 『이충무공전서』를 편찬하면 고금도 사당에도 한 질을 보내라는 명, 신도비를 세우고 동시에 이순신을 영의정으로 증직하라는 명이네.

「비명碑銘」은 전서로 어제御製를 한 칸 올려 쓰고, 이어 긴 제목을 붙인 글이네. 지금도 「비명」의 이 글씨체를 그대로 새긴 신도비가 이순신 묘소 앞에 서 있네. 정조는 손수 신도비의 글을 짓는 이유를 이렇게 적고 있네.

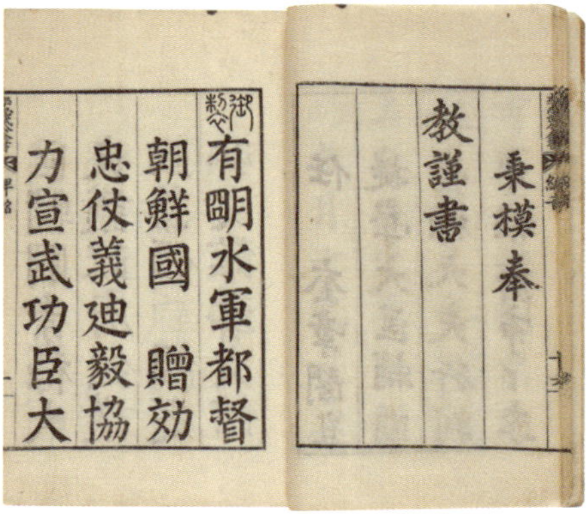

상) 이충무공전서 중 비명
「비명」의 첫머리 부분이네.
비명의 제목은
'어제御製 유명有明
수군도독水軍都督 조선국朝鮮國 증贈
효충장의적의협력선무공신效忠仗義迪毅協力宣武功臣
대광보국숭록대부大匡輔國崇祿大夫
의정부 영의정議政府領議政 덕풍부원군德豐府院君
행 정헌대부行正憲大夫 전라좌도수군절도사 겸
삼도통제사全羅左道水軍節度使兼三道統制使
시諡 충무공忠武公 이순신李舜臣
신도비명神道碑銘'으로 무척 길다네.

하) 정조 어제 신도비의 탁본
정조가 친히 글을 써 내려 준
이순신 신도비의 탁본이네.
실제 비석 머리에 새겨져 있는 이름은
'상충정무지비尙忠旌武之碑'네.
'충절을 숭상하고 무공을 기린다.'는 뜻이네.

> 우리 장하신 선조께서 나라를 다시 일으키신 공로는 오직 충무공 한 사람의 힘으로 마련된 것이니 이제 충무공에게 특별히 비명을 지어 주지 않고 누구의 비명을 지어 주겠는가?
>
> 『이충무공전서』「왕이 지은 신도비의 비명御製……神道碑銘」

「윤음」과 「비명」을 지나 비로소 책의 목차가 나오네. 「이충무공전서총목」이라 해서 전체 목차가 나오지. 권수卷首에 이어 권지일卷之一부터 권지십사卷之十四까지 있지.

권수는 책을 헤아리는 숫자에 들어가지 않네. 대개 서문이나 책 편찬과 관련한 임금의 글과 책의 주인공의 연표나 가계도 등을 싣는다네. 이 책의 권수에는 「교유敎諭」, 「사제문賜祭文」, 「도설圖說」, 「세보世譜」, 「연표年表」가 수록되어 있네.

「교유」에는 임금이 내린 교서敎書 6편과 유서諭書 16편이 실려 있네. 임진왜란 때 선조가 이순신에게 내린 문서들이네. 「사제문」은 역대 임금이 이순신의 사당이나 묘에 제사 지낼 때 내린 제문 13편이네.

「도설」은 그림과 해설이네. 먼저 실린 것이 이른바 '명조 팔사품明朝八賜品'이라고 알고 있는 것이야. 정유재란 때 이순신과 함께 싸웠던 명나라 수군 도독 진린이 이순신의 전공을 신종에게 아뢰어 받은 도독인都督印을 비롯한 여덟 가지 물건이라고 적혀 있어. 그러나 이순신이 생전에 명나라 황제로부터 이런 물건을 받은 적은 없네. 정말 그런 일이 있었다면 정사正史에 특별히 기록하지 않았겠나? 아마도 통제영에서 삼도 수군통제사의 위엄을 높이기 위한 장식물로 처음 만들었던 것이 시간이 흐르면서 그 권위를 높이는 과정에서 잘못 전해진 것이 아닌가 싶네.

「세보」는 덕수 이씨德水李氏 시조부터 이순신의 아들과 조카까지 13대에 이르는 간략한 족보일세. 여기에는 이순신이 받은 시호 '충무忠武'의 뜻이 기록되어 있네. "일신의 위험을 무릅

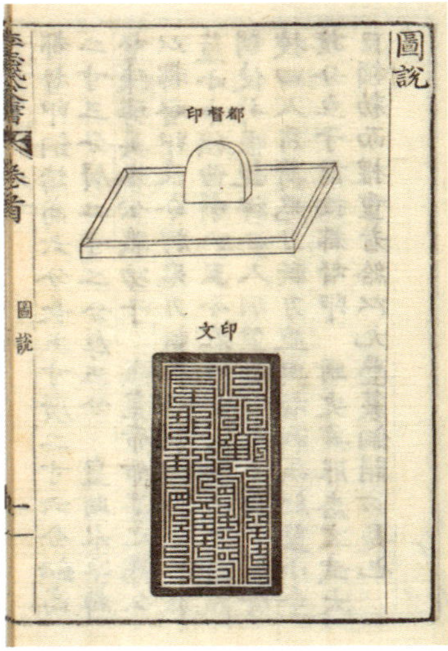

좌) 이충무공전서 중 도설, 우) 도독인과 함
명나라 황제가 주었다고 전하는 도독인의 『이충무공전서』 「도설」 속 모습과
통영 충렬사에 전해 오는 유물을 바탕으로 복원한 도장과 도장을 보관하던 함이네.
삼도 수군통제사의 위엄을 높이기 위한 장식물로 처음 만들었던 것이
그 권위를 높이는 과정에서 명나라 황제에게 받은 것이라고 와전되었네.
평소 충렬사에 모셔 두었다가 삼도 수군이 연합 훈련을 할 때 통제사 곁에 함께 두었네.

쓰고 임금을 받드는 것을 '충忠'이라 하고, 적의 창끝을 꺾어 치욕을 막는 것을 '무武'라 한다."고 되어 있지. 「연표」는 이순신의 생애를 표로 정리한 것이지. 여기까지가 권수일세.

권1부터 권14까지에는 각 세부 목차가 따로 하나씩 서술되어 있네. 권1부터 권8까지에는 이순신이 직접 쓴 글이, 권9부터 권14까지에는 다른 사람이 이순신을 위해 혹은 이순신에 대해 쓴 글이 있네.

권1은 「시詩」와 「잡저雜著」라네. 대부분의 문집과 마찬가지로 5편의 시를 맨 앞에 내세웠네. 시를 높이는 옛사람의 문학관 또는 문장관이 배어 있는 것일세. 만일 문인이었다면 여러 문장을 문체별로 나누어 실었겠지만 무장인 이순신의 경우는 그렇지 않았네. 칼에 새긴 명銘과 편지 6편, 그 밖의 산문 4편이 「잡저」라는 이름으로 묶여 있네. 권2부터 권4까지는 「장계」네. 임진왜란 중 이순신이 조정에 올린, 전투와 지방 정세에 관한 보고서지. 권5부터 권8까지는 누구나 아는 「난중일기」네. 여기까지가 이순신이 직접 쓴 시문이지.

권9부터 권14에까지는 「부록附錄」이라는 같은 편명 아래 이순신의 일생을 담은 행록行錄과 행장, 비문을 비롯한 각종 추모 글, 이순신을 모신 사당과 관련 인물에 관한 기록이 망라되어 있네. 말 그대로 이순신 관련 자료를 집대성했다고 할 수 있지.

규장각에서 1792년(정조16) 어느 날 편찬하라는 명을 받아

1795년 9월 14일에 완성해 왕께 올리고 그해 11월 30일 발간하였네. 햇수로 4년이 걸린 일이었네. 정조는 이 책을 편집하는 동안에도 여러 번 관심을 보이고, 인쇄할 때에는 임금이 사적인 용도로 쓰는 내탕금內帑金과 어영청御營廳 예산에서 자금을 마련하여 내려 주었네. 비록 편찬 과정에서 편의상 내용을 생략하거나 글자를 수정한 경우도 더러 있지만 이순신의 일기를 모두 모아 「난중일기」라는 이름으로 처음 활자화한 데 의의가 있네. 또 정조 당시 전라 좌수영과 통제영에서 운영하던 거북선의 모습을 그려 넣었고 상세한 치수를 담은 해설까지 곁들였네. 지금 볼 수 있는 각종 거북선은 오로지 이 『이충무공전서』 덕분이라고 해도 지나친 말이 아닐세.

내 이름 석 자가 이렇듯 뜻깊은 책에 들어 있다는 사실이 얼마나 영광인지 모르겠네. 나는 『이충무공전서』에 대한 임금의 관심과 열의를 이 책 맨 마지막 「지識」에 담았네.

> 원임 직각 신 윤행임이 명령을 받들어 책을 편찬해 올리니, 상께서 하교하시기를, "이 일은 충성을 숭상하고 공로에 보답하며 무공武功을 표창하고 의열義烈을 빛내는 뜻에서 나온 것이니 특별히 여기는 뜻을 보여 주어야 한다. 이제 임금이 사사로이 쓰는 돈 5백 냥과 어영청 자금 5백 냥을 내려 주어 인쇄하는 비용으로 쓰게 한다. 궁중에 둘 것과 신하들에게 선물할 것, 규장각 서고西庫에 보관할 것 이외에 다

상) 이충무공전서 중 지
『이충무공전서』 맨 마지막 장이네.
검서관 유득공이 인쇄를
감독하였다고 적혀 있네.
정조, 이순신, 윤행임, 유득공의 이름이
이 책 안에 다 올라 있네.

하) 남해 충렬사
이순신이 전사한 땅에 세운 사당이네.
인조 때 조그마한 초가 사당을 지었는데,
1663년(현종4)에 조정에서
충렬사라는 이름을 내렸네.
묘를 충남 아산으로 이장한 뒤
지금 이곳엔 가묘假墓만 남아 있네.

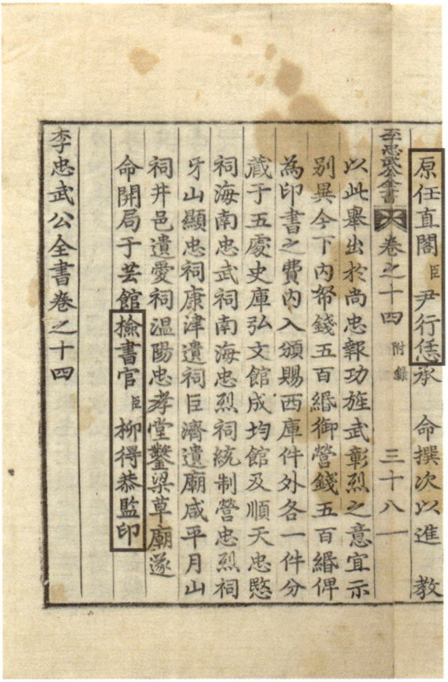

原任直閣臣尹行恁承 命撰次以進 教

李忠武公全書 卷之十四 附錄 三十八

以此舉出於尙忠報功旌武彰烈之意宜示
別異今下內帑錢五百緡御營錢五百緡俾
爲印書之費內入頒賜西庫件外各一件分
藏于五處史庫弘文館成均館及順天忠愍
祠海南忠武祠南海忠烈祠統制營忠烈祠
牙山顯忠祠康津遺祠巨濟遺廟咸平月山
祠井邑遺愛祠溫陽忠孝堂鼇梁草廟遂
命開局于芸館檢書官臣柳得恭監印

李忠武公全書卷之十四

섯 군데 사고史庫, 홍문관, 성균관 및 순천順天 충민사忠愍祠, 해남海南 충무사忠武祠, 남해南海 충렬사忠烈祠, 통제영統制營 충렬사忠烈祠, 아산牙山 현충사顯忠祠, 강진康津 유사遺祠, 거제巨濟 유묘遺廟, 함평咸平 월산사月山祠, 정읍井邑 유애사遺愛祠, 온양溫陽 충효당忠孝堂, 착량鑿梁 초묘草廟에 각 1질씩 나누어 보관하게 하라." 하였다. 마침내 교서관에 인쇄하도록 명하였는데, 검서관 신 유득공이 인쇄를 감독하였다.

『이충무공전서』「지識」

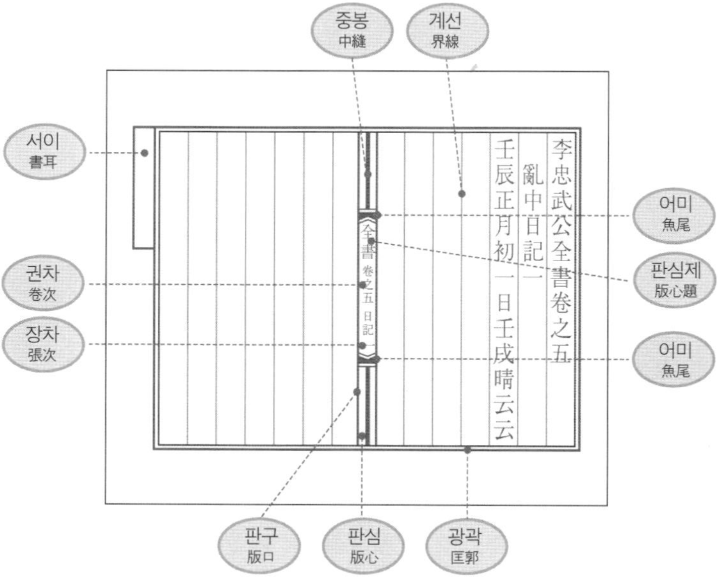

옛 책의 구조와 이름

내 일러 줌세

옛 책의 구조와 이름

- **책등** : 책에 구멍을 뚫어 끈으로 묶어 둔 부분이네. 필요에 따라 풀었다가 다시 묶을 수 있어 편리하네. 구멍은 대개 다섯 개를 뚫네.
- **책배** : 손으로 넘기는 부분으로 잘 상하는 곳이네. 옛 책은 종이 한 장을 반으로 접어서 접은 쪽을 책을 넘기는 쪽으로 오게 만들었기 때문에 책배가 닳으면 앞뒷면이 서로 분리되네. 이 사이에 종이를 하나 넣어서 붙이는 것을 '배접'이라 하지.
- **광곽匡廓** : 책의 테두리에 두른 선이네. 위아래를 '광', 왼쪽과 오른쪽을 '곽'이라 하네. 옛 책은 광곽 바깥 여백이 넓다는 특색이 있네. 주로 관청에서 책을 만들면서 좋은 종이를 넉넉하게 썼기 때문이지.
- **계선界線** : 공책이나 원고지 줄과 같은 선이네. '괘罫'라고도 하네. 글자가 줄을 맞추어 반듯하게 인쇄되도록 해 주는 구실을 하네.
- **판심版心** : 책장이 중앙에서 접히는 곳으로 인쇄판의 중심이라 하여 붙인 이름이네. 한가운데 반으로 접힌 선을 '중봉中縫'이라 하네.
- **어미魚尾** : 물고기 꼬리 모양과 비슷하여 붙인 이름이네. 그 안에 꽃잎무늬 장식을 넣기도 하네. 시대별로 약간씩 달라, 어미를 가지고 언제 만든 책인지를 가늠할 수 있지.
- **판심제版心題** : 판심에 써 놓은 책 이름을 말하네. 대부분 위아래 어미 사이에 있지만, 어미 위에 적기도 하네. 책 이름이 길면 줄여서 적어 표제와 같지 않은 경우도 있네. 책 이름과 함께 권수와 쪽수를 적기도 하네.

【제3장】

기록, 이 책을 어떻게 읽을까

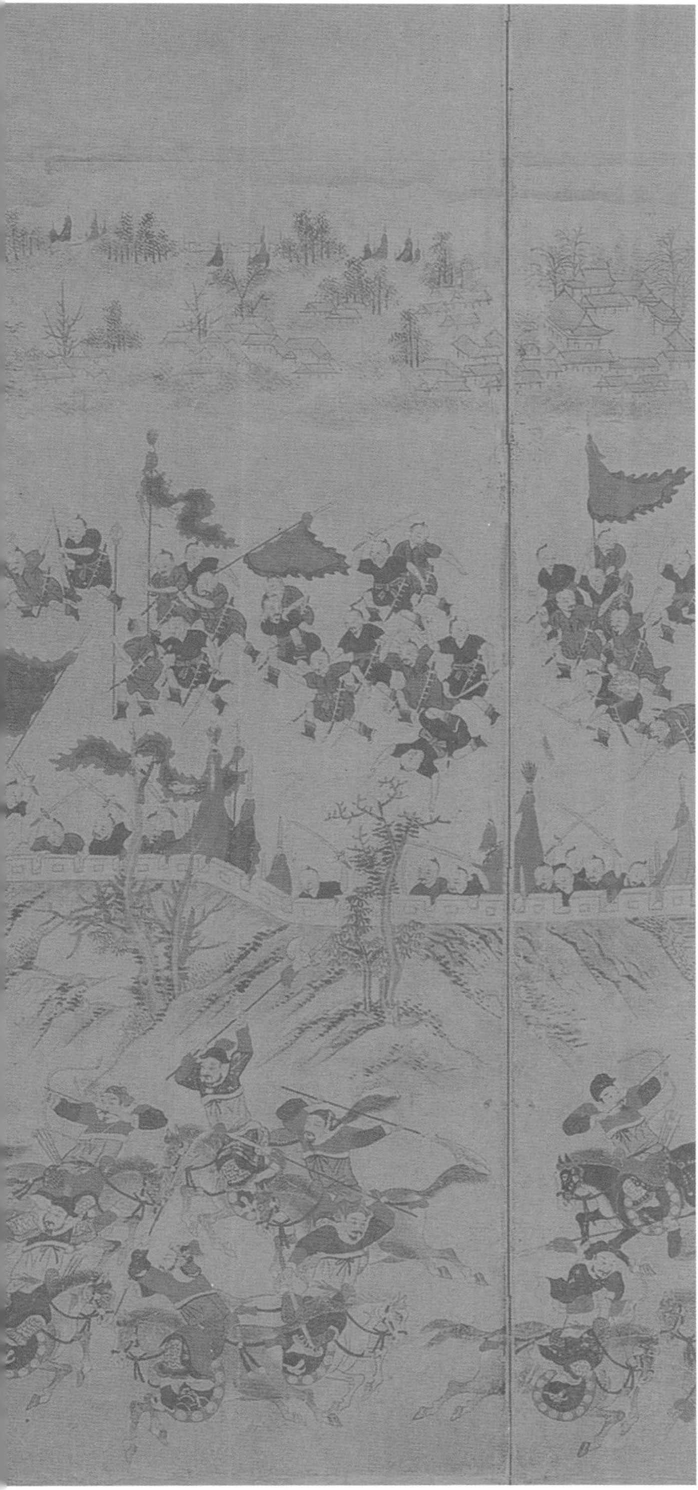

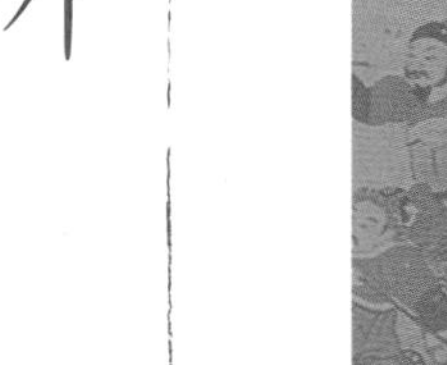

제1절

임금의 글, 왕은 이르노라

윤음과 교서, 널리 전하는 말씀

왕의 명령에는 전교·탑교榻敎·윤음·비망기備忘記·비답批答·판부判付·교서·유서·반교문頒教文 등이 있고, 여러 신하가 왕에게 아뢰는 것으로는 상소·차자·전문箋文·계사啓辭·초기草記·장계·계목啓目·서계書啓·별단別單·거조擧條 등이 있다. 백성들이 은혜를 바라는 것으로는 상언上言이 있고, 죄수가 아뢰는 것으로는 원정原情과 구공口供이 있다.

『고운당필기』「내각에서 『일성록』을 대신 엮다」

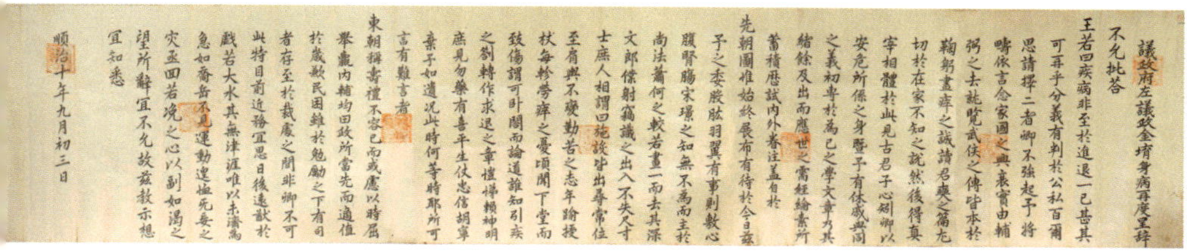

윤허하지 않는다는 비답

임금이 신하가 상소에서 청한 내용을 윤허하지 않는다는 뜻을 써서 내린 답글이네. 이를 '불윤 비답不允批答'이라고 하네. 이 비답은 1653년(효종4) 김육이 좌의정을 사직하는 상소를 올리자 효종이 내린 것이네.

유득공이 쓴 글이네. 규장각 검서관으로 『일성록』을 맡아서 작성했던 그가 임금의 글과 신하의 글에 어떤 종류가 있는지 예를 보인 것이지. 왕이 최고 권력자요 주권자였던 왕조에서 왕의 말과 글은 특별할 수밖에 없네. 각각의 경우에 따라 부르는 이름도 다르지. 책을 편찬할 때에도 임금의 글은 늘 맨 앞자리에 싣는다네. 임금이 내린 글을 받는 것은 가문의 영광이었기에 지금까지도 잘 보존된 사례가 많네. 덕분에 박물관이나 이름난 문중에서 어렵지 않게 볼 수 있다네.

전교와 탑교는 임금의 지시나 명령을 통틀어 이르는 것이라네. 그중 탑교는 임금이 정승을 불러 친히 전하는 왕명을 말하는 것이지. 비망기는 사알司謁을 시켜 승정원에 전달하는 임금의 명령이고, 비답은 신하가 올린 상소에 대한 답글이네. 판부는 신하가 올린 글을 윤허允許하는 것을 말하네. 윤허는 임금이 신하의 청을 허락하는 것을 말하지. 반교문은 교서 중에서 여러 사람에게 널리 반포하는 것을 달리 일러 부르는 말일세. 윤음, 교서, 유서는 『이충무공전서』에 실린 글을 직접 보면서 설명하겠네.

임금 이름으로 나가는 글은 일반적으로 문장이 좋은 신하가 대신 쓴다네. 보통 승정원 승지나 한림翰林이 지어서 임금의 결재를 받지. 우리는 과거 시험을 준비하면서, 또 관직에 들어선 후에도 이런 글투를 잘 익혀야 했네. 임금의 말과 글은 아주 중요하네. 정치는 말로 이루어지고 그 말은 글로 기록되어 당대에는 공문서로 효력을 발휘하고, 훗날에는 역사의 자료가 되기 때문이야. 지위가 낮은 신하의 말을 가볍게 여기고, 힘없는 백성의 말을 깔보는 것은 아니네. 다만 이들의 의견을 모아 정책으로 결정짓는 말은 임금의 입에서 나오니, 임금의 말이 지니는 무게란 이루 헤아릴 수 없는 것이지. 그런 만큼 임금의 말과 글은 신중해야 하고 정확해야 하네. 『이충무공전서』 속 윤음과 교유를 통해서 옛 임금이 내린 글의 형식은 어떠했는지, 그리고 전하고자 하는 뜻은 어떻게 표현되었는지 같이 한번 보세.

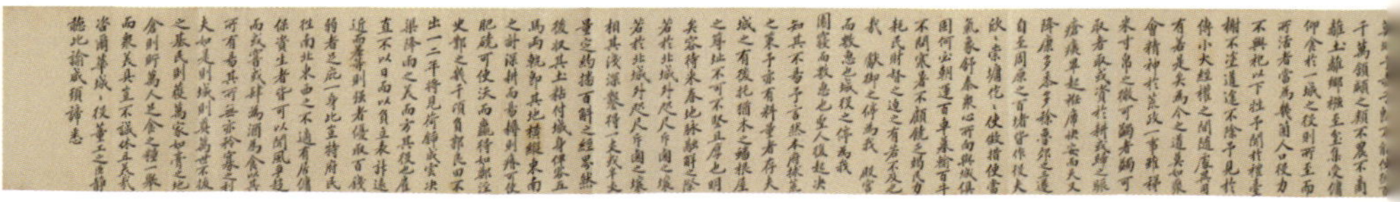

문정공文正公 송시열은 대의大義를 앞장서서 밝혔기 때문에 대보단에 제사하는 대열에 그 자손이 참석하도록 허락하고 이를 법으로 삼았다. 하물며 충무공은 명나라 도독이라는 고인誥印을 받은 자가 아닌가? 충무공의 후예도 문정공 집안의 예를 따라 제사에 참석하게 하라.

『이충무공전서』「윤음」

『이충무공전서』 첫머리에 실린 윤음의 한 구절이네. 원임 규장각 직제학 판중추부사 이병모가 왕의 명을 받들어 쓴 것이지. 윤음은 임금의 말씀으로, 말씀을 받아 글로 옮기면 문서가 되네.

이 윤음은 이순신 후손도 송시열 후손의 예에 따라 대보단에 제사를 올리는 데 참석하도록 조치를 취하라는 것일세. 병자호란 이후 송시열은 나라에서 가장 높이 받들어 대접하는 인물이었네. 심지어 공자, 맹자, 주자처럼 송자宋子라 부르고, 그의 문

정조가 내린 윤음

1794년(정조18) 흉년이 들었을 때 정조가 화성 성역城役 공사를 중단하도록 명령한 윤음일세. 백성이 굶주리자 성역에 들어가는 비용으로 백성들을 구제하기 위해 내린 조치였네.

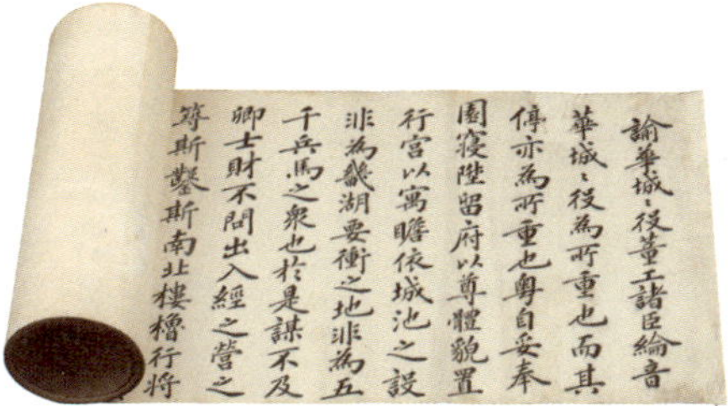
諭華城役董工諸臣綸音
華城役爲所重也而其
傳亦爲所重也粤自妥奉
園寢陞留府以尊體貌置
行宮以寓瞻依城池之設
非爲畿湖要衝之地非爲五
千兵馬之衆也於是謀不及
卿士財不關出入經之營之
築斯鑿斯南北樓櫓行將

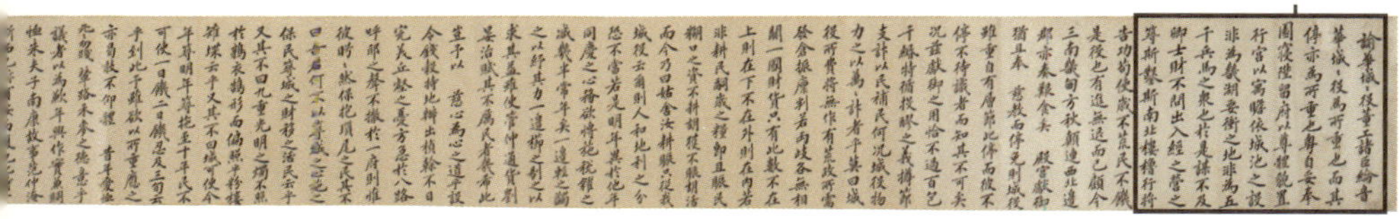

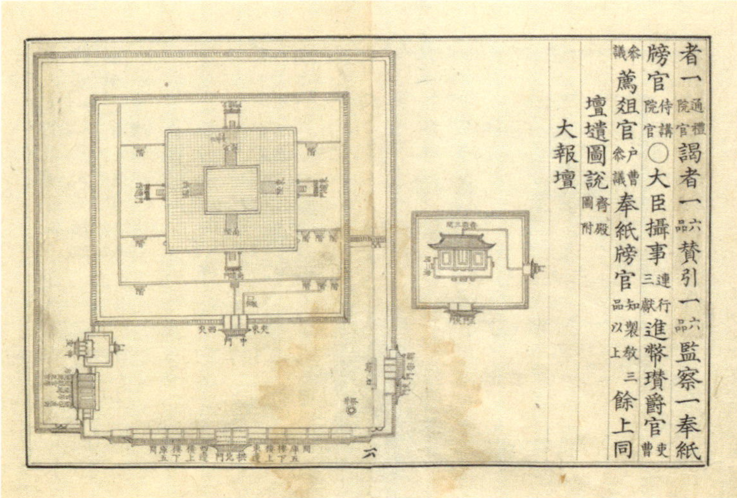

대보단 도설

영조 때 편찬한 책으로 대보단의 의례 절차를 정리한 『황단의皇壇儀』 중에서 대보단에 대하여 그림을 곁들여 설명한 부분이네. '대보'는 임진왜란 때 군대를 보내어 나라를 구해 준 명나라 황제들의 은혜에 크게 보답한다는 뜻이고, '단'은 제단을 뜻하네. 사직단社稷壇처럼 건물은 세우지 않고 석축을 높이 쌓아 올렸네.

집을 『송자대전宋子大全』이라 일컬을 정도였으니 위상이 어떠한지 알 만하지 않나? 그런 송시열과 이순신을 같은 반열에 두겠다는 것이니, 이순신을 최고의 예우로 대접하겠다는 뜻이지.

역대 왕들은 대대로 이순신을 높이고 추모하는 일을 주저하지 않았네. 인조는 1643년(인조21) 그에게 '충무'라는 시호를 내렸네. 병자호란이 일어나 삼전도의 굴욕을 겪은 지 겨우 6년이 지난 때였지. 그 옛날 몸을 던져 임금을 받들고 적을 꺾어 치욕을 막은 이순신의 공적이 새삼 떠올랐던 것일까? 시호를 내리는

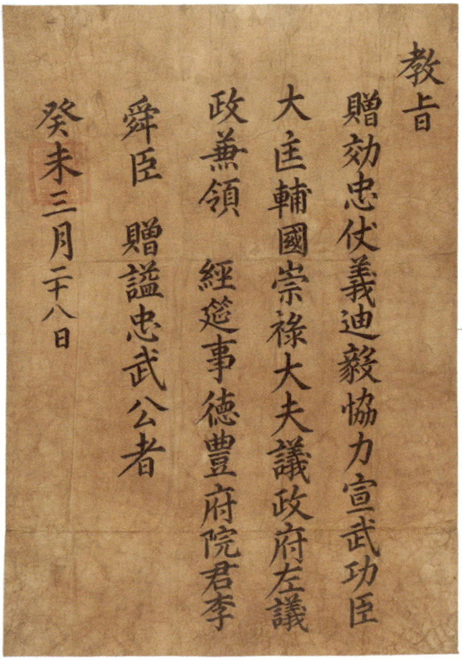

教旨
贈効忠仗義迪毅協力宣武功臣
大匡輔國崇祿大夫議政府左議
政兼領　經筵事德豊府院君李
舜臣　贈諡忠武公者
癸未三月二十八日

충무공 증시 교지
1643년 인조가 이순신에게 '충무'라는 시호를 내려 준 교지네. 연호는 없고 '계미'라는 간지만 있지? 명나라를 따를 수도 청나라를 따를 수도 없었던 당시 시대 상황을 엿볼 수 있네.

교지에는 명나라 연호도 쓰지 못하고, 청나라 연호도 쓰지 않았네. 그저 계미癸未라고만 적혀 있는 교지를 통해 처신하기 난감했던 시대 상황을 읽을 수 있네. 효종, 현종, 숙종, 영조까지 모든 임금이 남해안 사당에 편액을 하사하고, 온양 온천을 다녀오는 길에 묘소에 들러 제사 모시기를 잊지 않았네.

이순신의 자손도 충신의 후예라 하여 중히 등용되었다네. 이순신 집안에서 4명의 충신과 9명의 대장, 12명의 통제사가 나왔다네. 병마절도사와 수군절도사는 꼽을 수도 없을 정도로 많았지. 대한 제국이 멸망할 때 스스로 목숨을 끊은 선비 황현黃玹은 『매천야록梅泉野錄』에서 "선유先儒로는 송시열을 추앙하고 충훈忠勳으로는 이순신을 추앙하는데, 조정에서 그 후손을 융숭히 대접하는 것이 다른 이름난 집안과 비교도 되지 않을 정도다."라고 적기도 했네. 이순신에 대한 예우가 정점을 찍은 것은 바로 정조 때였지. 그런 예우의 증거가 어제 신도비御製神道碑에, 영의정 증직 교지領議政贈職敎旨에, 그리고 『이충무공전서』 속 3편의 윤음 안에 잘 남아 있네.

황현 초상
1910년 대한 제국이 일본에 강제로 합병되었을 때 순국한 매천 황현의 초상화라네. 황현은 이순신 후손이 대대로 조정의 융숭한 대우를 받았다는 기록을 남겼네.

교서란 임금의 말씀을 담아 반포하는 문서를 말하네. 『이충무공전서』에는 선조가 이순신에게 내린 6편의 교서가 있네. 정2품 정헌대부正憲大夫로 품계를 올려 줄 때, 삼도 통제사로 임명할 때, 관리를 보내 군사들에게 잔치를 베풀어 줄 때, 선무공신宣武功臣으로 책봉할 때 내린 것 들일세.

> 생각건대 경은 수군절도사로 임명할 때부터 벌써 이름이 드러났고 임진년 해전의 승리를 거둔 뒤부터는 크게 공을 떨쳐, 변방 군사들이 만리장성처럼 든든히 여겼다. 지난번에 경의 벼슬을 뺏고 백의종군白衣從軍하도록 하였던 것은 사람의 헤아림이 깊지 못하여 생긴 일이었다. 그리하여 오늘 이같이 패전의 치욕을 당하게 되었으니, 무슨 말을 하겠는가? 무슨 말을 하겠는가? 지금 상중에 있는 경을 특별히 기용하고, 또 백의에서 다시 전라좌수사 겸 충청·전라·경상 삼도수군통제사로 임명하노니, 경은 부임하는 날 먼저 부하를 불러 위로하고 흩어져 도망간 자를 찾아서 단결시켜 수군의 진영을 만들라.
>
> 『이충무공전서』
> 「상중喪中의 이순신을 다시 삼도 통제사로 임명하는 교서起復授三道統制使敎書」

이 교서는 이순신이 1597년 정유재란 때 백의종군 중에 받은 것이네. 어머니를 잃고 상중에 있는 이순신을 다시 삼도 수군통제사로 임명한다는 내용일세. 흔히 기복 수직 교서起復授職敎書

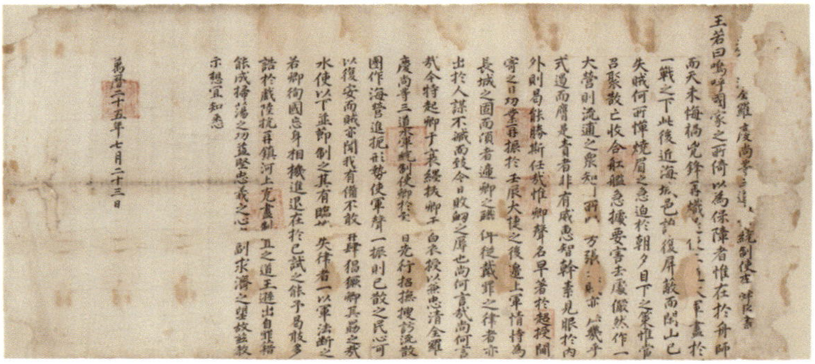

萬曆二十五年七月二十三日

기복 수직 교서

모친 상중에 있는 이순신을 다시 삼도 수군통제사로 임명한다는 교서네.
이순신의 벼슬을 빼앗고 백의종군하게 한 것이
임금 자신의 잘못이라고 자책하는 내용도 들어 있네.

라고 부르지. 부모에 대한 효를 무엇보다 중요한 가치로 여겼기 때문에 상중에는 벼슬을 하지 않고 시묘살이를 하는 것이 보통이네. 그러나 나라가 필요로 할 때는 상복을 벗고 벼슬에 다시 나아가야 했는데, 이런 걸 기복출사起復出仕라 하네.

8월 3일 이른 아침, 임금의 명을 받든 선전관宣傳官이 교서를 가지고 나타났네. 진주 정개산성鼎蓋山城 건너편 손경례孫景禮의 집이었네. 칠천량漆川梁 패전 후 전황을 살피기 위해 나선 길이었지. 이순신은 전날 밤 임금의 명령을 받을 징조로 보이는 꿈을 꾸었어. 교서에 절을 한 이순신은 잘 받았다는 서장書狀을 써서 올리고 곧바로 길을 떠났네. 이제 통제사로서 뿔뿔이 흩어진 삼도 수군을 모아 적의 공격을 막아야 할 막중한 임무가 다시 주어진 것이지.

이 교서에는 선조의 난감한 처지가 고스란히 드러나 있네. 임금으로서는 참 하기 힘든 고백을 하고 있네. 이순신은 모든 군사가 만리장성처럼 든든하게 여기고 믿고 따른 장수였지. 그런 이순신을 백의종군하도록 하였던 것은 자신의 실책이라 말하네. 전쟁 중에는 장수를 교체하지 않는 법이거늘 선조 스스로 이순신을 가두고 그 자리에 원균을 놓지 않았었나? 그 결과 거제도 서쪽 칠천량에서 처참한 패배를 당했으니, 이는 원균의 패전인 동시에 선조 자신의 치욕이었지. 임금은 할 말이 없었네. 거듭 "무슨 말을 하겠는가?"라고 되뇌며 자책하고 있네.

임금이 스스로 자신의 잘못을 토로하는 보기 드문 이 교서는 그만큼 전황이 다급하다는 반증이기도 하네. "국가가 의지하며 믿고 맡길 수 있는 바가 오직 수군뿐"인데 "삼도의 대군이 한 차례의 싸움에서 모두 다 없어졌으니" 그 근심과 걱정이 오죽하겠는가? 일본군이 군사를 몰아 서해로 치고 올라오면 이제 어찌할 도리가 없게 되었네. 결국 선조는 이순신에게 제발 "충의忠義의 마음을 더욱 굳건히 하여 나라를 구제하길 바라는 임금의 소망을 이루어 주길" 간절히 기대할 수밖에 없는 처지였네.

> 오직 한 생각뿐이라 잠시도 잊을 수 없다. 하물며 이제 가을바람이 점점 더 서늘해져 저 바다가 한결 더 추워질 때가 아니냐? 아! 너희는 옷이 없을 텐데, 나만 두터이 입는 것이 부끄럽구나. 너희는 배고프고 목마를 텐데, 나만 기름진 음식을 받는 것이 편치 못해 슬프구나.
>
> 이에 병조 좌랑을 보내어 병사들에게 잔치를 베풀어 위로하고자 한다. 마음은 몸이 멀리 있어도 닿지 않는 곳이 없다. 그러니 얼굴을 직접 대하여 명령하고 귀를 잡아당겨 타이름과 무엇이 다르겠느냐. 정성이 있으면 반드시 감동하는 법이니 진실로 피부에 와 닿고 뼈에 사무칠 것이다. 내 진정을 쏟아 너희들 가슴속에 담아 주노니 너희들은 마땅히 나라를 위하여 목숨을 바칠지어다.

『이충무공전서』

「병조 좌랑을 보내어 군사를 위로하고 잔치를 베푸는 교서遣兵曹佐郎勞軍犒饋敎書」

1596년 가을바람이 서늘해지는 9월 중순, 선조가 한산도의 삼도 수군통제영에 술과 고기를 보냈네. 전쟁이 난 지 햇수로 5년, 오랜 군역軍役으로 병사들은 힘겨운 상황이었네. 군사들은 헐벗고 굶주려서 몹시 지쳐 있었네. 임금은 자신만 따뜻한 옷을 입고 기름진 수라상을 받는 게 부끄럽고 불편하다고 말하고 있네. 임금은 군사들의 고충을 함께 느낀다고 했네. 그저 말뿐이라 하더라도 이런 임금의 말은 군사들에게 큰 위로가 되었을 걸세.

이때 내린 교서를 선유 호상 교서宣諭犒賞敎書라고 하네. 호상은 호궤犒饋라고도 하는데, 군사들에게 음식을 차려 먹이고 상을 주어 위로하는 것을 말하네. 선유란 임금의 뜻을 널리 알린다는 말이네. 유서나 유지有旨처럼 비밀을 요하는 것이 아니네. 아마도 진중에서 이 교서에 다 같이 절을 하고 내용을 읽은 다음 한바탕 잔치를 베풀지 않았을까 하네.

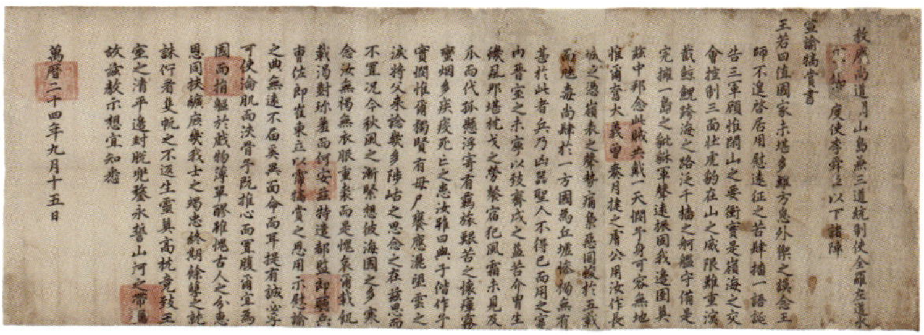

선유 호상 교서

1596년 가을, 선조가 한산도 삼도 수군통제영의 이순신 이하 군사들에게 상을 주고 잔치를 베풀며 내린 교서네. 이 교서에서 선조는 변방을 튼튼히 하고 나라 안을 편안하게 할 수 있었던 것은 오로지 이순신의 수군이 공로를 세웠기 때문이라고 칭찬하고 있네.

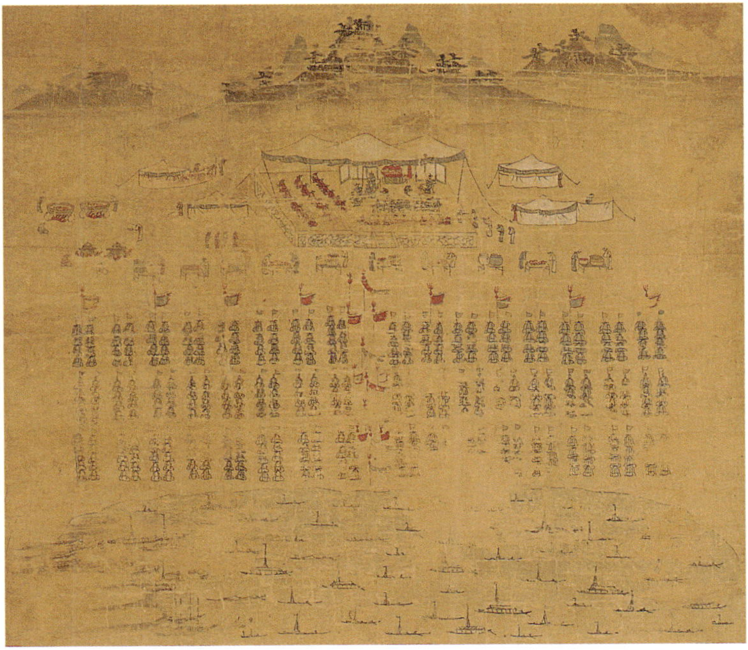

수군에게 베푼 잔치
임진왜란과 정유재란 때 무공을 세운 장군들에게 베푼 연회를 기념하기 위해 그린 '주사선연도舟師宣宴圖'네. 주사란 수군을 달리 부르는 말이네. 한산도에 있던 이순신 수군도 이렇게 떠들썩하게 잔치를 열지 않았을까?

유서와 유지, 비밀스러운 말씀

임금이 다루는 나랏일에는 비밀도 많다네. 외교와 국방에 관한 일은 특히 그러하지. 유서는 교유와 같이 임금의 명령서를 뜻하는 포괄적인 의미로도 많이 쓰이지만, 각 도의 관찰사나 병사兵使, 수사水使와 같이 군사권을 가진 신하에게 내리는 문서를 가리켜 말하기도 하네. 『이충무공전서』에 실린 16편의 글은 수군을 이끌고 적이 돌아가는 길을 끊고 섬멸하라는 문서, 명나라 장수의 지휘를 받으라는 문서, 조총鳥銃을 만들어 올리라는 문서들이네. 모두 전쟁 중에 내린 비밀문서네. 이순신이 받은 유서들은 『임진장초壬辰狀草』에 그 내용이 그대로 수록되어 있다네. 이순신은 장계마다 조정의 명령 내용과 그 명을 언제 어떻게 받았는지를 빠짐없이 기록해 두었네.

전라좌도 수군절도사 이순신에게 내리는 임금의 명령

그대가 한 지역을 맡게 되었으니 그 임무가 중하다. 때맞추어 군대를 동원하여 백성을 보호하고 적을 제압하는 것은 늘 있는 일로, 예부터 내려오는 법령과 규칙을 따르면 된다. 그러나 그대와 나 사이에 단독으로 처치해야 할 일이 있을 경우에는 밀부密符가 아니면 시행해서는 안 된다. 또 뜻밖의 간사한 역모를 미리 막지 않을 수 없다. 만약 비상시 명령이 있게 되면 반드시 밀부와 맞추어 보아 한 점의 의혹도 없을 때 명령을 따라야 하기 때문에 제29호 밀부를 내린다. 그대는 이것을 받으라. 이상과 같이 명령하는 바이다.

「이순신 유서, 밀부 유서密符諭書」

이순신이 1591년(선조24) 2월 15일 전라 좌수사로 임명될 때 밀부와 함께 받은 유서일세. 지휘관은 반란이나 전쟁이 났을 때 왕이 보낸 밀부의 절반을 자기 것과 맞추어 틀림없을 경우에 비로소 군대를 움직일 수 있었네. 이 유서는 군사 지휘관에게 생명과 같이

좌) 발병부
나라에서 군사를 동원할 때 서로를 확인하기 위해 짝을 맞추어 보던 증표인 부신符信 중 하나네. 한 면에는 군사를 일으키라는 뜻의 '발병發兵'을 쓰고 반대편에는 해당 지역의 이름을 썼네. 반으로 나누어 하나는 대궐에 보관하고, 하나는 군사 지휘관에게 주었다가 비상시에 맞추어 보았지.

우) 유서통
임금의 유서를 넣어 보관하는 통이네. 군사 지휘관은 밀부 유서를 항상 유서통에 넣어 지니고 다녔네. 사진의 유서통은 영조가 83세 때 세손인 정조에게 '효손'이라 새긴 은 도장을 내리면서 함께 준 '유세손서'를 담았던 것이네.

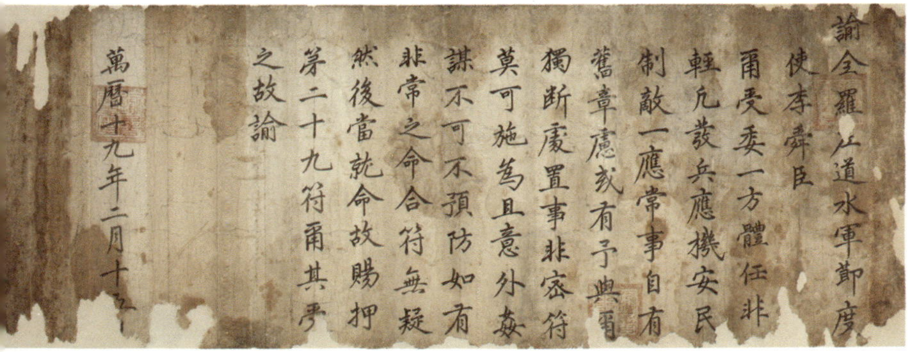
諭全羅左道水軍節度
使李舜臣
爾受委一方體任非
輕凡發兵應機安民
制敵一應常事自有
舊章慮或有予與爾
獨斷處置事非密符
莫可施爲且意外姦
謀不可不預防如有
非常之命合符無疑
然後當就命故賜押
第二十九符爾其受
之故諭
萬曆十九年二月十二

밀부 유서
밀부 유서는 임금이 밀부를 내릴 때 보내는 유서라는 뜻이네. 이것은 1591년에 선조가 이순신을 전라좌도 수군절도사로 임명하면서 준 것이네. 이 유서에서 임금은 이순신을 '그대爾'라 부르고 있네. 후에 삼도 수군통제사로 임명될 때 '경卿'이라 부르는 것과 차이가 있는 것을 알 수 있네.

귀중한 것이어서 어디를 가나 항상 유서통諭書筒에 넣어 지니고 다녔다네. 이런 유서를 밀부 유서라 하지. 밀부 번호를 빼고는 모두 똑같은 형식이라 『이충무공전서』에는 따로 수록되어 있지 않네만 현충사에 실물로 남아 있어 직접 볼 수 있네.

이 유서는 또 한 도道를 넘어서 대규모로 군사를 동원하려면 조정의 명령을 받아야 한다는 사실을 보여 주네. 이순신이 처음 전쟁이 났을 때 원균의 구원 요청을 받고 곧바로 경상도로 출병하지 않은 첫 번째 이유가 이것이었네. 이순신은 원균의 공문을 받은 즉시 조정에 보고하고 출동해도 좋다는 명령을 기다리고 있었던 거야. 그런데 혹자는 이런 저간의 사정을 무시하고 마치 이순신이 경상도 해역으로 출전하는 것을 머뭇거렸다고 모함하기도 하였지.

> 경이 아직도 권도權道를 따르지 않는다고 들었다. 사사로운 정이 어찌 간절하지 않겠는가마는 나랏일이 한창 바쁘다. 옛사람이 "전쟁터에서 용기가 없으면 효가 아니다."라고 말하였다. 고기나 생선이 없는 소찬素饌을 먹어 기력이 달리고 힘이 없는 자가 전쟁터에서 용맹할 수는 없다. 예법에는 경도經道와 권도가 있으니, 언제나 원칙만을 고수할 수는 없는 것이다. 내 뜻을 좇아 속히 권도를 따르도록 하라. 술과 고기를 함께 보낸다.
>
> 『이충무공전서』「권도를 따를 것을 명하는 유서命從權諭書」

「교유」 맨 마지막에 실려 있는 유서네. 군사상 명령, 작전이나 전투 지시 등을 담은 15편의 유서와 내용이 사뭇 다르네. 임금이 전쟁터에 나가 있는 장수에게 고기반찬을 먹으라고 권하고 있으니 말일세. 이보다 앞선 날짜의 「난중일기」를 보면 임금이 무슨 사연으로 이런 유서를 내렸는지 알 수 있네.

> 이날은 곧 9일, 1년 중 명절이다. 나는 비록 상복을 입은 몸이지만, 여러 장병들이야 먹이지 않을 수 있나? 제주에서 온 소 5마리를 녹도鹿島 만호萬戶와 안골포安骨浦 만호에게 주면서 장병들에게 먹이도록 지시했다.
>
> 『초고본 정유일기丁酉日記』 1597년 9월 9일

혹시 9월 9일 중양절重陽節이라는 명절을 들어 본 적 있나? 지금은 모르는 사람이 더 많겠군. 음력 3월 3일, 5월 5일, 7월 7일과 함께 빼놓을 수 없는 명절날이었지. 명절이라 아랫사람에겐 고기를 먹였지만 이순신 자신은 상중이라 예법에 따라 고기를 들지 않았네. 그런데 그 소식이 멀리 임금의 귀에까지 들어갔던 모양이네.

'경經'이란 절대 변하지 않는 근본적인 도덕규범과 원칙을 말하네. '권權'은 특수한 상황에서 경에 얽매이지 않고 임기응변을 발휘하는 것을 말하지. 부모 상중에 채소 반찬뿐인 밥을 먹는 것이 예법이지만 최전선에서 적과 맞서 싸울 장수가 기운이 없어서도 안 될 일. 임금은 고기반찬을 멀리하는 개인적인 효에 머물지 말고, 전쟁에서 나라와 백성을 구하는 데 온 힘을 다하는 더 큰 효를 실천해 달라고 당부하였네.

이순신이 이 유서를 받은 날은 1597년 12월 5일이네. 이날 일기에 "도원수都元帥의 군관이 유지를 가지고 왔다."고 적고 있네. 이때는 사랑하는 셋째 아들까지 저세상으로 보낸 뒤였지. 불과 1년 전에 조정을 속이고 임금을 무시했다며 기어코 죽이고야 말겠다던 바로 그 임금이 이날 유지와 함께 술과 고기를 보냈네.

변덕스러운 임금의 호의를 이순신은 과연 어떻게 받아들였을까? 그날 일기에 이렇게 적었네. "유지와 함께 술과 고기를 보내셨다. 더 서럽게 울고 또 울었다."

정려각
이순신 집안에서 나온 네 명의 충신과 한 명의 효자에게 정려旌閭한 편액을 걸어 둔 건물이네.

내 일러 줌세

이봉상의 투구

이순신 집안,
조선의 노블레스 오블리주

이순신 집안은 조선 후기 대표적인 무반 가문 중 하나였네. 이순신 집안인 덕수 이씨는 전주 이씨, 전의 이씨에 이어 세 번째로 많은 무관을 배출했다는 연구 결과가 있다고 하더군. 이는 물론 이순신의 충성을 기리는 역대 조정의 배려가 크게 작용해서라네. 그러나 그에 앞서 이순신 가문은 국가의 위기에서 몸을 사리지 않았고, 아버지와 아들, 삼촌과 조카, 사촌들이 함께 전장에 나아가 목숨 바쳐 싸웠네. 큰아들 이회, 조카 이분·이완·이봉이 이순신 휘하에서 임진왜란에 참전해 공을 세웠지. 임진왜란 중에 셋째 아들 이면, 이괄의 난(1624) 때 서자 이훈, 정묘호란(1627) 때 서자 이신과 조카 이완, 이인좌의 난(1728) 때 5세손 이봉상이 전사했네. 귀족은 그 신분에 걸맞은 행동을 해야 한다는 뜻의 '노블레스 오블리주'를 실천했다고 할 수 있지.

현충사에 가면 정면 5칸짜리 가로로 긴 정려각旌閭閣을 볼 수 있네. 정려는 충신, 효자, 열녀가 났을 때 후세 사람들로 하여금 본받게 하기 위해 임금이 하사한 편액을 대문이나 마을 입구에 걸어 둔 것이네. 왼쪽부터 이순신, 임진왜란 때 이순신 휘하에서 참전했던 조카 이완, 4세손 이홍무, 5세손 이봉상 등 네 명의 충신과 8세손 효자 이제빈까지 모두 다섯 사람을 정려한 편액이 걸려 있네. 덕수 이씨 집안에서는 여기에 이면과 이훈, 이신 그리고 8세손 효자 이은빈을 더해, 5대에 걸쳐 일곱 충신과 두 효자가 나왔다 하여 "5세 7충 2효五世七忠二孝"라 하며 자랑스러워한다네.

제2절

거북선,
적이 꺼리는 바가 여기에 있습니다

그 모양이 거북의 형상과 같아

> 우리나라는 해전에 상당히 강한데, 거북선의 제도는 그중에서도 승리에 요긴한 것입니다. 적이 꺼리는 바가 여기에 있습니다.
>
> 『선조실록宣祖實錄』 선조28년(1595) 10월 27일

거북선을 모르는 사람은 없겠지? 지금도 이순신 하면 제일 먼저 생각나는, 우리 민족의 자랑이라고도 할 수 있지. 『선조실

록』을 보면 거북선은 임진왜란 때 이미 일본군을 두려움에 떨게 하고, 조선 수군의 승리를 이끈 주역으로 꼽혔다는 사실을 알 수 있네.

> 신이 일찍이 섬오랑캐의 변란이 있을까 염려하여 따로 거북선을 만들었습니다. 앞에는 용머리를 붙여 그 입에서 대포를 쏘고, 등에는 쇠못을 꽂았습니다. 안에서 밖을 내다볼 수는 있어도 밖에서 안을 들여다볼 수는 없어 적선 수백 척 속으로 뛰어들어서 포를 쏠 수도 있습니다.
>
> 『이충무공전서』「당포 해전 승전 보고唐浦破倭兵狀」

이는 1592년 5월 29일의 사천 해전의 경과를 보고하는 장계 중에 들어 있는 글이네. 이 전투에 거북선이 처음 출전했지. 그런데 만약 지금까지 본 거북선을 머릿속에서 지우고 이 글만 가지고 거북선 모습을 상상해 보면 어떻겠나? 쉽게 그림이 그려지는가? 하나 더 보세.

> 공이 좌수영에 계실 때에 …… 또 전선戰船을 새롭게 만들었다. 크기는 판옥선板屋船만 하며 위는 판자로 덮었다. 판자 위에 열 십十 자 모양의 좁은 길을 내어 사람이 올라가 다닐 수 있게 하고, 남은 공간은 온통 칼과 송곳을 꽂아 사방으로 발붙일 곳이 없도록 하였다. 앞은 용머리 모양으로 만들었는데 입에 총구멍을 내었고, 뒤는 거북 꽁

지 모양으로 만들었는데 꽁지 밑에도 총구멍을 냈다. 좌우에는 각각 여섯 개씩 총구멍이 있었다. 모양이 거북 형상과 같기 때문에 이름을 거북선이라 하였다. 『이충무공전서』「행록行錄, 종자정랑분從子正郎芬」

어떤가? 이 정도면 상상이 되겠나? 쉽지 않을 거라 생각하네. 이 두 기록이 임진왜란 때 활약한 거북선의 모습을 가장 상세하게 묘사한 것이네. 「난중일기」에는 겉모습은 어떻게 생겼는

천자총통天字銃筒
임진왜란 때 조선 수군이 사용하던 화포 가운데 가장 큰 것이네. 『천자문千字文』의 천·지·현·황 등 문자를 따서 이름 붙인 총통은 모양이 모두 비슷하지만, 몸통 지름이나 무게 등이 각기 다르다네.

지자총통地字銃筒
천자총통 다음으로 큰 화포네. 이순신이 올린 장계에 "지자총통 무게가 150여 근이나 된다."라는 내용이 나오는데, 사진에 있는 총통의 실제 무게가 92킬로그램으로 기록과 대략 일치하네.

현자총통玄字銃筒
임진왜란 때 가장 많이 사용한 화포네. 천자총통이나 지자총통보다 크기가 작아 만들기 쉽고 화약도 적게 들며, 그럼에도 발사 거리나 성능 면에서 뒤떨어지지 않아 널리 쓰였네.

지자총통

현자총통

지, 구조는 어땠는지 등에 대해서는 언급이 없네. 단지 "이날 거북선에 쓸 돛베 29필을 받았다."(1592. 2. 8.), "거북선에서 대포 쏘는 것을 시험했다."(1592. 3. 27.), "식사 후에 배를 타고 거북선의 지자포와 현자포를 쏘았다."(1592. 4. 12.) 정도가 전부네.

그럼 지금 사람들은 무얼 보고 거북선의 모습을 알 수 있게 된 걸까? 어릴 때부터 책에서, 남해안 선창에서, 영화에서 보았던 거북선은 무엇에 근거해서 복원한 걸까? 신안 앞바다에서 발굴한 송나라 화물선처럼 갯벌 아래 묻혀 있던 잔해를 건져 올린 것도 아닌데, 어떻게 똑같은 거북선을 만들어 낼 수 있었을까? 그 비결이 『이충무공전서』에 있네. 바로 이 책이 있어서 자네는 실감 나는 거북선을 볼 수 있게 된 걸세.

천자총통

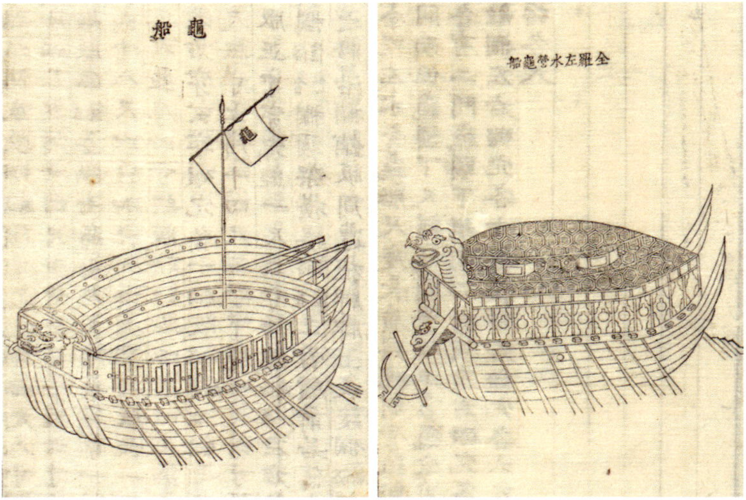

좌) 삼도 수군통제영 귀선과 우) 전라 좌수영 귀선
『이충무공전서』에 실려 있는 거북선 그림 두 가지네.
이 두 장의 그림이 남아 있기 때문에 오늘날까지 거북선의 모습을 알 수 있다네.

『이충무공전서』 권수 「도설」에 두 가지 서로 다른 거북선 그림이 실려 있네. 그림 위에 하나는 '귀선龜船', 다른 하나는 '전라 좌수영 귀선全羅左水營龜船'이라 적혀 있네. 그냥 귀선이라 적힌 것이 삼도 수군통제영의 귀선일세. 아마 좀 더 낯이 익은 모습은 전라 좌수영 귀선일 걸세. 물론 이 그림은 이순신이 활약하던 임진왜란 당시 그대로의 모습은 아닐 테지. 그러나 승선 인원이 늘어나고, 크기가 점점 더 커졌다는 정도를 빼면 모양이 크게 달라진 것은 아니야. 이 두 그림 덕분에 자네는 지금의 낯익은 거북선을 만날 수 있는 것이네.

그뿐이 아닐세. 더 놀라운 사실이 있네. 이 책에는 거북선 제작법이 담겨 있네. 귀선 옆에 적혀 있는 '거북선의 제작龜船之制'이라는 694자의 글이 그것이네. 이 글은 전통 조선 배의 구조와 제작 순서를 그대로 설명하고 있네. 지금도 이 치수와 순서대로 따라 하면 거북선에 가깝게 만들 수 있을 것이네.

그렇다고 해서 「도설」의 그림과 설명에 부족한 점이 없는 것은 아니네. 기록을 맡은 규장각 각신과 검서관은 우리 배를 잘 몰랐네. 그래서 치수에 오류가 있는 것도 사실이지. 또 내부 구조를 자세히 적지 않아 지금에 와서 2층이냐, 3층이냐 하는 논란도 일고 있는 것으로 아네. 하지만 이 점만은 이해를 해 주게. 거북선은 당시 최고의 기술과 성능을 자랑하는 정예 전투함이었네. 군사 기밀일 수밖에 없으니 당연히 내부 구조까지 죄다 적을 수는 없지 않았겠나?

『이충무공전서』의 거북선 제작 설명을 보기 전에 우리 전통 배의 구조부터 알아야 이해가 빠를 걸세. 서양 배와 우리 배는 배를 짜는 기본 구조에서부터 차이를 보이네. 요즘 배는 기본적으로 다 서양 배의 구조를 가져왔기 때문에 거기에 오히려 익숙할 테지? 그래서 그걸 먼저 설명해 보겠네.

서양 배는 우리 사람 몸처럼 생각하면 쉬울 걸세. 등뼈 같은 용골을 깔고 그 좌우로 늑골을 붙이네. 양쪽 늑골 위로 보를 놓아 선체를 고정시키네. 양쪽 늑골 바깥으로 외판을 붙이고, 보위에 갑판을 깔면 배의 기본 구조는 완성되지. 이렇게 해서 만든 서양 배는 배 바닥이 좁고 뱃머리도 뾰족한 브이V 자 모양이라 첨저선尖底船이라 부르네.

이에 반해 우리 배는 용골과 늑골이 없다네. 우리 배는 바닥을 두꺼운 각재를 여러 개 붙여서 만들어 넓고 평평한 평저선平底船이 기본이네. 뱃머리도 널찍하고 평평한 유U 자 모양에 가깝지. 늑골에 붙이는 서양 배의 외판과 달리 우리 배는 외판의 판재끼리 아래위로 서로 고착되어 있네. 우리 배에서, 서양 배의 보처럼 배가 옆으로 찌그러지는 것을 막는 역할은 멍에와 장쇠가 맡고 있네. 멍에목 아래로 장쇠를 놓아 그 힘을 함께 받쳐 준다네. 우리 배의 이러한 구조를 이해했다면, 각 부재部材에 쓰이는 용어는 지금과 달라도, 「도설」에 나와 있는 설명이 아주 어렵지는 않을 걸세.

이제 설명문을 따라 거북선을 같이 한번 만들어 볼까? 이 설명문은 우리 배를 만드는 순서대로 적혀 있으니 직접 거북선을 만든다 생각하고 따라와 보게. 세세한 수치는 빼고 전체적인 순서와 모양새만 알 수 있게 설명해 보겠네.

1. 바닥은 길고 두꺼운 목재를 이어 붙이네. 물살의 저항을 적게 받는 유선형流線型이 되도록 허리는 불룩하고 이물(뱃머리)과 고물(배꼬리)은 좁게 만드네.

2. 바닥에서부터 좌우 뱃전에 판자를 이어 붙이네. 아래에서부터 점점 길게 하여 역사다리꼴이 되게 하네. 뱃전이 물의 압력으로 찌그러 들지 않도록 장쇠를 가로질러 끼워 박네.
3. 이물은 목재를 세로로 이어 붙이고, 고물은 가로로 이어 붙이네. 뱃전과 마찬가지로 아래는 좁고 갑판 쪽은 넓은 역사다리꼴이 되게 하네. 고물 위쪽 판자 한가운데에 구멍을 뚫어 키를 꽂네.
4. 좌우 뱃전 맨 위에 난간목을 얹고 멍에를 가로질러 박아 넣네. 이것으로 배의 기본 뼈대는 완성되네.
5. 멍에 위에 널판을 깔아 갑판을 만드네.

여기까지가 거북선의 하체 구조일세. 조선 배의 하체 구조가 대체로 이러하지. 다음 장 그림을 보면 쉽게 이해할 수 있을 걸세.

갑판 위의 상장 구조는 간략하게 설명하겠네. 갑판 주변으로 방패를 죽 둘러치네. 그 방패 사이로 문을 만들어 대포를 쏘았지. 병사들은 이 안에서 안전하게 노를 젓고 전투를 치를 수 있었네. 방패 위로 또 난간목을 설치한 후 그 위에 덮개를 덮어 배를 완전히 가렸네. 전투 중에 적들이 배 위로 뛰어오르지 못하게 덮개판 위에 칼이나 송곳을 꽂아 두었지. 뱃머리에 용머리를 설치하여 그 속에서 유황 염초를 태워 입으로 연기를 토해 내 적진을 어지럽히네.

앞의 귀선 그림에서 거북 귀龜 자가 그려진 깃대가 세워진 데 반해 돛대는 뉘어 있는 것을 보았을 것이네. 돛대를 쉽게 세웠다 눕혔다 하는 것은 조선 전함의 특징일세. 전함은 기본적으로 돛으로 가는 범선帆船이라기보다는 노를 저어 가는 노선櫓船이지. 연안을 오가는 세곡선稅穀船은 돛에 의존하지만 언제 어느 곳에서 전투가 벌어지더라도 항행해야 하는 전함은 그 반대일 수밖에 없는 법. 명나라 해군 전략을 담은 『해방의海防議』라는 책에서도 "조선의 귀선은 돛대를 세우고 눕히기를 마음대로 하여 역풍이 불 때나 썰물 때에도 마음대로 갈 수 있다."라고 적고 있네.

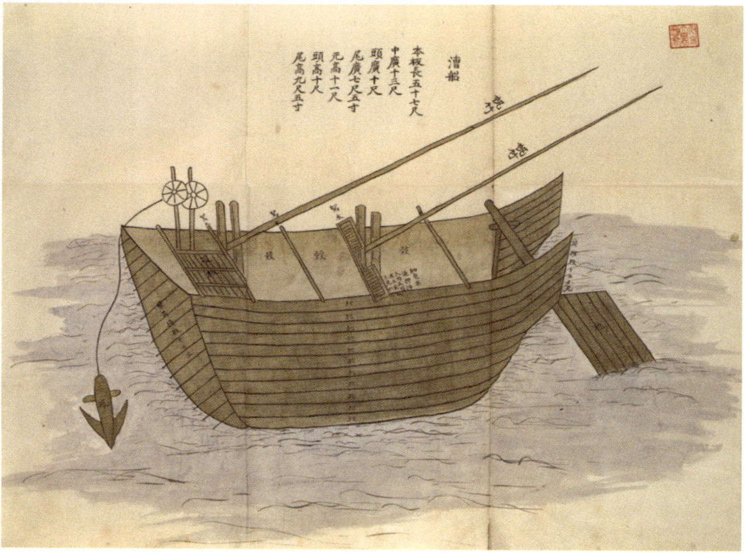

세곡선

나라에서 세금으로 거둔 곡식을 운반하는 배네. 조운선漕運船이라고도 하지.
수심이 얕은 강이나 연해안을 따라 다녔기 때문에 바닥이 평평한 구조였네.
판옥선과 함께 조선 시대 여러 가지 배의 모습을 담은 『각선도본各船圖本』에 실려 있네.

지금도 거북선이 있는가

어떤가? 우리 배를 만드는 순서에 따라서 거북선을 만들어 보았네. 200년도 더 된 기록을 가지고 400년도 더 된 옛날 배를 다시 만들 수 있었네. 『이충무공전서』에 그림과 설명이 잘 되어 있어서 따라 할 수 있었던 것이지.

이순신은 전라 좌수사로 부임한 지 1년 만에 어떻게 이런 창의적인 전함을 만들 수 있었을까? 이순신도 앞서 본 기록처럼 상세한 도면과 설명을 가지고 있었던 것일까?

> 임금이 임진 나루를 지나다가 거북선과 왜선이 서로 싸우는 상황을 구경하였다. 『태종실록太宗實錄』 태종13년(1413) 2월 5일

> 거북선은 많은 적과 충돌하여도 적이 해치지 못했으니 승리를 결정짓는 좋은 계책이라고 하겠습니다. 다시 견고하고 정교하게 만들어 승리의 도구를 갖추게 하소서. 『태종실록』 태종15년(1415) 7월 16일

태종 때 기록이니, 거북선은 이순신이 만들기 거의 200년 전에 이미 있었다고 할 수 있네. 물론 이 기록에 나오는 거북선이 이순신이 만든 거북선과 같은 것이라고 말할 수는 없을 걸세. 『태종실록』 뒤로 수군과 관련된 기록 어디에서도 거북선 이야기

조선 수군의 합동 훈련
조선 후기에 충청·전라·경상 삼도의 수군이 통제영 앞바다에서 합동 훈련을 하는 모습을 그린 병풍이네. 판옥선, 거북선 등의 모습과 진형陣形을 살펴볼 수 있네. 삼도 수군이 다 모이는 훈련은 봄에 치러져 춘조春操라 하고, 각 도별로 실시하는 훈련은 가을에 치러져 추조秋操라 했지.

를 찾을 수 없네. 이순신이 전라 좌수사로 부임할 무렵에는 이미 자취를 감춘 전함이 아니었을까 싶기도 하지만 그렇다 해도 우리는 이 기록을 범상히 보아 넘길 수 없네. 또 하나 있네. 유성룡이 1595년에 조정에 올린 계사의 한 구절이네.

대체로 왜적이 해전에 익숙지 않은 것이 아닙니다. 다만 그들의 배가

멀리서 왔고, 만듦새가 견고하고 장대하지 못한 탓에 배 위에 대포를 얹을 수 없다 보니 우리나라 배에 제압되었을 뿐입니다. 지금 왜적이 재목이 많은 거제도에 오랫동안 주둔해 있습니다. 만일 우리나라에서 배 만드는 법에 따라 판옥선을 많이 만들어 포를 싣고 나온다면 대적하기가 어려울 것입니다.

『선조실록』 선조28년(1595) 3월 18일

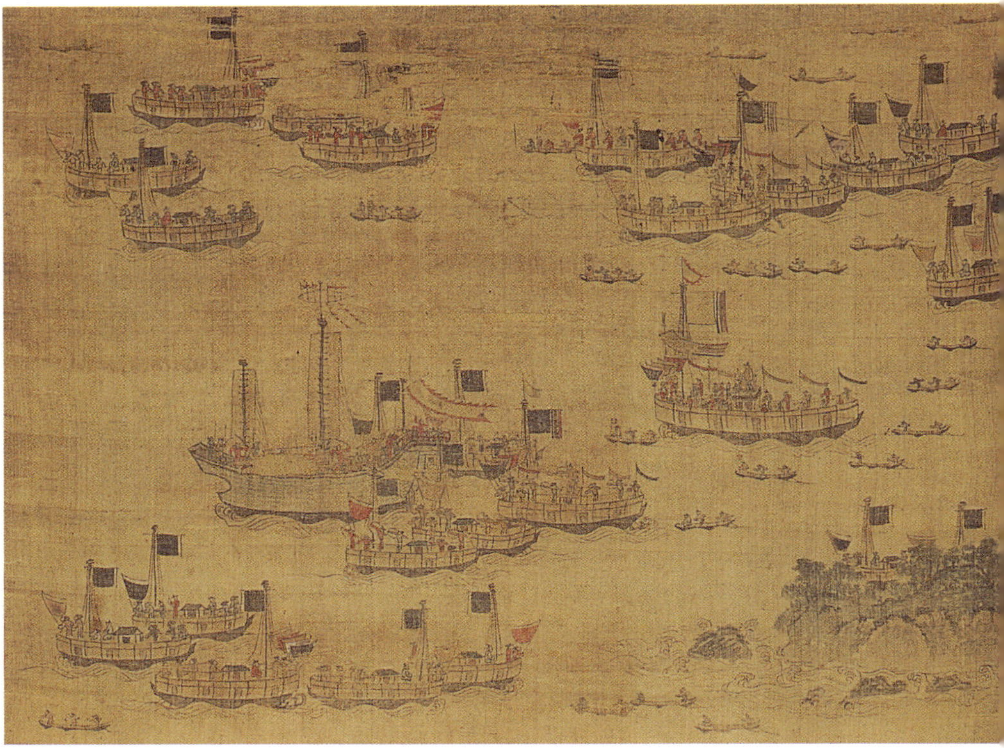

당포 앞바다의 해전 승리 기념도
임진왜란이 끝난 직후인 1604년(선조37) 당포에 침입한 일본군을 물리친 것을 기념하여 그린 '당포전양승첩도唐浦前洋勝捷圖'네. 이 그림으로 임진왜란 당시 전선의 모습을 짐작해 볼 수 있을 걸세. 당포는 경상남도 통영시의 미륵도彌勒島에 있던 수군 기지네.

판옥선이라고 들어 보았나? 거북선의 명성에 가려 제대로 조명을 받지 못했지만 임진왜란 당시 조선 수군의 주력 함선은 어디까지나 판옥선이었다네. 전투에서 거북선이 크고 중요한 역할을 한 것은 사실이네. 그러나 거북선은 기껏해야 다섯 척 내외에 불과했네. 거북선의 역할과 임무는 적의 지휘선을 공격하고 적 함대의 전열을 흐트러뜨리는 것이었어. 기동 돌격선이라고 할 수 있지.

반면 판옥선은 전란 발발 이듬해인 1593년에 약 200여 척이 있을 정도였네. 판옥선은 대규모 함대를 이룰 수 있었네. 또 대포를 실어 막강한 화력을 자랑했지. 전투를 이끌고 승리를 쟁취한 중심 함선은 어디까지나 판옥선이었어. 이 계사에서도 볼 수 있듯이 일본 배가 "견고하고 장대하지 못하여 대포를 실을 수 없다."는 단점은 곧 판옥선이 가지고 있는 장점에 견주어서 한 이야기지.

앞서 『이충무공전서』「도설」의 설명대로 잘 따라가니 거북선을 만들 수 있었지? 그 비결은 우리 배의 구조와 특징을 먼저 배웠기 때문일세. 마찬가지네. 우리가 이순신의 거북선을 볼 때도 이런 점을 함께 봐야 하네. 이순신의 창의성과 노력을 결코 가볍게 보아 넘겨서는 안 되네. 모든 조건이 제대로 갖추어졌다 해도 그걸 내 것으로 만드는 것은 언제나 창의적인 한 인간의 몫이란 걸 자주 보지 않았나?

하지만 그에 못지않게 우리는 앞에서 본 두 가지 기록을 함께 고려해야 하네. 이순신의 거북선과 크게 달랐을지도 모르지만 조선 건국 초에 이미 거북선의 원형이 있었고, 이순신이 수군절도사가 되기 이전에 혁신형 전함 판옥선을 개발해 놓았다는 사실이네. 거북선은 결코 이순신이 어느 날 문득 생각해 낸, 하늘에서 뚝 떨어진 배가 아니네.

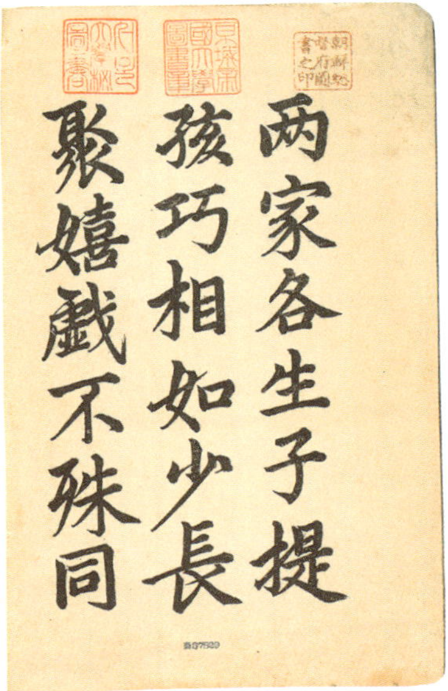

선조의 글씨
명필로 유명한 선조가
당나라 한유韓愈의 시를 쓴
글씨 중 일부네.
선조가 재위하고 있는 동안은
조선 건국 이후
문화 역량이 무르익은 시기였네.

자네가 잘 이해할지 모르겠네만 우리는 선조 때를 목릉 성세穆陵盛世라 불렀네. 이황, 이이, 조식, 유성룡, 기대승, 성혼, 한석봉 등등 지금도 역사 시간에 배우는 쟁쟁한 학자, 문인, 예술가가 밤하늘의 별처럼 빛나던 때였어. 조선 500년에 그렇게 많은 인물이 한꺼번에 이름을 다툰 적은 없었네. 임진왜란이라는 전에 없었던 참혹한 혼란을 겪었지만 그즈음 조선의 문화도 무르익어 갔지. 서원과 향약이 이제 막 조선 곳곳에 뿌리를 내리며 시골 구석구석 글 읽는 선비를 사회의 중추 세력으로 키우던 때였네. 그런 문화적 힘으로 이순신보다 앞선 선배들이 거북선을 만들고, 판옥선을 개발했던 것일세.

이순신은 그런 때를 살았던 인물이야. 이순신은 당대 조선의 성숙한 역사와 제도와 문화의 자양분을 누구보다 잘 흡수하여 자기 것으로 만든 인물일세. 이순신도 거인의 어깨 위에 서 있었던 점을 기억해야 할 걸세.

> 임금이 말하였다.
>
> "거북선이 있는가, 없는가?"
>
> 이 물음에 전 통제사 이당李溏이 아뢰었다.
>
> "있습니다. 모양이 거북같이 생겼는데, 1천여 명을 수용할 수 있습니다. 그리고 노 없이 바다에 떠다니는 것이 마치 거북이 떠 있는 것 같으며, 입과 코에서 연기가 나오므로 지금도 표류해 온 왜인이 이를 보면 서로 놀라서 말하기를, '이것은 사람 잡는 기계이다.'라고 한다 합니다."
>
> 『순조실록』 순조8년(1808) 1월 10일

임진왜란에서 크게 활약한 거북선은 후대에도 꾸준히 만들어졌네. 역대 왕이 수군의 방비 체계를 말할 때는 늘 거북선의 우수성이 거론되었네. 거북선은 끊임없이 제작되고 유지되었지. 그 명성이 이어져 일본인들은 조선 후기까지도 '사람 잡는 배'라 했다 하네.

개항 후까지도 남아 있던 거북선은 1895년(고종32) 각 군영이 폐지되면서 함께 없어졌네. 실물은 고사하고 제대로 된 그림

상) 거북선 그림
이순신 종가에 전해 오는 거북선 그림이네.
임진왜란 이후에도 거북선은 꾸준히
건조되었네.

하) 무안 목포진 지도
1872년(고종9)에 전라 우수영 소속
목포진木浦鎭을 그린 채색 지도네.
선창에 정박한 전선을 볼 수 있네.
1895년 7월 15일 삼도 통제영,
각 도의 병영과 수영 등을 파하면서
함께 사라졌네.

이나 사진 한 장 남지 않았네. 세계가 증기 기관으로 움직이는 철선으로 무장하고, 이웃 일본이 그 철선으로 다시 조선을 침략해 올 때까지, 당대 최고의 혁신 전함으로 적군을 벌벌 떨게 했던 거북선은 그 후 300년 동안 또 다른 혁신을 이루지 못하고 시대와 함께 사라져 버린 것이지. 우리가 현세대에게 부끄러운 대목이네.

하지만 이순신이 만들었던 거북선이 아주 사라진 것은 아니었더군. 지금은 쓰지 않는 500원짜리 지폐에 거북선이 깊이 아로새겨져 있었지. 그리고 한 도전적인 사업가가 이 지폐 속의 거북선 그림을 보여 주며 외국에 나가 돈을 꾸어 아무것도 없는 모래벌판에 조선소를 만들었단 이야기를 들었네. 조선이 망하면

화폐 속의 이순신과 거북선

지금은 보기 힘든 거북선의 모습이 담긴 화폐들이네.
오랜 세월 동안 이순신과 거북선은 화폐의 도안으로 많이 사용되었지.

서 바닷속으로 가라앉았던 거북선이 다시 살아나 세계 조선造船 강국으로 당당히 그 면모를 드러낸 것일세. 얼마나 호쾌한 일화인지 모르네. 비단 거북선 모형을 만들어 바다 위에 띄우는 것만이 거북선을 만든 뜻을 이어받는 것은 아닐 걸세. 거북선은 앞으로도 계속해서 우리 젊은이들 마음속에서 되살아나 더 큰 도전을 이끌어 낼 거라 믿네.

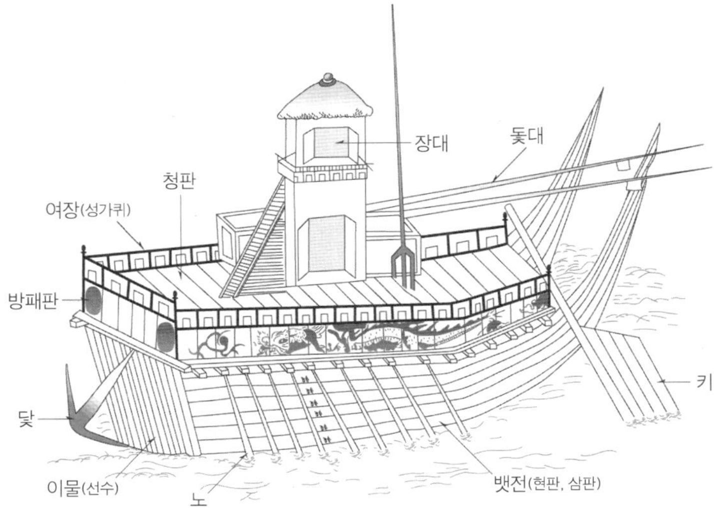

판옥선의 구조

내 일러 줌세

판옥선

조선의 혁신 전함, 판옥선

조선의 군선은 원래 갑판이 하나인 1층짜리 배였네. 단층 갑판 위에 노 젓는 격군과 포와 활을 쏘는 전투병이 함께 타는 구조였지. 그런데 1510년(중종5)에 일어난 삼포왜란과 1555년(명종10)에 일어난 을묘왜변 때 왜구들이 한층 커지고 높아진 배를 타고 온 거야. 뼈아픈 패배를 겪은 조선 수군은 전투함 혁신에 나서게 되네. 그렇게 해서 만들어 낸 배가 바로 판옥선이네. 임진왜란이 일어나기 30~40년 전에 개발을 완료하여 임진왜란 때는 조선 수군의 주력 전투함이 되었지. 전쟁이 끝난 뒤에는 주로 '전선戰船'이라 불렀네.

판옥선은 기존 배에 갑판을 하나 더 얹어 이중으로 만들었네. 포판鋪板이라 부르는 1층 갑판은 주위를 방패판防牌板으로 둘러쌌네. 적의 화살과 총탄을 막을 수 있었지. 그 안에서 격군은 안전하게 노를 저을 수 있었던 게야. 그 위의 2층 갑판은 청판廳板이라 하네. 청판에는 여장女墻이란 걸 둘렀네. 여장은 그 뒤에 몸을 숨긴 채 적을 공격할 수 있도록 하기 위해 성 위에 낮게 덧쌓은 낮은 담을 말하네. 성가퀴라고도 하지. 한양 도성, 수원 화성, 남한산성 등에 가면 볼 수 있네. 이곳에서 사수射手와 포수砲手는 전투에 임했네.

높아진 적선에 대응해 배의 높이를 키우고, 성벽에 두르는 여장을 배 위에 도입하는 혁신적 사고, 모두가 배워야 할 우리 조상들의 지혜일세.

제3절

시문,
이순신의 시·이순신의 맹세

시, 내일이면 이별이라네

『이충무공전서』 권1은 여느 문집과 마찬가지로 시로 시작하네. 이순신은 시인이었네. 옛사람들은 시인이 아니라도 글을 배운 사람은 누구나 시를 썼네. 그때는 농부이면서 장인匠人이었고, 세시歲時에 맞추어 악기를 들면 음악가였지. 양반들은 공부하는 학자이면서 관료였고, 글을 쓰는 문인이면서 거문고를 타는 음악가였고, 난을 치고 그림을 그리는 화가였고, 맥을 짚고 약을 처방하는 의사였다네. 이런 사회를 분업을 통해 생산성을 높이지 못하는 전근대라고 생각할지도 모르겠네. 하지만 사람이 꼭 한 가지만 할 줄 아는 것은 아니네. 저 옛날 원시 시대 사냥꾼에게 노동과 유희는 하나였네.

좁은 범위의 일을 하며 돈을 벌고, 내게 필요한 나머지 모두를 돈으로 사는 것이 꼭 발전이라고 할 수 있을까? 분업이 발달할수록 기능이 분화될수록 거기에다 기계와 디지털이 발전할수록 사람의 몸과 마음과 머리는 더 능력이 줄어드는 것은 아닐까? 사람이 몸을 움직이는 것도 시간과 장소를 정해 놓고 돈을 주어 가며 해야 한다는 것이 과연 자연스러운 일인지도 생각해 보게.

가끔은 밤하늘을 올려다보고 별을 헤아리며 천문가도 되어 보고, 시인도 되어 보는 것이 어떤가? 서양의 어떤 철학자가 했던 말이 떠오르네. "별이 빛나는 밤하늘을 보고 갈 수가 있고, 또 가야 하는 길을 지도를 읽고 갈 수 있던 시대는 얼마나 행복했던가! 별빛이 그 길을 훤히 밝혀 주던 그 시대는 얼마나 행복했던가!"

옛사람들은 지금보다 경제적으로 넉넉하지 못했더라도 온갖 일을 할 수 있었던, 지금보다 더 다방면에 걸쳐 유능했던 인간이었네. 아무튼 글을 쓰는 무장 이순신도 마음을 노래하는 시인이었네.

목책을 지키며 여진을 물리치는 이순신

임진왜란이 일어나기 전에 이순신이 함경도 녹둔도에서 여진과 전투하는 모습을 조선 후기에 그린 '수책거적도守柵拒敵圖'네. '목책木柵을 굳게 지켜 적을 막는 것을 그린 그림'이라는 뜻이네. 함경도 지방에서 영토를 개척하고 외적과 반란군을 무찌른 역대 명장名將의 행적을 그린 『북관유적도첩北關遺蹟圖帖』에 실려 있네.

수사水使 선거이宣居怡와 이별하며

북에 가선 고난을 함께했고	北去同勤苦
남에 와선 생사를 같이했네	南來共死生
이 밤 달 아래 한잔 술	一杯今夜月
내일이면 이별이라네	明日別離情

『이충무공전서』「수사 선거이와 이별하며贈別宣水使」

선거이는 이순신이 함경도 조산造山 만호를 지내던 시절 여진 습격 사건으로 감옥에 갇혔을 때 안타까워하며 따뜻한 위로를 전한 인물이네. 임진왜란 때는 충청 수사로 함께 싸운 전우였네. 1595년 9월 14일 일기에 이 시가 적혀 있네. 충청·전라·경상 삼도의 수사들이 모여 이별주를 나누던 때 이순신이 비단에 적어 전해 준 시야. 짤막한 오언 절구에 참 많은 사연이 담겨 있네. 젊은 날 추운 북쪽 국경에서 고난을 함께했던 정경과 남쪽 바다에서 목숨을 걸고 싸웠던 전우애가 뭉클하네. 이별의 정을 구구하게 쓰지 않았네. 가을밤 휘영청 밝은 달 아래서 술잔을 기울이며 내일 이별할 마음의 준비를 하고 있네. 둥근 보름달처럼 따뜻하면서도 서늘한 가을날마냥 담백한 시네.

이날 밤 삼도의 수군 지휘관들이 크게 취했던 것 같지는 않네. 옛사람들은 이별할 때 이렇게 정을 담아 시를 건네곤 했네. 그러면 시를 받은 이는 답하는 시를 지어 주었지. 선거이 충청

수사도 답시를 지었을 텐데 아쉽게도 남아 있지 않네. 자네는 이별하는 친구에게 어떻게 마음을 전하나? 앞의 시를 외워 두었다가 써도 좋지 않겠나?

무제

부슬부슬 비 내리고 바람 부는 밤 蕭蕭風雨夜
근심에 젖어 잠 못 이룰 때 耿耿不寐時
애통함은 쓸개를 찢는 듯 懷痛如摧膽
상심은 살을 에는 듯 傷心似割肌
산하는 여전히 참혹하니 山河猶帶慘
물고기와 새마저 슬피 우는구나 魚鳥亦吟悲
나라는 어려움에 빠졌건만 國有蒼黃勢
위기를 전환할 인물 없네 人無任轉危
중원 회복한 제갈량 우러르고 恢復思諸葛
말 달리던 곽자의郭子儀 그리네 長驅慕子儀
몇 해간의 방비책이 經年防備策
이제 와서 임금을 속인 게 되었네 今作聖君欺

『이충무공전서』「무제육운無題六韻」

1594년, 전쟁이 난 지 햇수로 벌써 3년이 되었을 때이네. 전쟁은 소강상태였지. 명나라와 일본 간에 강화하자는 협상이 진행되고 있을 때야. 일본군은 완전히 물러가지 않았네. 남해안 곳곳에 진을 치고 있었지. 일본군이 짓밟고, 명나라 군대가 휩쓸고 간 조선 땅 곳곳에 기근과 역병이 잇따라 덮쳤네. 회복될 기미조차 보이지 않았네.

이순신이 이끄는 군대라고 해서 병마가 비켜간 것은 아니라네. 진중의 군사 가운데 태반이 역병에 전염되어 죽는 자가 속출하고 있었네. 군량이 부족하여 제대로 먹지 못하다가 결국 병들어 죽고 말았지. 남아 있는 군졸들은 아침저녁으로 두세 홉 정도를 먹을 수 있을 뿐이었고, 몹시 고달퍼 활을 당기고 노를 저을 힘도 없다고 하소연하였다네. 이 시기에 이순신이 장계한 내용을 보면 그래.

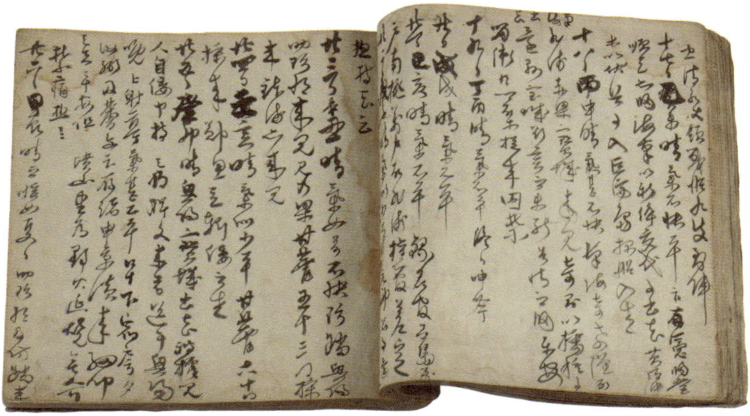

갑오년의 일기

전쟁이 난 지 햇수로 3년째 되던 해의 일기네.
「난중일기」 곳곳에는 시, 편지, 장계를 썼다 고쳤다 하며 고심한 흔적이 남아 있네.

평양성 탈환 전투

조선과 명나라 연합군이 평양성을 되찾기 위하여 싸우는 모습을 조선 후기에 그린 병풍이네. 그림 이름은 '평양성탈환도병平壤城奪還圖屛'이네. 이 전투에서 승리한 여세를 몰아 한양으로 진격하던 명나라 군대는 경기 벽제관碧蹄館에서 일본군의 반격을 받고 패전하였지. 이후 명나라는 일본과 강화 협상을 시작하였네.

이 시는 「갑오일기甲午日記」에도 연습 삼아 쓴 초고 형태로 남아 있는데, 〈쓸쓸히 바라보며蕭望〉라는 제목이 붙어 있지. 부슬부슬 밤비에 낙엽 지는 소리일까? 잠이 오지 않는 밤이네. 몸은 쓸개가 찢어지는 듯, 마음은 살을 도려내는 듯 아프네. 오랜 전쟁으로 참혹해진 산하에서 물고기와 새도 신음하고 있네.

임금은 남해안에 남아 있는 일본군을 하루바삐 몰아내라고 재촉하지만 명나라가 조선군에게 일본군과 싸우지 말라고 한

금토 패문에 손발이 묶인 이순신으로서는 이렇다 할 대책을 세울 수 없었네. 명나라에 작전권을 갖다 바친 조선은 명을 어길 수 없는 상황이었네. 명나라는 남의 전쟁에서 더 이상 피를 흘리고 싶지 않아 일본과의 싸움을 회피하였지. 일본군은 명나라가 준 금토 패문을 들고 다니며 조선군을 조롱하였네.

이순신은 평소 존경하고 닮고 싶어 했던 제갈량과 곽자의라면 어떻게 했을까 생각해 보기도 하였지. 지난 3년 동안 죽을

힘을 다해 적을 막아 왔건만 이제 임금은 싸늘한 의심의 눈길을 던지니 괴로울 뿐이네. 우연의 일치였을까? 안녹산의 난을 평정한 곽자의와 제갈량의 시호도 충무라지?

이별하는 친구에게 담백한 시를 던진 이순신이지만 수년을 이어 오는 전쟁의 참혹함 앞에서는 격해질 수밖에 없었던 모양이야. 백의종군 중 어머니가 세상을 떠났을 때도, 이어 일본군의 칼날에 아들까지 먼저 저세상에 보냈을 때도, 일기에서 좀체 감정을 드러내지 않았었지. 그랬던 이순신이기에 시에 나타난 격한 감정이 어떤 것이었는지를 느낄 수 있네.

검명, 석 자 칼로 하늘에 맹세하니

석 자 칼로 하늘에 맹세하니	三尺誓天
산하가 벌벌 떨고	山河動色
한번 휘둘러 쓸어 버리니	一揮掃蕩
산하가 피로 물든다	血染山河

『이충무공전서』「검명劍銘」

만약 지금 한국인들에게 가장 갖고 싶은, 또는 가장 만져 보고 싶은 칼이 무엇이냐고 물어보면 무어라고 대답할까? 나는 단

연코 이순신의 칼 바로 충무공 장검長劍이라고 생각하네. 겨레를 살린 칼, 충무공 장검. 이 검 두 자루가 400년 넘게 충남 아산의 이순신 종가에 대대로 전해 내려오고 있네. 「난중일기」와 함께 이순신의 분신과도 같은 것이지. 「난중일기」가 그의 문文을 상징하는 것이라면, 이 칼은 그의 무武를 상징한다 할 것이야.

이 칼은 어른 키보다 훨씬 긴 길이와 5킬로그램에 달하는 무게, 그리고 칼날에 사용한 흔적이 없는 점으로 미루어 실제 사용한 적은 없었던 것으로 보이네. 친필로 새긴, 대구對句를 이루는 검명을 보면 마음을 가다듬기 위한 용도로 두었던 것이 아닌가 싶네.

명銘은 새긴다는 뜻일세. 옛사람들은 주위에 있는 기물에 스스로 경계로 삼을 만한 글을 새겨 두고 늘 보면서 각오를 다졌다네. 좌우명座右銘이란 말을 들어 봤겠지? 항상 앉은자리 가까이에 두고 보며 자신을 경계하는 글귀를 말하네. 『초고본 계사일기癸巳日記』 1593년 9월 15일 뒷부분에 "검을 두고 하늘에 맹세하니 산하가 떤다尺劍誓天 山河動色."라는 비슷한 구절이 있네. 마음속으로 칼을 벼리고 있었던 것일까? 이 글귀를 오랫동안 생각하고 다듬고 있었네.

이 칼에는 특이하게도 칼자루 속 슴베에 "갑오년(1594) 4월에 태구련太九連과 이무생李茂生이 만들었다."는 글이 새겨져 있네. 그 덕분에 만든 이와 시기를 알 수 있네. 일제 강점기 때 일본인들 중에 자기네 칼이라고 말하는 사람이 있었는데 솜베의 글귀를 보여 주자 무안해하며 돌아갔다는 이야기가 전해 오기도 하네. 누가 뭐래도 조선의 장인이 만든, 조선의 칼이지.

조선 무과 시험 과목은 활쏘기가 주를 이루었고, 검술은 없었네. 전통적으로 활을 중시한 반면, 칼에 대해서는 상대적으로 관심이 높지 않았네. 그러다 보니 지금까지 전해 오는 칼이 별로 없는 형편이네. 이런 상황에서 이 칼은 이순신의 유물이라는 역사적 의미뿐만 아니라 조선 중기 금속 가공 기술의 우수성과 예술성을 함께 보여 주는 귀한 작품이라는 점에서 그 가치가 더욱 크다고 할 수 있지.

요즘엔 보통 칼날이 하나이면 도刀, 양날이면 검劍이라 분류하지. 그래서 칼날이 하나인 이 칼은 환도還刀라고 불러야 한다고 말하는 이들이 많은 걸로 알고 있네. 그러나 환도는

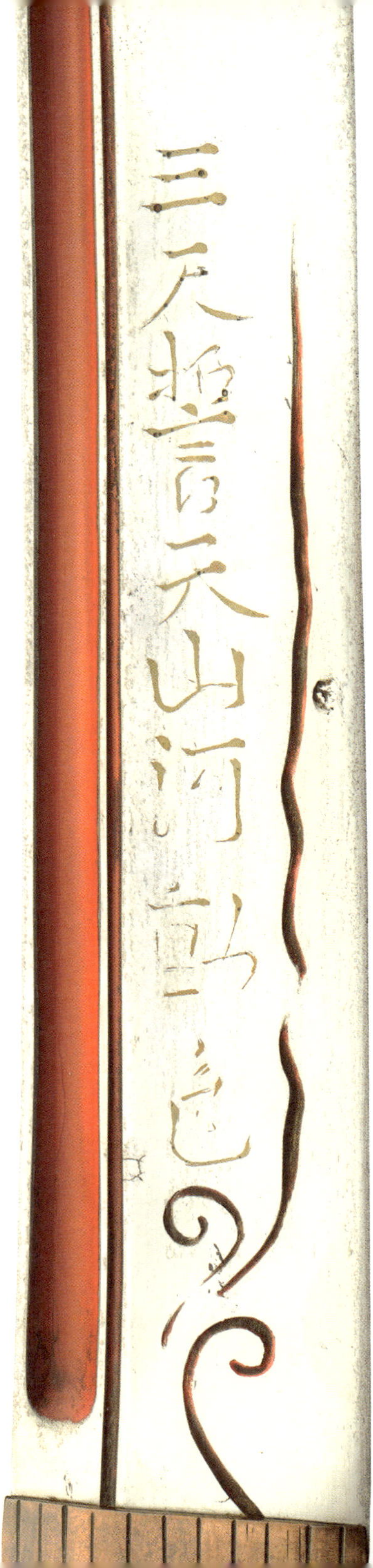

좌) 충무공 장검의 명문
이충무공 장검 두 자루에
새긴 유명한 글귀네.
칼에 새겼다 하여
검명이라 하네.
이순신의 친필을
안쪽으로 파고 그 표면을
황동으로 장식하였네.
붉은색 부분은
칼의 무게를 줄이고
적의 피가
흘러내릴 수 있도록 파낸
혈조血漕네.

우) 충무공 장검
임진왜란 중인 1594년에
만들어 이순신 종가에
대대로 전해 내려온 것이네.
현충사에 전시되어 있네.

환도
조선 시대 군인들이 사용했던 칼이네.
『융원필비』에서는 차고 다니기 편하게 칼집에 고리를 달았기에 붙여진 이름이라고 하였네.

어떤 특정한 양식의 칼이라기보다는 조선 시대에 무기용 칼을 일반적으로 부르는 이름이라고 보는 것이 맞을 걸세. 조선 시대에는 대체로 도와 검을 엄격하게 나누지 않았고 심지어 구분하는 방식도 지금과는 달랐다네.

1790년(정조14)에 편찬된 『무예도보통지武藝圖譜通志』에는 "칼의 양쪽에 날이 있는 것을 검이라 하고, 날이 한쪽에만 있는 것을 도라 한다."고 기록하고 있네. 반면 20여 년 후인 1813년(순조13)에 편찬된 무기 종합 백과사전인 『융원필비戎垣必備』에는 "도는 자루가 길고 칼날이 휘어져 있으며 손잡이 머리가 있었다. 검은 자루가 짧고 칼날이 길며 칼집이 있었다."고 하였으니, 지금과는 구분 방식 자체가 달랐음을 알 수 있지. 그러나 두 책 모두 "후세에 와서 도와 검이 서로 혼용되었다."거나 "오늘날 사람들은 분별하지 않고 모두 도라고 부른다."고 적고 있어 도와 검을 엄격하게 구분하지 않았음을 알 수 있네.

『이충무공전서』에서 '장검'이라 적은 이유도 조선 칼 즉 환도 중에서도 유달리 길고 커서 특별히 '길 장長' 자를 넣어 이름을 붙인 것이네. 다시 말해 충무공 장검은 이순신이 지녔던 조선 환도를 따로 부르는 고유한 이름이라는 것이지. 『이충무공전서』를 편찬하면서 이순신의 일기에다 「난중일기」라는 새로운 이름을 붙인 것과 같은 맥락일 걸세.

1932년 현충사를 중건할 당시 이충무공유적보존회에서 세

좌) 옥로
이순신 유품으로 종가에 대대로 전해 내려온, 갓머리에 다는 장식물이네.
옥에 해오라기 모양을 새겨 넣었다고 해서 붙여진 이름이지.
둥근 금동 받침 위에 연꽃잎에 싸여 있는 해오라기 세 마리가 조각되어 있네.

우) 금대
이순신 종가에 전해 내려오는 이순신 유품 중 하나네. 관복에 두르는 띠로 각대角帶라고도 하네.
1598년 「무술일기戊戌日記」 1월 4일 일기 뒷면에 명나라 장수에게 받은
선물을 적어 놓았는데 그중 하나네.

한산도에서 밤에 읊다 閑山島夜吟

바다에 가을빛 저무는데 水國秋光暮
찬바람에 놀란 기러기 떼 높이 나네 驚寒雁陣高
걱정하는 마음에 잠 못 이루는 밤 憂心輾轉夜
조각달만 활과 칼을 비추누나 殘月照弓刀

운 현충사 사적비에는 이렇게 적혀 있네. "친히 쓴 일기와 환도, 금대金帶, 옥로玉鷺. 이 모든 것이 다 조선이 받들고 지킬 바이다." 여기서도 환도란 단지 조선 칼이라는 의미로 쓴 것이라고 봐야 할 것이야. 그래서 1963년 보물로 지정될 때도 '장검'으로 이름 붙여 지금까지 그리 부르고 있는 것이지.

무인에게 칼은 죽임의 무기이지. 그러나 동시에 칼은 죽음을 막는 살림의 무기이기도 하지. 무인에게 칼이란 생명이며 존재 자체일 수도 있어. 늘 곁에 칼을 두고 살 수밖에 없는 전장의 무인 이순신이기에 그의 시에도 칼이 등장할 수밖에 없었던 게야. 그러나 산하를 피로 물들이겠다는 검명 속의 섬뜩한 각오와는 느낌이 많이 다르네. 이순신의 시구 속 칼에는 깊은 시름에 잠 못 드는 무인의 심사가 묻어 있네.

한산도가閑山島歌

한산섬 달 밝은 밤에 수루水樓에 홀로 앉아

긴 칼 옆에 차고 깊은 시름 하는 차에

어디서 일성호가一聲胡歌는 남의 애를 끊나니

이 칼을 만든 1594년 4월 무렵 한산도에서 이순신은 일본군과 큰 전투 없이 지리한 대치 상태를 계속 유지하고 있었어. 이러한 때 자칫 느슨해질 수도 있는 마음을 다잡고, 적과 대치하고 있는 상황에서 경각심을 일깨우고자 이 두 자루 칼에 그 뜻을 새긴 것이 아닐까 하네. 날카로운 칼에서 나오는 위엄 있는 느낌에 이순신의 각오가 아로새겨진 글귀가 더해져서일까? 충무공 장검은 오늘도 현충사를 찾는 사람들에게 깊은 울림을 주며 그 앞에 멈춰 서게 하네.

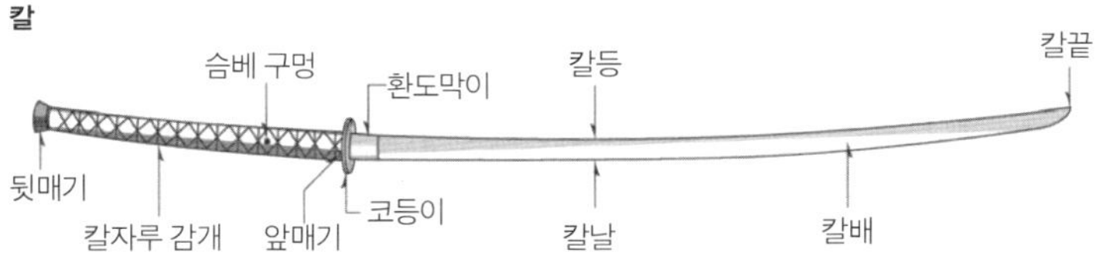

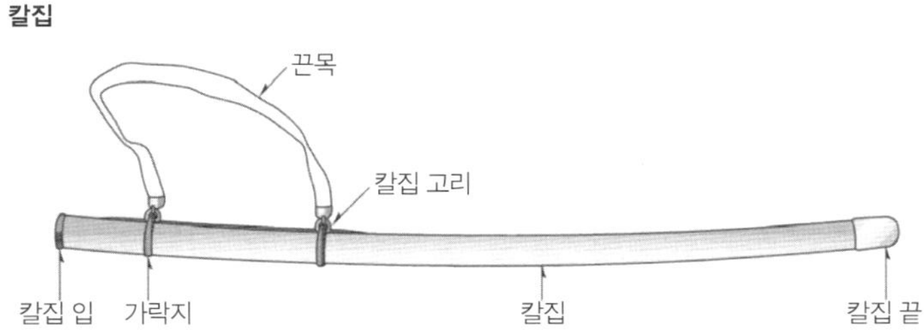

충무공 장검의 구조

내 일러 줍세

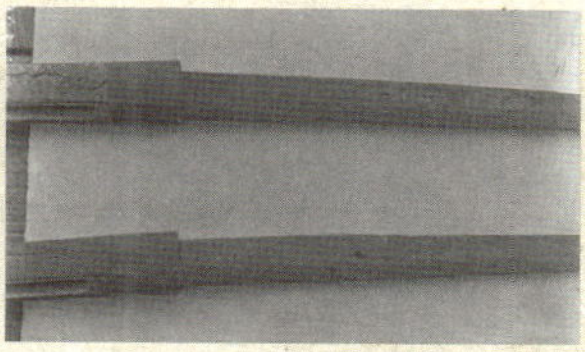

충무공 장검의 슴베 부분

조선 칼의 부분 명칭

• **칼자루** : 손으로 칼을 잡는 부분이네. 손에서 미끄러지지 않도록 하기 위해 보통 상어나 가오리 어피魚皮로 감싸고, 그 위에 다시 가죽끈이나 면 끈을 감았네. 철물로 칼자루의 앞과 뒤를 단단히 감아 주는데 이를 앞매기, 뒷매기라 하지. 칼자루의 끝을 칼 머리라 하네.

• **코등이** : 콧등이라는 말에서 유래한 것으로 보이네. 칼자루와 칼날 사이에 끼워서 손을 보호하도록 만든 둥근 철물이야.

• **슴베** : 칼날 중에 칼자루 안으로 들어가 고정되는 부분을 말하네. 호미, 낫, 괭이도 자루에 넣는 부분을 슴베라 한다네. 칼자루에 단단하게 고정시키기 위해 구멍을 뚫어 나무못을 끼우네. 충무공 장검은 이 부분에 칼을 만든 시기와 장인의 이름을 새겨 두었네.

• **칼날/칼등** : 물체를 베는 칼의 날 부분을 칼날이라 하고, 칼날 반대편 날이 없는 부분을 칼등이라 하네.

• **칼배** : 칼등과 칼날 사이를 부르는 이름이네. 여기에 칼의 무게를 줄이고 적의 피가 흘러내릴 수 있게 하는 골, 곧 혈조를 파기도 한다네.

• **칼집(칼집 입/칼집 끝/가락지)** : 칼을 집어넣는 집으로, 보통 나무로 만드네. 칼날이 들어가는 입구와 칼끝이 닿는 끝 부분뿐만 아니라 중간에도 금속 띠를 둘러 단단히 고정시켜 주네.

• **칼집 고리/띠돈/끈목** : 허리에 칼을 차기 위해 가락지에 작은 고리를 끼우고 끈목을 매다네. 충무공 장검에는 없는데, 허리띠에 매기 위한 금속 고리를 띠돈이라 하네.

제4절

장계, 삼가 갖추어 아룁니다

삼가 적을 무찌른 일로 아룁니다

어디서 많이 들어 본 말 아닌가? 아니면 어느 책에선가 한번쯤은 읽어 봤을 터. 이 장쾌한 한 문장. 1592년 5월 10일, 이순신이 옥포 해전의 승리를 알리는 장계의 첫머리를 장식하는 말이네. 연이은 패전 소식만을 들으며 개성으로, 평양으로 피란에 피란을 거듭한 조정이 처음 받아 본 승전보. 임금과 신하는 눈물을 흘리며 몇 번이고 읽고 또 읽었네. 하지만 이것은 시작일 뿐. "삼가 적을 쳐서 잡은 일로 아룁니다."(6월 14일, 당포), "삼가 왜적을 잡아 죽인 일로 아룁니다."(7월 15일, 한산도), "삼가 적선을 무찌른 일로 아룁니다."(9월 17일, 부산포)로 이순신과 조선 수군은 잇따라 승전보를 전했네.

> 신이 여러 번의 큰 전투를 치르면서 왜인의 조총을 제법 많이 빼앗았습니다. 늘 눈앞에 놓고 그 오묘한 이치를 살펴보았습니다. 조총은 몸체가 길어 총구멍이 깊습니다. 그리하여 화약 폭발력이 강해 총에 맞은 것은 다 부서지고 맙니다. 그러나 우리나라의 승자勝字나 쌍혈雙穴 등의 총통銃筒은 몸체가 짧고 구멍이 얕아서 왜군의 총통만큼 파괴력이 없고 소리도 그리 크지 않습니다.
>
> 『이충무공전서』「조총 진상 보고封進火砲狀」

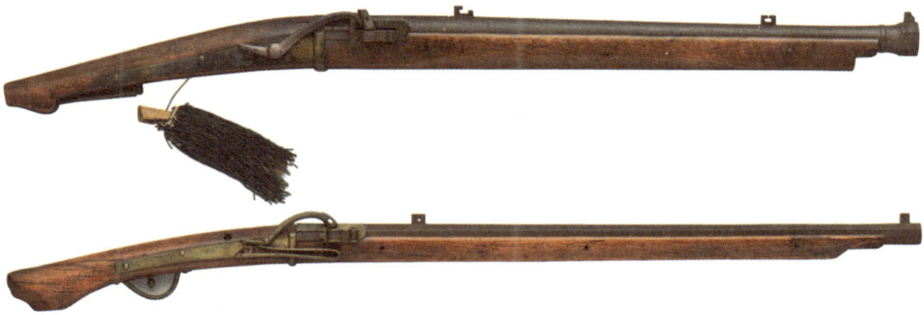

조총

일본 에도 시대의 조총이네. 방아쇠를 당겨 쏘는 조총은 불씨를 손으로 붙이는 조선의 승자총통勝字銃筒보다 힘과 명중률에서 우수했네. 이순신은 일본군과 싸워 빼앗은 조총을 분해한 다음 깊이 연구해 이를 자체적으로 제작했지. 인조 이후 조선군의 주력 무기도 조총으로 바뀌었네.

조총이라고 들어 봤겠지? 임진왜란 초기에 일본군이 쏘는 조총의 위력과 소리에 놀란 조선군이 와르르 무너졌다는 이야기를 들었을 거야. 날아가는 새도 떨어뜨린다고 해서 조총이라고 했다고도 하고, 총 모양새가 새의 부리를 닮아서 그리 이름 붙였다고도 하지. 제 나라 일본에서는 그저 무덤덤하게 '뎁뽀鐵砲'라고 한다니 조총이라는 이름이 호들갑스러워 보이기도 하는군.

나는 임진왜란 당시 조총에 대해 저렇게 상세하게 분석한 글은 보지 못했네. 적군 주력 무기가 지닌 장점과 아군 무기의 단점을 정확하게 알아내는 냉철한 분석. 전투가 없는 날, 일본군에게서 빼앗은 조총을 두고 이리저리 살펴보며 궁리하는 무기 연구가 이순신이 눈앞에 있는 것 같지 않나? 이순신은 궁리 끝에 어떻게 했을까?

> 그리하여 매번 조총을 만들어 보려고 하였습니다. 신의 휘하에 있는 군관 훈련주부 정사준鄭思竣이 조총 발포 원리를 터득하여 대장장이 이필종李必從, 노비 안성安成·동지同志·언복彦福 등을 데리고 쇠를 달구어 총을 만들었는데, 구조가 아주 정교하고 총알이 나가는 힘도 조총과 비슷합니다. 총구에 불을 붙이는 도구가 조금 다르긴 하나 며칠 안으로 다 만들 것 같습니다.
>
> 『이충무공전서』「조총 진상 보고」

令
水軍節度司命

이순신은 무기에 대해 잘 아는 부하를 시켜 조총의 원리를 터득하게 하고 대장장이들을 데리고 직접 만들어 보게 했네. 실력 좋은 대장장이들이 잘 만들어 조총과 성능이 비슷한 총을 완성했다는군. 이순신은 그렇게 만든 조총 다섯 자루를 조정에 올려 보냈네. 그러면서 각 도와 관청에서도 이렇게 조총을 만들도록 명을 내리라고 건의했지.

임진왜란 때 이순신의 조선 수군이 일본의 조총과 비슷한 총을 만들어 사용했다는 사실이 놀랍지 않은가? 이런 재미있고 생생한 이야기를 어디서 볼 수 있을까? 궁금하지 않나?

현충사에 가면 『임진장초』라는 아주 큼직한 책을 볼 수 있을 걸세. 책 이름을 그대로 풀어 말하면 '임진왜란 때 올린 장계의 초본草本'이란 뜻이네. 이순신이 임진왜란 때 조정에 올린 보고서인 장계들의 초본을 엮은 문서철이란 말이지. '장계'란 지방에서 근무하는 벼슬아치가 임금에게 올리는 보고 문서를 말하네. 이런 문서는 조정에 보낼 때 그 지방 관아나 군영에도 한 부를 똑같이 베껴 보관해야 하네.

해서로 반듯하게 쓴 이 보고서들을 찬찬히 보면 조선 수군이 출전하여 전투를 벌이고 이기는 장면이 눈앞에 펼쳐지듯 상세히 묘사되어 있다네. 그뿐 아니라 전쟁 중에 조선 수군이 어떤 난관을 극복했는지, 전쟁으로 피란 중인 백성들의 삶이 어떠했는지가 아주 상세하게 적혀 있네. 또 이순신이 군량을 마련하기 위해 어떤 정책을 펼쳤는지도 자세히 기록되어 있네. 비록 이순신의 친필은 아니지만 「난중일기」에는 빠져 있는, 초기에 벌인 여러 해전에 대한 상세한 경과가 이 보고서에 다 수록되어 있어 임진왜란을 아는 데 더없이 중요한 사료가 되고 있네.

그렇네. 조총을 만들어 조정에 올렸다는 1593년 8월의 기록도, "삼가 적을 무찌른 일로 아뢰니다."라는 유명한 말도 모두 이들 장계에 들어 있다네. 『이충무공전서』에는 임금의 글로 이루어진 권수와 이순신의 시문을 담은 권1에 이어, 권2에서 권4까지에 이 장계들이 묶여 있네. 「난중일기」보다 앞에 놓여 있지. 그건 어느 문집이든 간에 임금에게 올린 글은 주소奏疏라 하여 앞에 놓았기 때문일세.

조선 시대 글은 공적인 문서든 사적인 문서든 으레 쓰는 상투적인 문구가 상당 부분을 차지하네. 그러나 이순신이 올린 장계는 그런 상투적인 문구도 없이 무려 6천 자가 넘는 것도 있네. 이게 무슨 말일까? 그만큼 내용이 상세하다는 뜻이네. 첫 전투를 앞두고 두려움에 떠는 부하들에게 "가볍게 움직이지 말고 태산같이 신중히 행동하라."고 한 지시 내용이 고스란히 적혀 있네. 대나무 장대를 꽂고 깃발을 휘날리는 일본군의 대장선을 세세히 묘사한 대목을 보면 마치 그림을 보는 듯하네. 이 보고서들을 바탕으로 하면 시간대별로 전개된 전투 장면을 재현할 수 있을 정도지.

한 장의 장계 안에 담긴 내용만 두고 이야기하는 것이 아닐세. 옥포 해전의 첫 승리를 보고하기 전까지 이순신은 무려 여섯 번이나 장계를 올리네. 그 전날 경상 우수사 원균으로부터 일본군 함대가 부산 앞바다에 나타났다는 사실을 전달받고 사변事變에 대비하고 있음을 보고하는 4월 15일 자 장계에서부터 5월 4일 새벽 첫닭이 우는 소리를 듣고 첫 번째 출전을 한 날까지, 이순신 함대의 상세한 준비 상황과 급박했던 전선 소식을 생생하게 보고하고 있네. 승전 소식을 보고하는 장계에 앞선 여섯 장의 장계를 보면 승리를 위해 이순신이 얼마나 숨죽이며 차근차근 치밀하게 준비하고 있었는지를 알 수 있을 걸세.

장계에서는 「난중일기」와 또 다른 이순신의 목소리를 들을 수 있네. 일기 속 이순신은 조용한 성품이네. 글도 간결하네. 짧게 끊는 문장에서는 감정을 절제하는 것이 느껴지지. 감정이 표출되는 것을 단속하는 느낌이라고 해야 할까? 속내를 쉽게 드러내지 않고, 말을 절제한다는 인상을 받게 되네.

장계는 사뭇 다르네. 꼼꼼하기 그지없는, 어찌 보면 장황하기까지 한 장문長文의 전투 보고서는 건조한 문체인데도 불구하고 감정이 짙게 배어 있네. 아니 감정을 숨기지 않고 있어 당혹스러울 정도네. 혼자 보는 일기가 아닌, 모든 사람이 보는 공식 문서인데도 누군가에 대한 혹독하고 서늘한 비판을 서슴지 않고 하네. 반면 자신이 지켜 줘야 할 부하에 대해서는 목소리를 높여 유임하게 해야 한다고 주장하고 포상할 것을 건의하네. 우

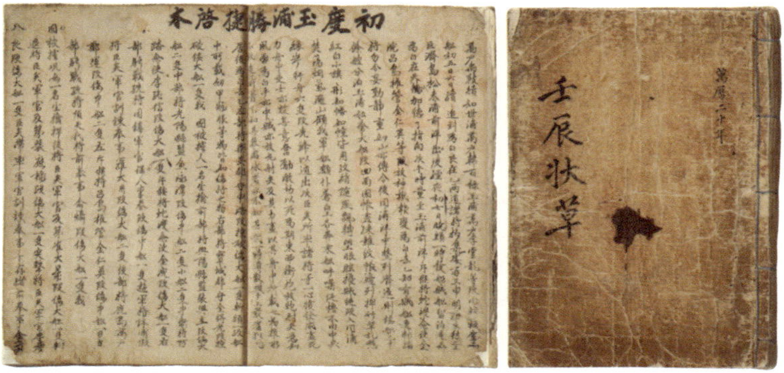

임진장초

임진왜란 때 이순신이 조정에 올린 전투 보고서인 장계의 초본이네. 조선왕조실록에도 다 실리지 않은, 「난중일기」에도 다 적지 못한 또 다른 이순신의 모습과 육성, 전선의 긴박한 상황을 볼 수 있는 소중한 사료네.

리가 알고 있는 이순신과는 아주 딴판이야.

이순신의 장계는 사료로서도 귀한 가치를 지니지만, 그 속에서 사생관死生觀, 인간관, 정세 판단력, 장수로서의 자질, 객관적이고 성실한 기록자의 모습까지 아울러 찾을 수 있다는 점에서 더욱 귀중하다고 생각하네. 그래서 임진왜란이나 해전을 연구하는 사람이 아니더라도 이 장계들을 읽어 보길 권하는 것이네. 무엇 하나 군더더기라곤 없는 객관적 글쓰기를 보게. 그 안에는 전투의 성과와 함께 부하 장수의 공적이 있네. 죽고 다친 병졸의 이름 하나하나가 다 기록되어 있네. 건조한 전투 보고서지만 그 안에 이순신이 담고 싶어 했던 것이 무엇인지가 여실히 드러나 있네.

힘써 싸운 자를 으뜸으로 논공하겠다

1592년 5월 10일에 쓴 첫 승전을 알리는 장계에서 이순신은 "원균은 우수영 경내 한산도에서 겨우 1척의 전선을 타고 건너왔습니다."라고 쓰고 있네. 굳이 "겨우, 오직, 단지, 한갓, 뿐"으로 해석되는 '지只' 자를 써서 강조했네. 왜 그랬을까. 구원을 요청하러 찾아와 함께 싸운 선배 장수의 부끄러운 부분을 왜 이렇게까지 숨김없이 드러내 보인 걸까? 그것도 개인 기록인 일기가 아닌 조정의 신료와 임금이 보는 장계에서.

> 우수사 원균이 겨우 전선 3척을 거느리고 와서는 신의 여러 장수가 포획한 왜선을 활을 쏘면서 빼앗으려는 과정에서 사격射格 2명이 부상하기까지 하였습니다. 최고의 장수로서 이보다 더 부하 단속을 잘못한 경우는 없을 것입니다.
>
> 『이충무공전서』「옥포 해전 승전 보고玉浦破倭兵狀」

이런 일이 있었네. 장수가 싸움에 신경을 쓰지 않고 전공만을 탐하였어. 심지어 그 욕심으로 아군을 다치게 하다니. 그냥 덮고 넘어갈 수 있는 일이 아니라고 생각했던 게야. 이순신은 평소 부하 장수들에게 싸움이 먼저고 적의 머리를 베는 건 나중이라고 강조했지.

신이 애당초 여러 장수와 군졸들에게 약속할 때 "공로와 이익을 탐내 앞다퉈 적의 머리를 베려다가는 도리어 해를 입어 사상자가 늘게 된다. 힘써 싸운 자가 있으면 사살한 뒤에 목을 베지 못했더라도 그를 으뜸으로 논공論功하겠다."고 분명히 일렀습니다.

『이충무공전서』「당포 해전 승전 보고」

처음부터 이순신은 원균을 못마땅하게 여겼던 듯하네. 전쟁이 일어났을 때 장수가 관할하던 구역을 목숨 바쳐 지키지 못했기 때문일까? 이순신이 보기에 원균은 전투에 힘을 쏟기보다 거짓으로라도 전공을 세우고 싶어 안달하는 용렬한 사람이었어. 이순신은 그걸 다 드러내 보이고 있네. 주위의 잘못을 적당히 눈감아 주는 인물이 아니었어.

광양현光陽縣은 영남과 맞닿아 있어 전쟁이 일어난 뒤로 사람들이 두려움에 떨며 달아날 궁리만 하고 있었습니다. 그런데 어영담魚泳潭이 이를 진정시켜 편안하게 하여 마침내 온 고을 백성이 예전처럼 안도하게 되었습니다. 게다가 여러 번 경상·전라 두 지역의 변장邊將으로 임명되어 물길의 형세를 훤히 다 압니다. 그는 계책이 뛰어난 사람입니다. 신이 그를 중부장中部將으로 임명하여 함께 일을 의논하고 계획하였습니다. 여러 차례 죽음을 무릅쓰고 적을 치는 데 앞장서서 큰 승리를 거두었습니다. 호남의 한 고을이 이제까지 보전된 데에는 이 사람이 한몫하였습니다.

『이충무공전서』「광양 현감 어영담 유임 요청 보고請光陽縣監魚泳潭仍任狀」

광양 현감 어영담이 군량을 빼돌렸기에 조정에 장계를 올려 파직시켰다고 하는 말을 들었네. 인사권을 가진 전라도 순찰사 권율權慄은 이때 행주산성에서 막 일본군을 무찌르고 한양을 수복하기 위한 작전 때문에 자리를 비우고 없었네. 이때 고을 백성들이 전라 좌수사 이순신에게 하소연을 했네.

"우리 고을 현감은 백성을 위하는 참 목민관이요, 전란을 당해서는 나라를 위해 목숨 바쳐 싸운 용감한 장수입니다. 억울하게 파직되었으니 굽어살펴 주십시오."

이순신이 붓을 들었네. 고을 주민 126명이 연명聯名으로 작성한 소장訴狀을 빠짐없이 옮겨 적었네. 어영담이 얼마나 주민들에게 신뢰를 받았는지, 어사가 어떤 착오를 해 장계를 올린 것인지를 백성의 목소리를 통해 직접 알렸네. 이어 지휘관으로서 부하를 위해 확실한 신원 보증을 서 주고 있지. 장수로서 어영담은 경상도로 가는 물길을 꿰뚫고 있다는 것과 중부장으로 자신의 유능한 참모라는 것과 전장에서는 죽음을 두려워하지 않고 싸워 큰 공을 세운 용감한 인물이라는 것을 자신 있게 말하고 있네. 그러면서 전란이 평정될 때까지 그 자리에 그대로 있게 할 것을 요청하네.

직위 고하를 떠나 조정에서 파견한 어사의 판단을 뒤집는 것은 그리 쉬운 일이 아닐세. 더구나 인사권을 가진 도순찰사都巡察使도 아니었으니, 오해를 받을 수도 있는 일이었네. 그런데도 이순신은 낮고 조용하지만 자신에게 돌아올지도 모를 불이익을 피하지 않는 그런 단호한 말투로 주민들의 뜻을 전하였네. 하지만 이순신의 주장은 받아들여지지 않았던 듯하네. 그는 일곱 달 후, 광양 현감에서 파직된 어영담을 조방장助防將으로 임명해 달라는 요청을 다시 하네. 조방장으로 끝까지 이순신을 보필하던 어영담은 이듬해인 1594년 4월 진중에 번진 전염병에 걸려 세상을 등지고 마네. 이날 일기에 "조방장 어영담이 세상을 떠났다. 이 애통함을 어찌 말로 할 수 있으랴!"라고 적혀 있네.

장계마다 이순신은 전투에 공을 세운 장수들의 공적을 왜선 몇 척을 불태우고 적의 머리 몇 급級을 베었다는 식으로 소상히 적었네. 각각의 공적에 따라 적절한 포상이 내려지도록 한 것이지. 아무리 뛰어난 사람이 한 일이라 하더라도 놓치는 부분은 있기 마련. 여도 만호 김인영金仁英, 의병장 성응지成應祉, 승장僧將 수인守人과 의능義能, 방답 첨사 이순신李純信이 조정의 포상과 승진 대상에서 빠지자 특별히 따로 장계를 올려 챙겨 주었네. 녹도 만호 정운鄭運이 부산 해전에서 전사했을 때는 장계를 올려 사당에 배향해 줄 것을 청하였지. 앞서 원균에게 보였던 서늘함과는 전혀 다른 따뜻한 이순신의 모습. 일처리는 차갑고 냉정하게 했지만, 이순신이 가장 중시한 것은 결국 사람이었다는 사실을 장계는 말해 주고 있네.

> 이 사람들은 쏟아지는 화살과 돌을 뚫고 결사적으로 진격하다가 전사하거나 부상하였습니다. 부하 중에 전사자가 있는 장수에게 각기 명하여 따로 작은 배에 시신을 실어 고향으로 보내 장사 지내게 하고, 전사자의 아내와 자식은 다른 휼전恤典에 의거하여 구휼하라 하였습니다. 또 다친 사람에게는 약물을 지급하여 충분히 치료하도록 하라고 아주 단단히 일러두었습니다.
>
> 『이충무공전서』「당포 해전 승전 보고」

여기서 말하는 '이 사람들'이 누굴까? 전쟁터에서 쏟아지는 화살과 돌을 뚫고 용감하게 싸우다 전사하거나 부상한 이들. 전쟁이 발생하면 아군에도 사상자가 생기지 않을 수는 없는 법. 치열한 접전일수록, 큰 싸움일수록 아군의 피해가 커질 수밖에 없네. 누가 주로 죽거나 다쳤을까? 때로 지휘하는 장수가 앞장서 싸우다가 장렬하게 전사하기도 하지만 아무래도 직접 적과 병장기를 맞대는 병졸들이 아닐까? 장계를 살펴보면 이순신이 어깨에 총상을 입은 적도 있고, 이순신이 진실로 믿고 의지한 사람 중 하나인 정운이 전사한 경우도 있지만 죽은 사람 대부분이 노를 젓는 격군, 활을 쏘는 사부, 하급 지휘관인 군관이라는 것을 알 수 있네. 이들의 이름을 어디에서 찾을 수 있을까?

그 흔한 상을 받은 것도 없고, 기록으로 남거나 입에서 입으로 전하는 말도 없네. 문자 그대로 무명용사지. 그런데 역사에 남지 못할 이들의 이름이 이 장계에는 고스란히 남아 있네. 그들

은 성도 없고 이름도 대개 끗산末山, 막대莫大, 엇금於叱金, 끝손末叱孫처럼 천하네. 사갓집이나 관청의 노비도 많네. 조선에서 노비는 인격이 없는 마소와 같은 존재였네. 하지만 그들의 천하지만 숭고한 이름을 이순신 덕분에 지금 되새길 수 있네. 2차 출전에서 47명, 3차 출전에서 119명, 4차 출전에서 30명의 이름이 이순신의 붓을 통해 지금까지 전해 오고 있네.

장계마다 첫머리에서는 조정이나 관찰사 등에게서 받은 공문 내용과 출전 경과와 출전하는 날의 상황을 상세히 보고하고 있고, 끝에서는 사상자 명단으로 마무리하고 있네. 이름만이 아닐세. 어떻게 나라를 위해 목숨을 바쳤는지도 일일이 적고 있네. 어떻게 총탄에, 칼에, 화살에 맞아 죽었는지를. 지휘관 자신의 공적을 내세우기에 앞서 부하의 희생을 빠짐없이 기록하며 그에 대한 조치를 우선하는 이순신의 자세가 조선 수군을 막강 전력으로 만든 가장 중요한 기초였음을 여기서 짐작할 수 있지 않나?

격군과 사공
일본에 외교 사절을 모시고 갔던 격군, 사공을 그린 그림이네. 일본 사람이 통신사 일행의 옷차림을 그린 자료가 남아 있어 이들의 모습을 지금 볼 수 있게 되었네. 외교 사절을 수행하기에 말끔한 차림을 하고 있지만 먼 바닷길을 가며 고생이 참 많았겠지?

내 일러 줌세

격군, 우리가 기억해야 할 이름

"전선이 아무리 많아도 격군이 정비되지 않으면 무슨 수로 배를 운항할 수 있겠습니까? 또 격군이 정비되었다 하더라도 군량軍糧을 대지 못하면 무슨 수로 군사를 먹이겠습니까?"

1593년 한겨울인 윤11월, 이순신이 조정에 올린 장계의 한 대목이네. 아무리 배가 많아도 격군이 없다면 배를 움직일 수 없네. 그들은 군선의 엔진이네. 오늘날 배의 엔진은 기름을 먹고 움직이네만, 사람 엔진은 무엇을 먹겠나? 당연하지, 밥이지. 군인이 먹는 식량 곧 군량이네. 이순신의 이 글에서 우리는 알 수 있네. 전쟁에서 가장 중요한 것이 무엇인지를.

일본 수군에 맞서 전함을 만들고, 노 젓고 활 쏘며 전투를 벌여야 했던 병사들은 누구였을까? 수군은 거친 바다와 좁은 배 위에서 고되게 훈련하고 생활했네.

그 밖에도 이순신의 장계와 일기에서도 볼 수 있듯이 수군은 둔전屯田을 일구는 일, 소금을 굽는 일, 미역·김·전복과 같은 해산물 채취, 병선 수리, 세곡 운반, 성곽 보수까지 온갖 잡역에도 나가야 했네. 게다가 육군이 1년에 2개월을 복무하는 데 반해 수군은 6개월을 근무해야 했어.

이렇게 힘들고 고된 일이었기에 사람들은 수군에 복무하기를 꺼렸지. 권력과 재산이 없는 하층 양인들이 그 일을 떠맡았네. 수군 중에서도 격군은 아무것도 가진 것 없이 오로지 튼튼한 몸 하나로 노를 젓는 가장 고된 일을 맡았지. 이들이 있어 판옥선과 거북선이 바다 위를 누비고, 조선 수군이 승리할 수 있었던 것이네. 우리가 기억하고 고마워해야 할 사람들이네. 안 그런가?

제5절

난중일기, 우리가 붙인 이름

다시 무씨를 심도록 했다

> 맑음. 새벽에 아우 여필과 조카 봉, 아들 회가 와서 이야기를 나누었다. 어머니를 떠나 두 번이나 남쪽에서 설을 쇠니 지극한 회한을 가눌 수 없다.
>
> 병마절도사의 군관 이경신이 병마절도사의 편지와 설 선물 그리고 화살 등 여러 가지 물건을 가지고 와서 바쳤다.
>
> 『이충무공전서』「난중일기」 1592년 1월 1일

설날이었네. 해가 바뀌었네. 입춘이 지난 지 열흘, 날씨는 맑고 남쪽 바다에는 봄이 오기 시작할 때네. 여기는 전라도 순천부 내례포 전라 좌수영, 지금 여수라 불리는 곳이네. 가족들이 새해 인사를 하러 왔고, 육군의 병마절도사가 편지와 선물, 화살 등을 보내 왔네. 평온한 새해 첫날 아침이야. 아무 일이 없어. 어머니가 곁에 없는 그 한 가지가 회한이네.

「난중일기」에 나오는 첫날의 기록이네. 1592년 1월 1일. 임진년 새해 아침은 그렇게 여느 때와 다름없이 시작되었네. 그러나 불과 석 달 뒤, 이런 평온은 한순간에 다 뒤집히고 말지. 이 일기가 없었다면 우리는 그해 첫날 아침의 평온을 짐작이나 할 수 있을까? 『선조실록』엔 이해 1월 기사가 없네. 3월까지 없네. 4월 13일 "왜구가 쳐들어왔다倭寇至."라는 세 글자가 선조 25년 조선왕조실록의 첫 기사이네. 임진왜란이 일어난 그날 이순신은 "맑음. 동헌에 나가 공무를 본 뒤 활 열다섯 순을 쏘았다."라고 적고 있네.

「난중일기」를 알고 있는가? 이순신이 「난중일기」라는 이름을 붙인 것이 아니네. 그저 하루하루를 되돌아보고 겪은 일을 적은 일기를 써서 남겼을 뿐이네. 그리고 해가 바뀔 때마다 한 책씩 묶고 그해의 간지를 붙여 두었지. 「임진일기壬辰日記」, 「계사癸巳」, 「일기日記 갑오년甲午年」, 「병신일기丙申日記」, 「정유일기丁酉日記」, 「일기日記 무술戊戌」 이렇게. 그걸 규장각에서 『이충무공

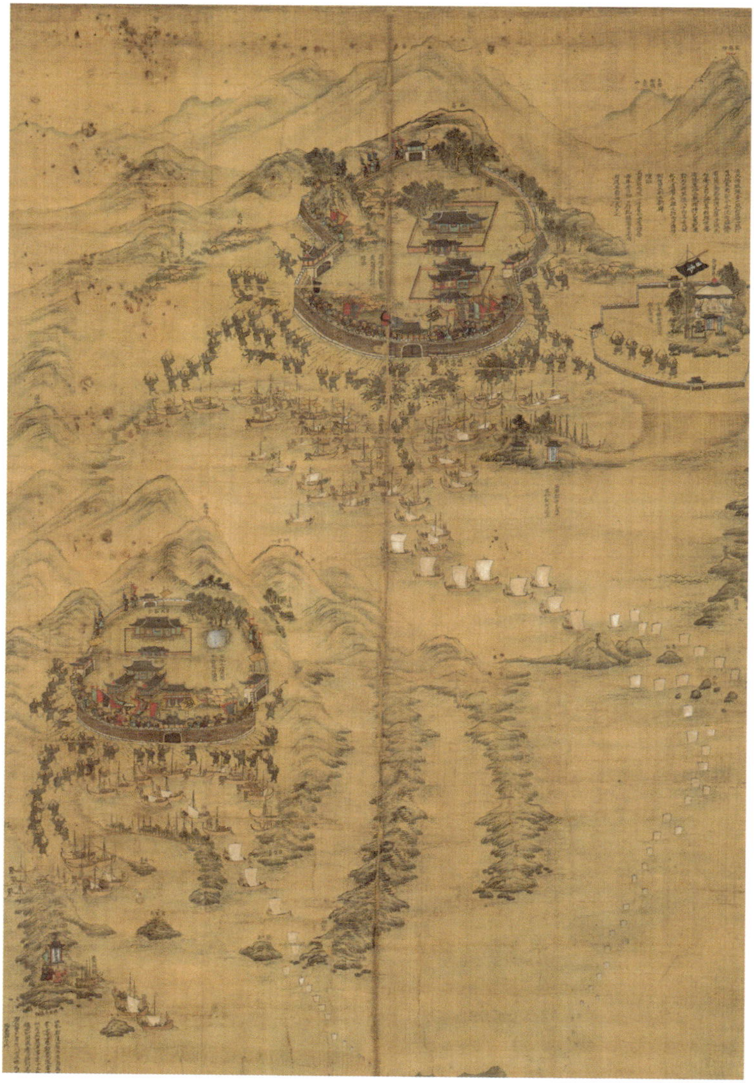

임진왜란의 첫 전투

1834년(순조34) 이시눌李時訥이 임진왜란 첫 전투인 부산진과 다대포진의 전투 장면을 그린 '임진전란도壬辰戰亂圖'네. 바다를 가득 메운 적선과 성 주위를 빼곡히 둘러싼 일본군의 모습이 "왜구가 쳐들어왔다."고만 적고 있는, 1592년 4월 13일 『선조실록』 기사와 대조적이네.

전서』로 편찬하면서 「난중일기」라는 이름을 붙이고 권5부터 권8까지 4권으로 엮은 것이지. 달필達筆이더군. 초서草書로 직접 휘갈겨 쓴 초고草稿는 한문 공부를 꽤 많이 한 사람도 알아보기 어렵지.

앞서 옮기는 과정에 원본과 달라진 부분도 있다고 했었네. 정통 고문체가 아닌 표현이나 그 시대에 언급해선 안 될 말이 있으면 고치고 빼야 했네. 정조가 순수하고 바른 문장으로 되돌릴 것을 엄하게 요구하던 때가 아니었나? 금기가 많았던 때의 관례였지.

무엇보다도 『이충무공전서』의 편찬이 가지는 중요한 의의는 「난중일기」를 처음으로 활자화한 것이라고 하겠네. 어찌 된 영문인지 모르지만, 이순신이 직접 쓴 초고본은 『이충무공전서』에 수록된 이후 없어진 것이 많네. 만일 『이충무공전서』에 이 일기를 싣지 않았다면 지금 보고 있는 것 중에서 1년 치 분량 이상을 읽지 못했을지도 모를 일이네. 임진년 새해 첫날도, 거북선이 처음 돛을 달고 포를 쏜 날도 말일세.

> 비. 오늘이 바로 돌아가신 어머니 생신이다. 슬프고 애통함을 어찌 견딜까? 닭이 울 때 일어나 앉아 눈물만 흘렸다. 오후에 비가 몹시 퍼부었다.
>
> 『이충무공전서』「난중일기」 1597년 5월 4일

오늘밤은 달빛이 대낮같이 밝다. 어머니를 그리는 마음에 눈물이 절로 난다. 밤늦도록 잠을 못 이루었다.

『이충무공전서』「난중일기」 1597년 7월 9일

1597년 정유재란이 일어났네. 일본군이 다시 이 땅을 집어삼키려 쳐들어왔어. 잘 알겠지만 이순신은 이해 4월 첫날 감옥 문을 나왔네. 백의종군하라는 명을 받고 길을 나선 이순신이 고향 아산에 당도했을 때, 저 남쪽 바다에서 뱃길로 올라오던 어머니는 끝내 세상을 떠나셨네. 어머니를 잃고 장례도 치르지 못한 채 이순신은 길을 떠나야 했어. 죄인의 몸이었고, 나라가 위태로웠네. 이때의 심정을 이리 표현했네. "나라에 충성하고자 했으나 죄를 얻었고, 부모님께 효도하려 했으나 부모는 돌아가셨구나." 남도 땅 곳곳에서 일기를 쓰는 이순신의 눈물이 마르질 않았네.

하늘이 어찌 이다지도 인자하지 못할까? 내가 죽고 네가 사는 것이 이치에 마땅하거늘, 네가 죽고 내가 살았으니, 이런 이치에 어긋난 일이 어디 있느냐? 천지가 캄캄하고 해조차도 빛이 바랬구나. 슬프다, 내 아들아! 나를 버리고 어디로 갔느냐? 영특한 기질이 남달라서 하늘이 이 세상에 머물게 하지 않는 것이냐? 내가 지은 죄로 인해 네 몸에 화가 미친 것이냐?

『이충무공전서』「난중일기」 1597년 10월 14일

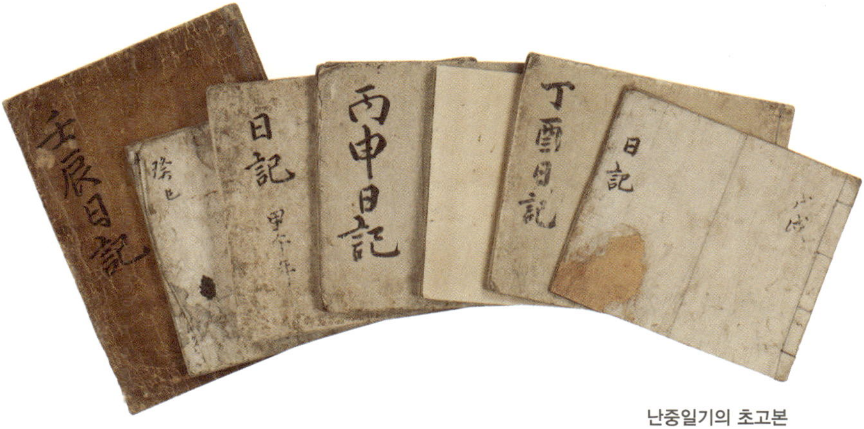

난중일기의 초고본

이순신이 직접 써 내려간 일기들이네. 저자가 직접 쓴 이런 글을 초고본이라 하네.
정유년(1597) 일기가 두 권으로 나뉘어 있고, 을미년(1595) 일기는 없네. 모두 7책이지.
400년도 더 되었지만, 마치 금방 쓴 것처럼 종이와 글씨가 깨끗하고 선명함을 볼 수 있네.

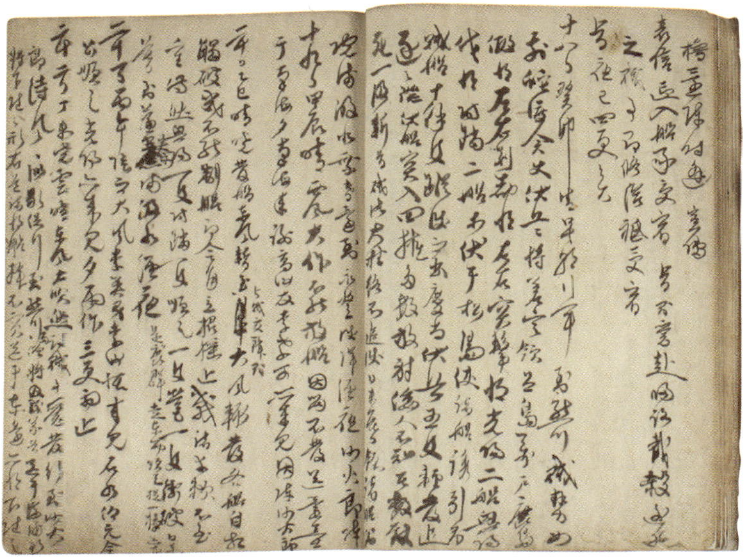

난중일기의 내용

「난중일기」는 마흔여덟에서 쉰네 살 사이 이순신의 삶을 담고 있네. 눈물과 원망을 숨기지 않고,
애써 다듬지 않은 것이 외려 한 인간의 솔직하고 깊은 내면을 볼 수 있게 해 주어 울림이 더 크네.

무섭고 어색하게 들릴지 모르겠지만, 사람은 언젠가 고아가 되기 마련이네. 그것이 자연의 순리이네. 그런데 순리가 뒤집어졌네. 이순신은 자식을 앞세워 보냈네. "부모는 산에 묻고 자식은 가슴에 묻는다."는 말이 있네. 그날의 일기는 자기를 원망하는 지경에 이르네. 전장에서 장수로서 손에 피를 묻힐 수밖에 없었던 자신의 업보일지도 모른다고. 피눈물로 써 내려간, 사랑하는 셋째 아들의 부고를 받은 날의 일기이네.

「난중일기」를 읽어 보았는가? 아직 읽지 못했어도 무방하네. 꼭 읽어야 한다고 말하고 싶지는 않네. 사실 젊은이들이 읽기에 썩 편치 않은 면도 있지. 「난중일기」는 난중亂中에, 다시 말해 전란 중에 쓴 일기란 뜻이지. 나는 아직도 이 이름을 부르면 묵직함이 전해지면서 조금은 울컥해지기도 한다네. 나도 아직 이 책에 대해서 온전히 이해했다고 자신하긴 어렵네. 이순신이 이 일기를 쓰기 시작할 때 나이가 마흔여덟. 「난중일기」는 쉰네 살에 노량에서 전사할 때까지, 사십대 후반에서 오십대 중반까지의 한 인간이 남긴 육성이라네. 젊은이들에게 좋은 이야기를 들려주어야겠다는 생각으로 다듬고 다듬어 세상에 내놓은 문학 작품이 아니란 말이지. 그러니 그만큼의 인생을 살지 않고는 읽기 힘든 작품이 아닐까? 누가 그러더군. 그 나이, 초로初老의 사내는 자주 눈물을 보인다고. 그 말을 듣고 다시 이 일기를 읽어 보니, 정말이지 후반부로 갈수록 확실히 눈물을 많이 떨구더군.

물론 억울한 옥살이를 하고, 어머니가 세상을 떠나고, 사랑하는 아들을 저세상으로 보냈을 때 누군들 눈물이 없을 수 있겠나? 그러나 눈물을 머금었다고 해도, 속내가 썩었다 해도 그 글에는 군더더기가 없더군.

> 대궐을 향해 절을 올리는 예를 드렸다. 밥을 먹은 후에 군사들을 점검하고 교대 병력을 확인하여 보냈다. 업무를 마친 뒤 활 열 순을 쏘았다.
>
> 『이충무공전서』「난중일기」 1592년 3월 1일

> 흐리고 바람이 불었다. 나라의 제사가 있는 날이라 업무를 보지 않았다.
>
> 『이충무공전서』「난중일기」 1592년 3월 2일

> 저녁 내 비가 왔다. 오늘은 명절인데 비가 이렇게 와서 답청踏青을 할 수 없었다. 조이립趙而立, 우후虞侯 군관들과 함께 동헌에서 이야기하며 술을 나눴다.
>
> 『이충무공전서』「난중일기」 1592년 3월 3일

이제 이순신을 모르는 이는 없고, 「난중일기」도 한두 대목씩은 안다고 하더군. 과연 그럴까? 읽지 않고 어찌 안다고 하지? 하지만 읽지 않았다고 탓하지는 않겠네. '고전이란 너무나 많이 알려져 읽지 않고서도 읽었다 여기는 것'이라고 하는 우스갯소리도 있지 않은가? 이순신과 임진왜란에 대해 전문적으로 연구

전패

지방 관아의 객사客舍에 모셔 둔 나무패로, 왕을 상징하는 것이네.
지방 수령이나 장수는 매월 1일과 15일에 이 패에 절을 올리는 예식을
행하였는데 이를 망궐례望闕禮라 하네. 「난중일기」에도
망궐례를 한 기록이 여러 번 나온다네.

하지 않는다면, 이 책도 꼭 처음부터 끝까지 파고들어야 할 필요는 없네.

어떤 위인이 하루를 어떻게 보냈나를 들여다본다고 생각하고 여기저기 펼쳐 보게. 활 한 순은 몇 발을 쏘는 것인지 궁금하면 찾아보고, '나라의 제사가 있는 날에는 근무를 안 했나 보다.' 하고 짐작해 보는 거지. '그때는 삼월 삼짇날이 명절이었구나, 그날 답청놀이란 걸 했구나.' 하고 말이야.

400여 년 전 전쟁 중에 남쪽 바다의 풍광이 어떠했는지를 떠올려 보게. 전쟁 중에도 일상은 계속되어 동지에 팥죽도 쑤어 먹고, 근무 시간 중에 술도 마시고, 바둑 내기도 하고 살았다네. 우리 옛글에서 '점심點心'이라는 말이 처음 쓰인 예가 보이는 책이 「난중일기」라 하더군.

이 책을 볼 때, 순천·낙안·보성·고흥·광양·녹도·사도·여도·방답·사량도·나로도 등 이순신이 거쳐 간 땅들, 설·삼짇날·단오·중양절·활쏘기·개고기·씨름·바둑 같은 풍속과 놀이, 불성인사不省人事, 탄한歎恨, 장구승승長驅乘勝, 기사欺詐처럼 글자나 단어 순서가 지금 쓰는 말과는 반대인 어휘 등을 눈여겨봐도 좋을 것이네. 조선 중기 이 땅의 모습이 그대로 살아 있는 박물지博物誌처럼 보이지 않나?

비가 오다 개다 했다. 아침 일찍 떠나 단계丹溪 시냇가에서 아침을 먹고, 늦게 삼가현三嘉縣에 이르렀다. 현감은 벌써 산성山城으로 가고 없어 빈 관아에서 잤다. 『이충무공전서』「난중일기」 1597년 6월 2일

별일 없는 날이군. 구사일생으로 살아나 백의종군하던 어느 여름날이네. 옥에서 나온 지 두 달, 어머니가 돌아가신 지 한 달 보름. 권율 도원수가 있는 경상도 초계로 가는 여정의 하루. 아무런 원망도 보이지 않네. 하루의 일과를 담담하게 그려 낼 뿐, 다른 어떤 말도 없네.

「난중일기」를 읽을 때, 이순신 이야기를 읽을 때 놓치기 쉬운 부분이 하나 있네. 우리는 이순신에게서 깊은 좌절과 빛나는 승리, 격정과 고뇌에 몸부림치는 극적인 영웅의 모습만을 찾는 것은 아닐까? 인생은, 세상은, 역사는 열정으로만 채워지진 않는다네. 냉정하거나 무덤덤한 일상이 더 많은 것이 삶이고 세상이고 역사일세. 평범한 일상이 없다면 비범한 순간도 없는 법일세. 한번 읽어 보게. 누구나의 하루하루처럼 「난중일기」에도 그런 날이 훨씬 많다는 것을 새삼 알게 될 걸세. 아마 그래서 이 일기가 더욱 재미없고 쉽게 읽히지 않을지도 모르겠네. 그러나 그런 일상을 이순신은 놓치지 않고 갈무리해 뒀네. 스무 날쯤 뒤 6월 25일 일기를 이렇게 시작하네. "다시 무씨를 심도록 했다."

옥문을 나왔다

아침에 흰머리를 여남은 올 뽑았다. 어찌 흰머리를 꺼려서겠나? 다만 위로 연로한 어머니가 계셔서였다. 『초고본 계사일기』 1593년 6월 12일

이 일기를 보니, 『청구가요靑邱歌謠』에 실린 이 시조가 생각나지 않나?

세월이 여류如流하니 백발이 절로 난다
뽑고 또 뽑아 젊어지고자 하는 뜻은
북당北堂에 친재親在하시니 그를 두려워함이라

1년 동안 바닷바람 맞으며 생사를 넘나드는 전투를 수차례 치른 끝에 흰머리가 많이 났던 모양이네. 전쟁이 소강상태에 접어든 1593년 여름 어느 날, 이순신이 거울 앞에 앉았네. 그 순간에도 모친을 못내 그리워하네.

어머니에 대한 이순신의 효성은 예부터 이미 칭송이 자자했네. 『경세유표經世遺表』에 실린, 무과에서도 덕행을 평가하자고 주장한 글에서 정약용은 이렇게 썼네.

"이순신은 효자였다. 내가 일찍이 이순신의 「난중일기」를 보니, 어머니를 그리워해서 밤낮으로 애쓰고 지성으로 슬퍼한

모습이 사람을 감동시킬 만했다."

「난중일기」를 읽으며 가장 많이 접하는 이름, 어머니. 그러나 어머니는 감옥에서 풀려나 백의종군하는 아들을 만나기 위해 뱃길로 여수에서 아산으로 가는 중에 숨을 거두고 마네. 어머니의 임종을 예감했을까? 그날의 일기이네.

> 새벽 꿈이 말로 표현할 수 없을 정도로 정신 사나웠다. 덕이를 불러서 대강 이야기하고 또 아들 울에게도 말했다. 마음이 몹시 언짢아서 취한 듯 미친 듯 마음을 가눌 수 없으니, 이것이 무슨 징조인가? 병드신 어머니를 생각하니 나도 모르게 눈물이 흘렀다. 종을 보내 어머니 소식을 알아보게 했다. 금부도사는 온양으로 돌아갔다.
>
> 『이충무공전서』「난중일기」 1597년 4월 11일

이틀 후 이순신은 어머니의 부고訃告를 받게 되었지. 이날 일을 나중에 기록해 두었네.

> 얼마 후 종 순화順花가 배에서 와서 어머니의 부고를 전했다. 뛰쳐나가 가슴을 두드리며 몸부림치니 하늘의 해조차 캄캄해졌다. 바로 게바위로 달려갔더니 배는 벌써 와 있었다. 길에서 바라볼 때의 찢어지는 마음을 이루 다 적을 수가 없었다.
>
> 『이충무공전서』「난중일기」 1597년 4월 13일

그 후 이순신은 가눌 수 없는 슬픔을 자주 보이네. 달빛 아래에서 눈물짓고, 홀로 배 위에 앉아 "세상에 나 같은 사람이 또 어디 있겠는가?" 한탄하며 울었네. 눈물도 마른 어느 날 저녁에는 홀로 빈집에 앉아서 밤이 깊도록 잠 못 이루고 밤새 뒤척였네.

> 전선을 흙무더기에 얹어 만들기 시작했는데, 목수가 214명이다. 물건 나르는 일은 본영本營에서 72명, 방답에서 35명, 사도에서 25명, 녹도에서 15명, 발포에서 12명, 여도에서 15명, 순천에서 10명, 낙안에서 5명, 흥양에서 10명, 보성에서 10명이 했다.
>
> 『초고본 계사일기』 1593년 6월 22일

> 아침에 본영의 격군 742명에게 술을 먹였다. ○광양 현감이 들어왔다. ○저녁에 녹도 만호가 "병들어 죽은 214명의 시신을 거두어 묻었다."고 보고하였다. 『이충무공전서』「난중일기」 1594년 1월 21일

> 오수吳水는 청어 1,310두름, 박춘양朴春陽은 787두름을 바쳤는데 하천수河千壽가 받아다가 말리기로 했다. 황득중黃得中은 202두름을 바쳤다.
>
> 『초고본 병신일기』 1596년 1월 6일

> 아침 일찍 식사한 후에 나가 공무를 보고 둔전屯田에서 거둔 조세를

다시 되질하였다. 새로 곳간에 쌓은 것이 167섬이다.

『이충무공전서』 「난중일기」 1596년 2월 23일

1593년 여름, 판옥선을 만드는 일에 전라 좌수영 소속 각 진에서 모두 423명이 투입되었다고 하네. 1594년 초봄에는 노 젓는 격군 742명에게 술을 먹였고, 전염병을 앓다가 죽은 병사가 214명이라는 보고를 받았다고 하는군. 1596년 1월, 부하가 보내온 청어는 모두 2,299두름이었군. 1596년 봄, 군사들이 일구는 토지인 둔전에서 세금으로 거둔 벼를 다시 되질하여 167섬을 창고에 새로 넣었다는군. 마치 장사하는 사람이 장부를 정리하듯이 적고 있네.

겨우 13척의 배로 133척과 맞선 인물. 적의 본거지 부산포로 과감히 진격해 간 대담한 지휘관. 명예를 존중하여 목숨에 연연해하지 않는 대범한 사나이. 이순신은 그런 인물일세. 그런 사람이 일기에 이렇게 썼네. 어떤가? 보통 사람이면 일기에다 이렇게까지 썼을까?

우리는 흔히 큰일을 하는 사람이 작은 일에 신경 쓰지 않는다고 생각하기 쉽네. 사실은 그 반대일세. 큰일이란 작은 일이 빈틈없이 쌓이고 맞물려야 이루어지네. 큰일을 도모하는 사람은 다만 작은 일에 연연해하지 않을 뿐이지. 아니 작은 일이란 어쩌면 작은 이익, 눈앞에 보이는 이익이라고 판단하는 것이 옳을 것이네. 이순신도 마찬가지일세. 이순신은 별것 아닌 일도 결코 놓치지 않는 인물이야. 사소한 것일수록 더 무겁게 대했네. 의사결정은 대범하게, 그러나 세부 관리는 꼼꼼하게. 이순신이 지닌 비범함의 한 원천이 사소한 것일수록 무겁게 다루는 자세라네.

새벽에 곽재우郭再佑, 김덕령金德齡 등이 견내량見乃梁에 도착하였다. 박춘양을 보내어 건너온 까닭을 물으니 원수가 수군과 합세하라는 명령을 전하였다고 하였다. 『이충무공전서』「난중일기」 1594년 9월 26일

체찰사가 있는 곳으로 가 조용히 이야기해 보니, 그는 백성을 위해서 고통을 덜어 주어야겠다는 생각을 많이 하고 있었다.

『이충무공전서』「난중일기」 1595년 8월 23일

식사 후에 태구련太九連과 언복彦福이 만든 환도를 충청 수사와 두 조방장에게 각각 한 자루씩 나눠 보냈다.

『이충무공전서』「난중일기」 1595년 7월 21일

임진왜란이 낳은 영남과 호남의 걸출한 두 의병장, 홍의紅衣장군 곽재우와 비운의 영웅 김덕령을 들어 알겠지? 이들이 이순신과 만났다는 이야기를 들어 본 적 있나? 거제도에 주둔한 일본군을 소탕하기 위한 수륙 합동 작전을 펴기 위해 모였네. 호걸들

의 만남. 그때 이순신은 쉰, 곽재우는 마흔셋, 김덕령은 스물여덟 청년 장수였네. 이들의 만남은 어땠을까? 중요한 작전상 비밀을 지켜야 해서였을까? 아쉽게도 일기 속에는 그날의 생생한 모습이 없네. 하지만 상상의 나래를 펼 수는 있겠지. 나라를 위해 제 몸을 아끼지 않는 의사義士들이 어찌 서로를 몰라봤겠나? 이순신이 미처 적지 못한, 행간에 담긴 멋진 영웅담을 한번 만들어 보게.

체찰사 이원익. 선조-광해군-인조 3대에 걸쳐, 외침으로부터 나라를 구하고, 정치 윤리가 땅에 떨어졌을 때는 처신의 모범을 보이고, 정치를 바로잡은 후에는 대동법大同法으로 백성의 생활을 돌보았던 인물일세. 두 사람은 서로를 알아보았네. 백성의 고통을 덜어 주어야 한다는 같은 믿음. 그래서일까? 훗날 이원익은 인조 앞에서 이렇게 말했네. "지금까지 이순신 같은 인물을 보지 못했고, 앞으로도 그런 인물을 보지 못할 것입니다."

태구련이 누군가? 이순신의 장검을 만든 대장장이지. 언복이 누군가? 정사준을 도와 조총을 만든 노비이지. 그들의 이름이 아무런 차별 없이 일기에 나란히 올랐네. 충청 수사와 두 조방장과 함께.

「난중일기」에는 참으로 많은 인물이 등장하네. 이순신은 그들과 만나서 이야기하고, 밥을 먹고, 활을 쏘고, 술을 마시고 함께 취했네. 웃고, 떠들고, 슬퍼하고, 화내고, 그리워했어. 어머니·아들·조카 등 가족, 이억기李億祺·이순신李純信·정운·정경달丁

景達 등 전장을 함께 누빈 전우들, 유성룡·이원익·권율·원균 등 당시에도 지금도 이름난 인물들, 순화·돌쇠·해돌 등 지금은 어디서도 찾을 수 없는 노비와 장인들. 인목 대비의 아버지로 광해군 때 외손자 영창 대군과 함께 목숨을 잃는 김제남金悌男, 『어우야담於于野談』을 지은 유몽인柳夢寅까지. 「난중일기」는 이순신과 함께한 모든 인물을 담은 만인보萬人譜일세.

옥문獄門을 나왔다. 남대문 밖 윤생간尹生侃의 종의 집에 이르렀다. 조카 봉·분과 아들 울이 윤사행尹士行·윤원경尹遠卿과 더불어 한방에 같

이억기 보검

선조가 이억기에게 하사했다고 전해지는 칼이네. 이억기는 임진왜란 때 전라 우수사로 이순신을 도와 큰 활약을 하다가 칠천량 해전에서 전사했네. 「난중일기」 곳곳에 이순신이 이억기와 만나 밥을 먹고, 작전을 논의하고, 바둑을 두고, 함께 전투에 나간 일 들이 실려 있네.

이 앉아 오래도록 이야기를 나누었다. 지사知事 윤자신尹自新이 와서 위로하고 비변사 낭청 이순지李純智가 와서 만났다. 더해지는 슬픈 마음을 가눌 길이 없었다. 지사가 돌아갔다가 저녁밥을 먹은 뒤에 술을 갖고 다시 왔다. 윤기헌尹耆獻도 왔다. 정으로 권하며 위로하기에 사양할 수 없어 억지로 마셨는데 몹시 취했다. 이순신李純信이 술병을 들고 와서는 함께 취하도록 마시며 위로해 주었다. 영의정이 종을 보내고 판중추부사 정탁, 판서判書 심희수沈喜壽, 우의정 김명원金命元, 참판參判 이정형李廷馨, 대사헌 노직盧稷, 동지同知 최원崔遠, 동지 곽영郭嶸이 사람을 보내어 문안했다.

『이충무공전서』「난중일기」 1597년 4월 1일

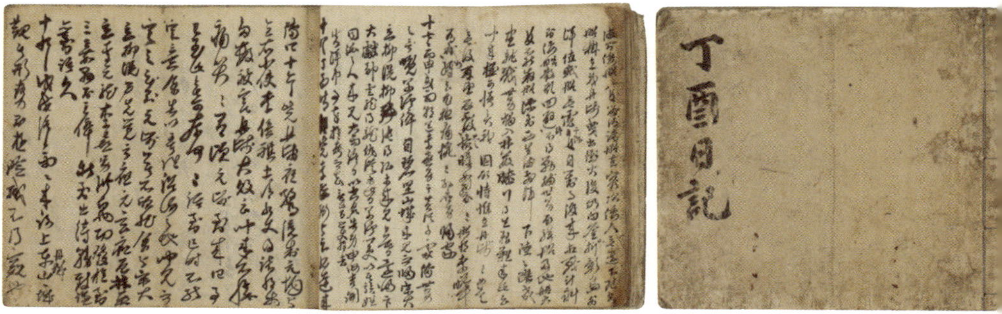

정유일기

1597년 4월 1일, 백의종군하라는 명을 받고 감옥에서 나온 날부터 시작되는「정유일기」네. 이해에 이순신은 몇 달 사이에 어머니와 아들을 잇따라 잃었네. 백의종군하다가 칠천량 해전 이후 수군을 다시 세우기 위해 애썼던 이순신의 내면 깊은 곳의 이야기를 들을 수 있네.

「난중일기」는 크게 두 부분으로 나누어 읽어 볼 수 있네. 1597년 정유년 일기가 기준이 될 걸세. 그 앞부분은 처음부터 끝까지 시간 순서대로 볼 필요가 없네. 그럴 수도 없을 것이야. 재미가 없거든. 그때그때 생각나는 대로 펼쳐서 눈 가는 대로 읽는 것이 좋을 거야.

정유년 일기는 4월 1일, 감옥에서 나온 날부터 시작되네. 비록 겉으로는 아무런 원망도 내비치고 있지 않지만, 이날 이후의 일기에서 샘 잘 내고 의심 많은 임금의 변덕으로 죽음의 문턱까지 갔던 한 사내의 깊은 좌절과 상처를 느낄 수 있네.

이날부터 이순신은 길 한가운데 서게 되네. 끊임없이 길을 걸어야 했네. 그것이 뭍의 길이든, 바다 위의 길이든. 백의종군으로 경상도 초계 땅에 있는 도원수 권율의 진영으로 가야 했네. 칠천량에서 원균이 대패한 후에는 흩어진 수군을 모아 다시 일으키기 위해 길을 떠나야 했네. 해남 회령포에서 12척의 배를 끌고는 곧이어 우수영으로 옮겼네. 명량에서 기적 같은 승리를 일궈 내고는 곧바로 진도 앞바다를 떠나 멀리 고군산도까지 올라갔다가 되돌아 목포 앞 고하도에 닻을 내렸네. 적과 멀리 떨어져서 겨울을 보낸 이순신은 다시 적 앞으로 나왔네. 이순신은 최후의 통제영을 고금도에 설치하였네. 그 길 위에서 어머니의 죽음을 맞고, 아들의 부고를 접했네.

마지막으로 자리를 잡은 그 섬도 종착지가 아니었네. 이순신은 수시로 물길을 헤쳐 적진으로 나아갔네. 도망가는 적군과 사생결단을 벌인 1598년 11월 19일 새벽까지 이순신은 길을 걷고 또 걸어야 했네. 마침내 바닷길에서 발길을 멈추었네. 「난중일기」는 숨을 거두기 이틀 전까지 적었네. 이순신이 남긴 마지막 목소리는 1592년 1월 1일 첫날의 기록처럼, 1597년 4월 1일 죽음을 넘어 새로 태어난 그날의 일기처럼 그저 담담하네. 감옥에서 나와 하염없이 길을 걸었던 자취를 좇아 차근차근 읽어 보길 바라네. 마지막 일기이네.

> 어제 복병장伏兵將 발포鉢浦 만호 소계남蘇季男과 당진포唐津浦 만호 조효열趙孝悅 등이 군량을 가득 싣고 남해에서 바다를 건너는 왜선 한 척을 한산도 앞바다까지 추격하였다. 왜적은 한산도 기슭을 타고 육지로 올라가 달아났다. 포획한 왜선과 군량은 명나라 군사에게 빼앗기고 빈손으로 와서 보고했다.
>
> 『이충무공전서』「난중일기」 1598년 11월 17일

내 일러 줍세

선조의 능, 목릉

이순신을 향한 임금의 의심

"새벽에 비밀 유지가 들어왔다. '수군과 육군의 여러 장수가 팔짱 낀 채 서로 바라만 보면서 적을 칠 계책도 전혀 세우지 않고 있다.'고 한다. 3년 동안 바다에 있으면서 절대로 그럴 리 없었다. 여러 장수와 맹세하여 목숨 걸고 원수를 갚을 뜻으로 하루하루 보내고 있지만, 험한 소굴에 숨어 버티고 있는 왜적을 가볍게 나아가 칠 수 없다. 하물며 '나를 알고 적을 알아야 백번 싸워도 위태롭지 않다.'고 하지 않았던가. 종일 바람이 크게 불었다. 초저녁에 촛불을 밝히고 홀로 앉아 생각했다. 나랏일이 위태롭건만 마땅한 구제책이 없으니 이를 어찌할까?"

1594년(갑오년) 9월 3일, 비가 조금 내린 날의 일기이네. 일 년 전 그만이 치욕을 씻어 줄 것이고 자신을 편히 잠들게 할 것이라며 삼도 수군통제사에 임명했던 왕이었네. 불과 일 년 만에 왕은 차가운 눈길을 주고 있네. 왕은 위기의 순간에는 자신을 보호해 줄 장수를 붙들고 하소연했지만, 눈앞에서 위기가 멀어진 순간 그 장수가 자신에게 칼을 겨눌지도 모른다고 여겼는지도 모르네. 왕의 마음은 거를 것도 없이 유지에 실렸네. 장수들이 팔짱만 끼고 앉아 적을 칠 생각도 않는다고 질책하였네.

그러나 일기 속 이순신은 임금의 본마음이 어떠하든 오로지 변치 않는 충성을 바쳤네. 마음속에서도 불충한 생각을 품지 못하게 교육받아 온 이였네. 왕의 불신과 신하의 일편단심, 이런 부조화는 왕위를 세습하는 왕정에서는 늘 있는, 어쩔 수 없는 비극이 아닐까?

제6절

행장, 일생을 담은 글쓰기

공로는 온 나라를 덮었고 이름은 천하에 떨쳤으니

공로는 온 나라를 덮었고 이름은 천하에 떨쳤으니, 아아! 위대하다. 충무공이 지은 시 가운데 "바다에 맹세하니 고기와 용이 감동하고, 산에 맹세하니 초목이 아는구나"라는 구절이 있는데 이 시를 외는 사람마다 눈물짓고 분격하지 않는 이가 없다.

『이충무공전서』「신도비」

옛사람은 부모님, 스승, 벗, 아내를 잃었을 때 그분이 살아온 행적을 자세하게 적어 글로 남겼네. 이런 글을 행장이라 하지. 사진이나 동영상이 없던 시절, 죽은 이가 남긴 흔적도 많지 않던 시절에 그분의 일생을 기록한 글은 참 소중한 것이었네. 행장은 돌아가신 이의 친족이 그의 일생을 시간의 흐름에 따라 써 내려가는 형식으로 되어 있네. 잘한 행동이나 업적, 훌륭한 말을 기록하지. 행록은 행장처럼 그 형식을 다 갖추지 못했다고 해서 겸손하게 붙인 것이고, 시장諡狀은 시호를 내릴 때 쓰는 행장이네.

친족이 쓴 행장을 바탕으로 당대의 유명한 문장가 등에게 묘지문墓誌文과 묘비문墓碑文을 부탁했어. 글을 부탁받은 이는 행장을 토대로 돌아가신 분의 행적을 앞에 놓고 그 뒤에 운문으로 된 짧은 글귀로 그 업적이나 인품, 사상을 축약해 명銘을 지어 넣었지. 이런 글을 묘지명, 묘비명이라 하고, 이런 종류의 글을 통틀어 묘도 문자墓道文字라고 한다네. 비문과 지문은 그 글에서 기리는 죽은 당사자뿐 아니라 글을 받는 유족, 그 글을 써 주는 작자 모두에게 아주 중요한 것이었네. 그래서 지금도 여러 문집에 아주 많이 남아 있어. 송시열의 『송자대전』은 절반 이상이 이런 비지류碑誌類라고 알려져 있지.

누구에게나 이런 글쓰기가 필요하지 않나 싶네. 죽은 이를 기리며 그분의 행적을 모아 글로 써 보는 것. 길게 써야 하는 것은 아니네. 한 편의 글로서 완결성은 떨어지더라도 가까이에서

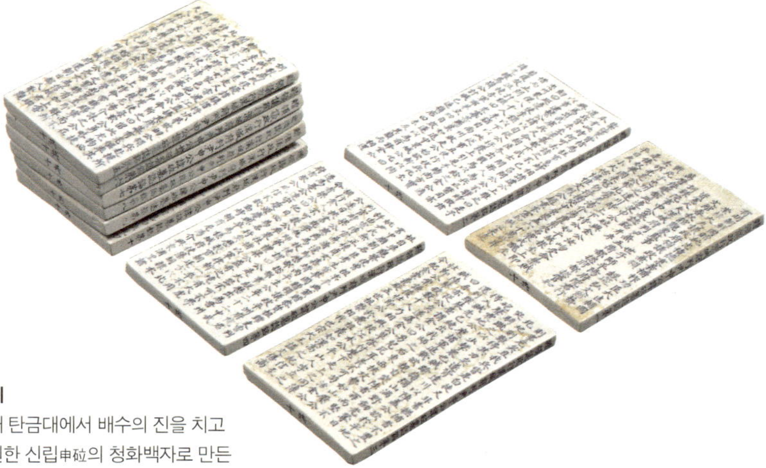

신립의 묘지
임진왜란 때 탄금대에서 배수의 진을 치고 싸우다 투신한 신립申砬의 청화백자로 만든 묘지墓誌이네. 묘지는 지석誌石이라고도 하네. 죽은 사람의 이름, 신분, 행적 등을 적은 글이네. 지석을 무덤에 묻는 이유는 뒷날 봉분이 무너져 묘를 잃어버려도 무덤 주인을 확인할 수 있게 하기 위해서네.

지켜본 기억의 파편들을 모아 정성껏 글을 쓴다면 이름난 문인의 글이 아닌들 어떤가? 어머니를 살뜰히 사랑했던 율곡 이이와 서포西浦 김만중金萬重의 「어머니의 일생先妣行狀」을 읽어 보는 것도 좋겠네. 이이는 어머니를 잃은 슬픔에 절에 들어가기까지 했었지. 김만중은 유복자였네. 그가 어머니 뱃속에 있을 때 병자호란이 일어났는데, 그때 아버지가 강화도에서 순절하였지. 홀몸으로 그를 키워 내신 어머니를 위해 소설 『구운몽九雲夢』과 『사씨남정기謝氏南征記』를 썼네.

나이가 들어 자신의 삶을 되돌아보며 무덤에 넣을 글을 미리 쓰는 경우도 있네. '자찬自撰 묘지명'이라 하는데, 미리 쓰는 유서, 자서전이라 할 수 있겠네. 내가 흙으로 돌아갈 때 이 세상에 남을 행적이 무엇이었나를 돌아볼 수 있는 글쓰기이지.

정약용이 강진 귀양에서 돌아와 회갑이 되는 해에 쓴 자찬 묘지명을 보게. 거기에는 신유박해 때 내가 도와주려 한 사실도 기록되어 있다네. 자서전에서는 아무래도 부끄러운 부분은 감추고, 자랑하고 싶은 부분은 더 드러내려 하지 않겠나? 하지만 자신에게 엄격했던 정약용은 그 명銘에 이렇게 쓰며 스스로를 경계하고 있네. 지금 사람들도 깊이 생각해 보아야 할 글귀일 걸세.

네가 너의 착함을 기록한 것이	爾紀爾善
여러 장이 되는구나	至於累牘
너의 감추어진 잘못을 기록하자면	紀爾隱慝
책이 없어질 때까지 적어도 못다 적으리	將無罄竹

이순신의 일생에 대해서는 많이 알고 있을 거라 생각하네. 어린이 위인전에서부터 모르긴 몰라도 숱하게 보고, 듣고, 읽어오지 않았나 싶네. 그러니 여기선 『이충무공전서』에 이순신의 일생이 어떤 형식과 내용으로 실려 있는가를 같이 살펴보는 것이 낫겠네. 그리고 이순신이라는 인물에 대한 오해와 편견 몇 가지를 같이 되짚어 볼까 하네.

『이충무공전서』 권9와 권10에 이순신의 일생이 정리되어 있는데, 「행록」 2편과 「행장」, 「시장」 각 1편씩으로 실려 있네. 「시장」은 충무라는 시호를 받을 때 지은 행장이지. 이런 일대기 기록이 있어 이순신의 일생을 오늘날에도 온전히 알 수 있네.

일대기 가운데 조카 이분李芬이 쓴 「행록」이 가장 자세하고 성실한 기록이네. '녹錄'은 어떤 사실에 대해 특별한 형식 없이 상세히 적은 기록을 말하네. 지은 사람의 주관이 그다지 개입되지 않은 상태로 어떠한 사건이나 연대기적 사실을 기록한 것이지. 나중에 달리 활용하기 위한 보존용 자료 정도라고 할 수 있지. 그래서 여러 양식으로 널리 이름 붙여졌네. 유성룡의 『징비록』, 임진왜란 때 남원에서 의병 활동을 했던 조경남趙慶男의 전쟁 기록인 『난중잡록亂中雜錄』, 내가 관직 생활을 하는 동안 하루하루 소상히 기록한 글을 모은 『석재일록碩齋日錄』 등등으로 아주 많이 남아 있네.

이분은 숙부 가까이에서 전쟁에 참전한 인물이네. 「난중일기」에도 자주 나오지. 이순신은 일찍이 아버지를 여읜 조카들을 거두어 장성할 때까지 뒷바라지하였다네. 정읍 현감으로 부임할 때 조카를 다 데리고 가자 주변에서 지방관이 정해진 숫자보다 많은 가족을 데리고 갔다고 쑤군거렸지. 그때 이순신은 "내가 차라리 국법을 어겨 죄를 지을지언정 의지할 곳 없는 것들을 차마 버려둘 수는 없다."라고 했다는 이야기는 유명하네.

무과 시험 장면

1664년(현종5) 함경도 길주에서 시행된 무과 시험 장면을 그린 '북새선은도北塞宣恩圖'라는 그림의 한 부분이네. '북새선은'은 '북쪽 변방에까지 베푼 임금의 은혜'라는 뜻이네. 무과에서 가장 중시한 말타기와 활쏘기 모습을 볼 수 있을 걸세. 명중하면 붉은 기를 올리며 북을 치고, 못 맞추면 흰 기를 올리며 징을 쳤네.

행장이나 시장처럼 엄격한 형식을 갖추어 쓰진 않았지만 「행록」은 가까이에서 모시며 직접 본 기록이라 내용이 충실하고 묘사가 치밀하네. 후대로 갈수록 일정한 틀 안에서 어슷비슷하게 쓴 일대기와는 확연히 달라 읽는 재미가 적지 않네. 처음 무과 시험을 보다가 떨어져 다리를 다치자 버드나무 껍질로 동여맸다는 이야기이며, 상관의 명을 받고 관아 뜰에 있는 오동나무를 베러 온 사람들을 끝내 돌려보낸 이야기며 다 여기에 들어 있다네. 「행록」을 그대로 각색해서 만든 위인전도 많이 있을 정도야. 널리 알려진 이순신에 대한 모든 이야기가 이 「행록」에 들어 있다고 보아도 과언이 아니네. 특히 「난중일기」나 장계에는 소상하게 나오지 않는 거북선의 모습도 여기에서는 설명하고 있다네. 물론 돌아가신 할아버지가 꿈에서 이름을 정해 주었다는 태몽이나 어려서부터 재주가 남달랐다는 이야기는 글을 쓴 사람의 의도를 잘 감안해서 읽을 필요가 있네.

노파와 아이들까지도 슬피 울지 않는 자가 없었다

규장각에서 『이충무공전서』를 간행할 때만 해도 이순신이 어린 시절 가난하게 자랐다는 기록이 없었네. 그런데 언젠가부터 이상한 이야기가 만들어졌더군. 할아버지가 기묘사화己卯士禍에 연루되어 집안이 몰락했다는 둥, 그래서 한양에서 살다가 외가인 아산으로 내려가서 어머니는 삯바느질을 했다는 둥.

왜 이런 이야기가 나왔는지 짐작이 가지 않는 것은 아니네. 일제 강점기 이후 어려운 시절을 겪으면서 이순신의 삶은 고난 극복의 상징처럼 되었지. 고난과 역경을 이겨 내는 이야기를 하려다 보니 어린 시절부터 어려웠다는 이야기가 만들어졌을 거야. 그때는 가난하고 배고팠던 시절을 극복한 성공담, 꺾일 줄 모르는 한국인의 의지에 관한 이야기가 필요했으니까. 하지만 이제는 너무 그럴 것까지 없지 않나? 이를 악물고 이기려고만

하지 말았으면 하네. 좀 편하게 내려놓으며 여유를 가지고, 나누며 살아도 될 때가 되지 않았나?

이순신 종가에 전해지는 유물을 보면 어린 시절에 유복하게 자랐음을 쉽게 짐작할 수 있네. 평생 동안 생원 진사 초시에도 붙지 못하는 양반 유생이 얼마나 많았나를 안다면 무과에 한 번 떨어진 것은 그리 큰 상처가 되지 않을 것이네. 변방을 떠도는 군인의 삶이라는 것도 그렇네. 지금도 출세 지향적이지 않다면 군인

이순신 고택

이순신 후손들이 400년 동안 대대로 살아왔던 종가를 1930년대에 촬영한 사진이네. 1969년 현충사 성역화 사업 때 종손을 바깥으로 이주시키고 관람객이 볼 수 있게 개방하였네. 지금도 해마다 이곳에서 후손들과 뜻있는 이들이 모여 이순신 불천위不遷位 제사를 모시고 있네.

이 있어야 할 곳은 야전이 아니겠나? 한 번의 파직과 두 번의 백의종군? 쉬운 길은 아니었네만 조선 시대에 관직 생활을 하면서 그 정도 부침은 보통 겪는 평범하고 작은 사건에 불과하네.

소설 『임꺽정』에 나오는 이장곤, 『미암일기眉巖日記』로 유명한 유희춘은 귀양살이 19년 만에 복직했지. 추사 김정희, 송강 정철, 고산 윤선도 등등 유명한 인물 가운데는 귀양살이를 한 인물도 많네. 게다가 귀양지에서 생을 마감한 인물도 숱하게 많지

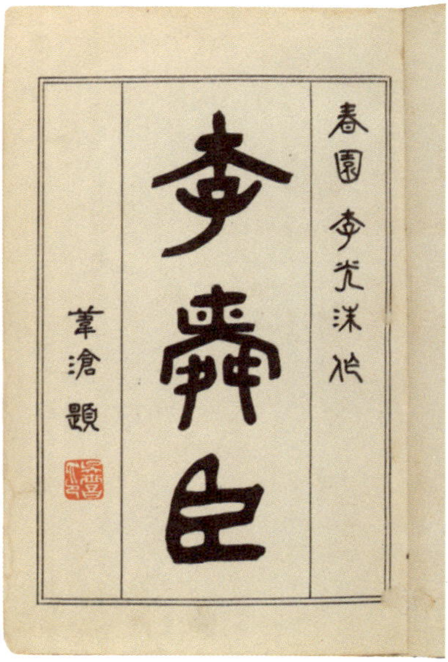

이광수의 소설 이순신

춘원春園 이광수李光洙가 신문에 연재한 소설이네. 전라 좌수사로 부임하여 유해를 안장할 때까지를 다루었네. 이광수는 이순신의 고매한 인격을 돋보이게 하려고 원균을 극악한 인물로 설정해 대비시켰네. 나아가 조선의 왕과 신하들 모두를 당파 싸움만 일삼는 부패하고 무능한 무리로 그리고 있지.

않은가? 관직의 삭탈과 복직, 귀양과 조정 복귀, 이것은 양반 관료에겐 흔한 일이었네. 백의종군은 귀양과는 견줄 수 없는 가벼운 처분이고. 좀 지나친 이야기지만 이순신은 귀양살이를 한 적도 없지 않았나?

이렇게 보면 이순신의 삶을 두고 고난의 연속이라 하기엔 좀 밋밋하지 않나? 이것은 우리 민족이 일본 제국주의의 침략으로 식민지로 전락할 위기에 처해 수난받는 자화상을 그리고 싶어서 만들어 낸 허상이 아닐까 싶네. 착하고 의로운 우리 조선 민족이 일본으로부터 핍박을 받는 상황이 이순신의 행적과 겹쳐지면서 생겨난, 이순신의 수난사가 강화되어 빚어낸 허상 말일세.

거기에다 일제 강점기, 우리 민족의 못난 점을 강조하며 민족 개조론을 외쳤던 이광수가 만들어 낸 이미지까지 덧칠해졌지. 그는 이순신을 두고 단군 이래 우리 민족에서 나올 수 없는 인물이라고 했네. 이순신을 무능한 임금과 당파 싸움에 혈안이 된 조정 대신에게 핍박받는 고독한 영웅으로 묘사한 거지. 그러니 그가 겪은 일 하나하나가 고난의 연속일 수밖에. 하지만 분명히 말하는데, 이것은 진실이 아니네.

불의에 타협하지 않고, 자기 공적을 자랑하지 않으며 맡은 바 책임을 다하려 한 이순신의 일생을 깎아내려서는 안 되겠지. 폄하라니? 공경하고 또 공경해야지. 그러나 어느 시대, 어느 나라에도 우둔한 임금, 못난 지도자는 다 있었네. 이순신이 겪은 사건과 사람은 썩어 빠진 나라 꼴과 못난 조선인의 전형을 보여주는 것이 아닐세. 역사의 어느 대목에서든 볼 수 있는 우리 인생의 민낯일 뿐이네. 너무 비분강개하지 않았으면 좋겠네. 이순신의 삶과 그가 겪은 역사에서 애써 교훈을 찾지 않아도 좋네. 난 그저 살아가면서 어려움을 겪을 때 이순신의 삶이 혹 위로가 된다면 좋겠네.

"필사즉생必死則生 필생즉사必生則死" 죽고자 하면 살 것이요, 살고자 하면 죽을 것이다. 잘 아는 말이지? 우리나라 사람 중에 이 말을 모르는 사람이 몇이나 되겠나? 명량 해전을 앞두고 이순신이 부하 장수들에게 했던 말이지. 직접 만든 말은 아니네. 『오자병법吳子兵法』에 "무릇 전쟁터는 시체를 남기는 곳이다. 죽을 각오로 싸우면 살고 살기를 바라면 죽을 것이다."라는 글귀에서 가져온 것이지. 이 글이 적혀 있는 1597년 9월 15일자 일기에도 "병법에 이르기를"이라고 말하고 있다네.

백의종군이라는 말과 함께 지금도 이 나라 지도자라는 이들이 심심치 않게 하는 말이지. 나는 이 말을 함부로 쉽게 쓰지 말았으면 하네. 이순신도 나와 같은 심정일 거라 믿네. 이 말을 함부로 쓸 수 있는 사람은 울돌목 앞에서 이순신의 심정이 어땠는지, 얼마나 괴로웠는지 모르는 사람이네.

사람들은 보통 이순신이 약한 전력으로 막강한 일본군을 무찔렀다고 생각하네. 임진왜란 초기 일본군에 속수무책으로 당한 조선군을 보았으니 그리 생각하는 것도 무리는 아닐 걸세. 하지만 이순신의 전투를 보면 그와는 반대라는 것을 알게 되네. 이순신은 아군이 약할 때는 싸우지 않았어. 우리가 강하고 다수일 때, 약해져 흩어진 적을 부수었지. 약한 전력으로 강한 상대와 싸워 이

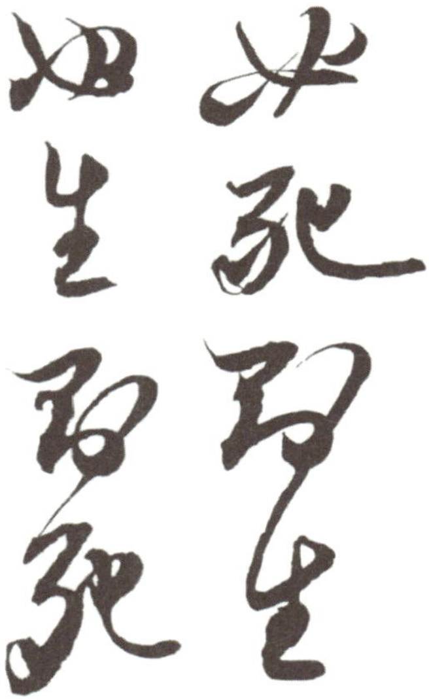

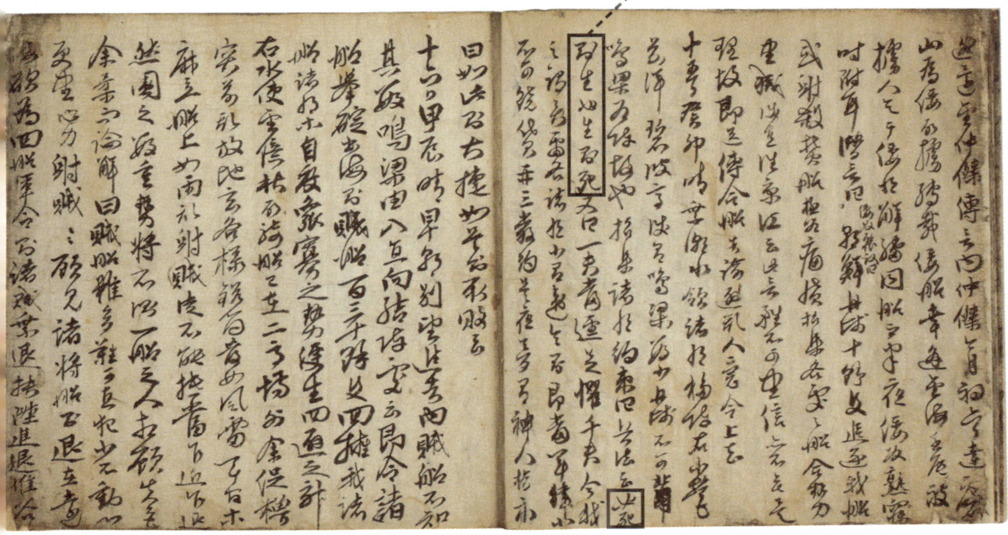

필사즉생 필생즉사

이순신의 말 중 가장 널리 알려진 것이지. 1597년 9월 15일 자 일기에 나오는 말이네. 원래는 『오자병법』에 나오는 "필사즉생必死則生 행생즉사幸生則死"를 인용한 것이네. '행생즉사'는 살기를 바라면 죽는다는 뜻이네. '반드시 살아야겠다 하면 죽는다'는 말로 바꾸어 썼네.

기는 것이 훌륭한 장수라고 착각하지 말게. 그렇게 이기는 싸움은 없네. 화력, 병력, 작전, 지형지물地形地物 중 어느 것 하나라도 강한 것을 잡아야 전투에서 이길 수 있는 것이야. 강한 정신력으로? 그건 준비를 제대로 하지 않은 상태에서 부하들을 사지로 내모는 못난 장수의 공허한 외침일 뿐이야. 이순신은 늘 이기는 조건을 만들어 놓고 싸웠네. 적군을 섬멸하는 것만큼이나 아군의 피해가 없도록 하는 데 신경 쓴, 그런 전투를 고집했네. 이것이 진짜 장수일세.

나는 이순신이라면 평소에 아랫사람에게 절대 죽음을 각오하라는 말을 하지 않았을 거라 믿네. 틀림없이 "우리는 적보다 강하다. 적보다 강한 우리는 이긴다. 걱정 말고 나가 힘껏 싸워라."라고 독려했을 걸세. 그랬던 이순신이 이제 겨우 13척의 배로 열 배가 넘는 적을 맞고 있네. 이때 이순신의 심정이 어떠했을까? 아마 이런 생각도 했겠지. '내가 생때같은 저 목숨들을 사지로 내모는 것은 아닐까? 조정에서 말한 대로 수군을 폐하고, 바다를 버리고 육지로 간다면 이 싸움은 피할 수 있지 않을까?' 라고 말이네.

미안함이 아니었을까? 두려움에 떠는 부하 장졸들에게, 내가 이런 상황을 만들지 않았어야 하는데 만들었다는 미안함이 아니었을까? 지도자라면 자기를 믿고 따르는 이들을 최악의 상황에 이르지 않도록 해야지. 그런 구렁텅이로 몰아넣지 말아야지. 비록 자신이 죄를 얻어 백의종군하는 처지라 어찌할 수 없는 상황이었다고 해도, 이순신은 미안함에 사로잡혔을 것이야.

그러나 오로지 앞으로 나아가야 했네. 두렵다 해도, 죽을 수밖에 없다 해도 피할 수 있는 자리가 아니었네. 1597년 9월 16일 이때, 조선 천지가, 만백성의 목숨이, 울돌목 앞바다에 달려 있었으니 나아가 운명을 걸 수밖에 없었지. 그렇다고 못난 장수들처럼 아무런 전략도 없이 죽을힘을 다하여 싸우라고 사지로 내몰 수는 없는 법. 이순신은 병력과 화력의 열세를 작전과 지형지물로 극복할 방안을 마련하였네. 그래서 이렇게 말했네. "한 사람이 길목을 지키면 천 명도 두렵게 할 수 있다." 다음 날 명량 회오리 바다에서 이순신은 앞장서 적진으로 나아갔네. 이것이 바로 이순신이야.

잘 기억해 두게. 지도자라고 자처하는 사람이라면 어디 가서 함부로 "필사즉생必死則生 필생즉사必生則死"를 쓰지 말아야 하네. 이길 방도를 찾아서 이기는 길로 안내하여 이기는 싸움을 만드는 것이 진정한 지도자라는 사실을 잊지 말게.

한 사람의 일생을 평가하는 척도는 여러 가지가 있을 것이네. 나는 그 가운데 그 사람의 죽음에 대해 살아 있는 사람들이 어떤 태도를 취하는가도 아주 중요한 잣대가 될 거라 생각하네. 마지막으로 이순신이 전사한 사실이 알려진 뒤 백성들의 반응이 어떠했는지를 적은 기록 하나를 보여 주겠네.

부음訃音이 전파되자 호남 사람들이 모두 통곡하여 노파와 아이들까지도 슬피 울지 않는 자가 없었다. 국가를 위하는 충성과 몸을 잊고 전사한 의리는 옛날 훌륭한 장수라 하더라도 이보다 더할 수 없다. 조정에서 사람을 잘못 써서 이순신이 재능을 다 펴지 못하게 한 것이 참으로 애석하다. 만약 이순신을 병신년(1596)과 정유년(1597) 사이에 통제사에서 체직하지 않았더라면 어찌 한산에서 패전했겠으며 전라도와 충청도를 왜적의 소굴로 만들었겠는가? 아, 애석하다.

『선조실록』 선조31년(1598) 11월 27일

이순신 영정
1932년 현충사를 중건할 때 봉안했던 이순신의 초상화네. 청전靑田 이상범李象範이 그렸지. 그는 훗날 "이순신은 순전히 내 머릿속에서 빚어낸 얼굴이었다. 후세 사가들이 내 붓을 어떻게 비평할지 나도 모르겠다."고 술회하였네. 자네가 보기엔 어떤가?

내 일러 줍세

이순신의 참모습

이순신의 모습을 상반되게 묘사한 두 글을 소개하겠네.

"이순신은 말과 웃음이 적고 용모는 단아하여 마치 수양하며 근신하는 선비와 같았으나 가슴속엔 담대한 기운이 있었다. 몸을 잊고 나라를 위해 죽었으니 이는 평소 수양을 쌓았기 때문이다."

"용모는 풍만하지도 후덕하지도 못하고 얼굴도 입술이 뒤집혀서 마음속으로 복이 있는 장수는 아니라고 여겼다."

앞은 『징비록』에서 유성룡이 한 말이고, 뒤는 고상안高尙顔이 『태촌집泰村集』 「인물 품평人物品評」에서 한 말이네. 유성룡은 잘 알고 있겠지? 고상안은 이순신과 과거 급제 동기인데, 1594년 한산도에서 열린 무과 시험의 감독관으로 참관하였지. 이때 이순신, 원균, 이억기, 구사직 등과 함께 지내면서 인물 품평을 남겼어.

그렇다면 이순신의 참모습은 어느 쪽일까? 전사한 지 6년이 지나 공신에 책봉된 이순신은 초상화를 남길 수 없었네. 지금 볼 수 있는 이순신의 모습은 후대에 상상으로 그린 것이야. 상상하여 그린 위인의 초상화는 대개 빼어난 용모를 지니고 있지만 그 사람의 본래 모습과는 다를 수밖에 없네.

우리는 이순신의 본래 모습을 어떻게 기억하면 좋을까? 고상안은 이순신을 두고 이렇게 평가했네.

"말하는 논리나 일을 도모하는 지혜가 과연 난세를 평정할 만한 재주였다. …… 죽는 날까지 군사 작전을 펼치고 군대를 다스려 죽은 통제사가 살아 있는 고니시 유키나가小西行長를 도망치게 하였으니, 다소나마 나라의 수치를 씻었다. 그 공적은 역사에 길이 남아 만고에 전해질 것이니, 죽어서도 죽지 아니한 것이다."

제1절 사원록, 이순신을 찾아 떠나는 여행

제2절 미제, 꼬리를 적신 새끼 여우처럼

제3절 쓸모없는 쓸모, 밭 갈며 살면 족하리

【제4장】

길, 이 책을 어떻게 기억할까

제1절

사원록,
이순신을 찾아 떠나는 여행

이순신이 싸운 바다,
보기만 해도 눈물을 떨굴 수밖에 없는

신 윤행임은 분부를 받들고는 두렵고 조심스러운 마음으로 삼가 그의 「가승」을 가져오고 공사公私 문헌을 덧붙여 열다섯 권으로 편찬하였다. 삼가 생각건대 충무공은 실로 큰 공을 세우고 그대로 순국하신 분이라 전쟁하던 곳과 나고 자란 고장 모두에 제사 드리지 않는 곳이 없다. 대장 깃발 휘날리던 곳이면 초목마저도 소중하니 혼령을 모시는 사당이야 얼마나 더 소중하겠는가? 이에 『주자대전朱子大全』 부록의 예를 따라 「사원록祠院錄」을 작성한다. 『이충무공전서』 「사원록」

자네는 어디에 살고 있는가? 혹시 자네가 살고 있는 곳에 이순신이 다녀간 것 같은가? 이순신은 전국 각지를 누볐고, 많은 곳에 자취를 남겼네. 지금은 가 볼 수 없는 땅, 함경도 동구비보董仇非堡, 건원보乾原堡, 조산포, 함경도 남병영으로 갈 땐 어느 길로 간 것 같은가? 이제는 이름도 생소한 삼수, 경원, 경흥, 북청 땅 어디쯤엔가 그의 발자취가 남아 있을 것 같지 않은가?

전라도에서는 현감을 지냈던 정읍, 수군만호 생활을 했던 고흥, 전라 좌수영이 있는 여수와 인연이 깊지. 경상도의 초계, 합천, 진주, 하동은 울분을 곱씹으며 백의종군한 길이었네. 한산도, 거제도, 남해도, 고금도, 고하도……. 남해안과 서해안의 은하수처럼 반짝거리는 수많은 섬까지 발길이 닿은 곳을 이루 다 헤아릴 수 없을 걸세. 그중에 자취가 남은 곳도 있는가 하면 인걸은 간 데 없고 산천만 의구한 곳도 있네.

『이충무공전서』 권10과 권11에는 이 땅에 남은 이순신의 발자취를 새긴 비문과 기문이 들어 있네. 판중추부사 이이명李頤命은 이순신 묘비에 "설사 옛 비석이 넘어지고 삭아 없어진다 해도, 나무꾼이나 소 치는 아이들도 무덤 앞 풀 한 포기도 차마 건드리지 못할 것이다. 비석이 있건 없건 걱정할 것이 무엇

타루비
1603년(선조36) 가을,
전라 좌수영의 수군 장병들이
이순신을 그리워하여
세운 비이네.
생각만 해도 눈물이 난다는
고사를 인용하여
타루비라 이름하였지.
전라좌수영대첩비와 함께
여수 고소대에 서 있네.

인가?"라고 적었네. 하지만 "보기만 해도 눈물을 떨굴 수밖에 없는" 부하 장졸들은 '타루비墮淚碑'라는 눈물로 그를 그리워하는 비석을 세우지 않을 수 없었네. 그러다 보니 남해안 곳곳, 이순신이 싸운 바다에는 어김없이 그를 기리는 돌비가, 사당이, 영정을 모신 집이 자리하고 있네. 어느 것이나 그 고장 백성들이 정성껏 세운 것이라네.

한산도에서 여수까지 이어지는 아름다운 뱃길, 한려수도閑麗水道가 시작되는 한산도에 제승당이 있네. 한산도는 견내량 아래 통영과 거제도 사이에 있는 작은 섬이네. 이 섬은 산 하나가 바깥 굽이를 껴안아 안에는 배를 감출 수 있고 밖에서는 그 속을 들여다볼 수 없는 천혜의 요새였지. 남해안 지도를 보면 알겠지만 부산, 김해, 창원 등지에 거점을 둔 일본군이 전라도로 침범하려면 반드시 거쳐야 하는 곳이라 바다를 지키는 최전선이라 할 수 있네. 더구나 한산 대첩 때 일본군을 크게 섬멸했던 터라 조선 수군에게는 든든한 곳이기도 하였지. 이곳에서 이순신은 삼도 수군통제사로 1597년 2월 서울로 압송되어 갈 때까지 3년 8개월을 보낸다네. 이순신의 한산도 생활에 대해 유성룡은 『징비록』에서 이렇게 적고 있네.

거제부 지도
1872년에 그린 거제부의 채색 지도이네. 둥글게 표시한 데가 한산도네. 왜 천혜의 요새인지 알 수 있겠지? 거제는 임진왜란 때까지 경상 우수영이 있던 곳이고, 이순신의 첫 승전지 옥포가 있는 곳이네.

통영 지도
1872년에 그린 통영의 채색 지도네. 세병관과 읍성을 중심으로 삼도 수군통제영이 있던 통영의 옛 모습이 잘 드러나 있네. 지도 오른쪽 위 거제도와의 사이 좁은 해협에 견내량이라 표기한 것이 보이나?

> 이순신이 한산도에 있을 때 운주당運籌堂이라는 집을 짓고 밤낮으로 그곳에 머물면서 여러 장수와 함께 군사軍事를 논하였다. 아무리 하급 병졸이라도 군사에 대하여 말하고 싶은 사람은 찾아와 말할 수 있도록 하여 부대 내의 사정을 파악하였다. 매번 전투할 때마다 장수를 다 불러 계책을 물었고 전략을 세운 후에 나아가서 싸웠기 때문에 패하는 일이 없었다.
>
> 『징비록』 권2

한산도를 품은 아름다운 항구 도시 통영을 아는가? 이순신이 한산도에 처음 설치했던 삼도 수군통제영을 줄여 부른 데서 붙은 이름이네. 사람 몇 살지 않던 궁벽한 바닷가 마을이었다가 통제영이 들어서면서 조선 수군의 중심 도시가 되어 크게 번창했던 곳이지. 이 고장을 자랑하는 이야기 중에 "강구안 파래야, 대구, 복장어 쌈아, 날씨 맑고 물 좋은 너를 두고 정승 길이 웬 말이냐."라는 말이 있네. 이 말은 삼도 수군통제사로 있다가 정승으로 승진하여 한양으로 떠나게 된 이가 섭섭한 나머지 탄식처럼 내뱉은 말이라 하네. 지금도 통영 사람들이 고향 자랑을 할 때 빼놓지 않고 하는 말처럼 물산이 풍부하고 살기 좋기로 둘째가라면 서러운 곳이지.

이곳에 자리 잡은 충렬사忠烈祠는 경상우수사 겸 경상·전라·충청 삼도수군통제사가 봄가을로 이순신을 제사 지내던 곳이네. 1868년(고종5) 흥선 대원군이 서원 철폐령을 내릴 때도 이순신을 제향하는 사당 중에서 유일하게 헐리지 않고 남았던 곳이야. 그

통영 충렬사

1663년(현종4) 사액賜額된 후 역대 통제사가 봄가을로 제사를 모셨던 곳이네. 사진은 일제 강점기에 촬영한 것이네. 흥선 대원군의 서원 철폐령 때 헐리지 않고 남은 유일한 이순신의 사당이지. 옛날 사당의 모습을 잘 간직한, 작지만 아담하고 품위가 묻어나는 곳이라네.

세병관
통영 여황산 언덕에 자리 잡은 삼도 수군통제영의 중심 건물이네.
바닥 면적이 넓은 대표적 목조 건축물이네.
"은하수를 끌어와 병기를 깨끗이 씻는다挽河洗兵"는 두보의 시구절에서 이름을 따왔네.
전란의 고통에서 벗어나 평화를 바라는 마음을 담은 것이지.

옛날의 모습을 잘 간직한, 작지만 규모 있고 엄정한 품위가 묻어나는 곳이라네. 또 세병관洗兵館은 통제사가 근무하던 곳이지.

한려수도 바닷길이 끝나는 여수는 전라 좌수영의 도시이네. 전란이 일어나기 한 해 전에 부임한 이순신이 무기와 전선戰船을 수리하고, 거북선을 만들었던 곳이지. 경상도에서 전해 온 일본군의 침략 소식을 듣고 전라 좌수영 함대를 이끌고 나라를 구하는 대장정에 나섰던 곳. 싸움에서 이긴 조선 수군이 승전고를 울리자 온 산이 종소리와 북소리를 울렸다고 하여 '종고산鍾鼓

山'이라 부르는 언덕 아래 전라 좌수영 성터에는 진남관鎭南館이 위용을 자랑하고 있네. 이순신이 작전 계획을 짜고 명령을 내렸던 곳이라는 고소대姑蘇臺에는 나라 안에 있는 비석 가운데 가장 크다는 전라좌수영대첩비와 타루비가 서 있지. 이순신 사당 중 처음으로 임금의 편액을 받은 충민사까지, 지금도 전라 좌수영과 이순신에 연관된 전설이나 유적지가 지천으로 널려 있네. 그를 자랑스러워하는 이들이 살뜰히 보살피고 있는 아름다운 곳들이지.

이순신이 잠든 섬 남해는 일본군과의 마지막 싸움에서 숨을 거둔 노량 앞바다가 있는 곳이네. 이순신은 1598년 11월 19일 아침에 이곳 관음포에서 적의 탄환에 맞아 생을 마쳤네. 그때부터 이곳은 이순신이 떨어진 바다라 하여 '이락파李落波'라 하고, 그 뒷산도 '이락산'이라 불렀지. 처절한 싸움이 끝난 뒤 유해를 이곳으로 옮겼네. 하동에서 남해 대교 바다 건너 왼쪽, 곧 노량 선창 뒤쪽 언덕에도 충렬사라는 자그마한 사당이 이순신을 기억하고 있네.

노량 해전에서 순국한 이순신이 노량 포구에서 아산으로 가는 길에 잠시 머물렀던 묘당도廟堂島에는 그때 유해를 잠시 안치하였다는 월송대月松臺가 남아 있네. 고금도는 임진왜란 때 통제영이 마지막으로 있던 곳이지. 바닷길을 따라 서쪽으로 가면 돌이 우는 바다 울돌목, 명량이 있네. 이곳의 싸움은 해남 우

진남관
1599년(선조32) 전라좌수사 겸 삼도수군통제사 이시언李時言이 건립한 전라 좌수영의 객사 건물이네. 일제 강점기 때 좌수영 성과 대부분의 건물이 헐리는 중에 유일하게 남은 것이네. 전통 목조 건물 중에 규모가 큰 것으로 유명할 뿐 아니라 생김새와 전망이 빼어난 아름다운 건물로 손꼽히네.

충민사
이순신 사당 중 처음으로 사액된 충민사네. 이항복이 지은 「충민사기」에는 선조의 명으로 세웠다고 되어 있지만 『선조수정실록宣祖修正實錄』, 『징비록』 등의 기록을 봤을 때 전라 좌수영 지역 주민과 군졸들이 자발적으로 건립한 것임을 알 수 있네.

수영 성의 동문 앞에 있는 명량대첩비가 증언하고 있어.

더 있네. 저 북녘 땅에도, 우리 강토 가장 북쪽 끝자락에도 이순신의 발자취가 닿아 있다는 걸 잊지 말게. 두만강과 푸른 동해가 만나는 곳, 지금 러시아와 맞닿은 옛 경흥 땅에 그를 기리는 비석이 있네. 이순신이 조산 만호로서 녹둔도 둔전관을 겸할 때 추수하고 있는 조선 농민을 습격한 여진을 물리친 것을 기념하여 세운 비라네. 녹둔도 전투 당시 이순신이 높은 봉우리에 올라 여진을 무찌른 뒤로 여진은 두려워 다시 오지 못했다고 하네. 그래서 뒷사람들이 그 봉우리를 '승전봉'이라 불렀다고 하는군. 그곳에 '승전대勝戰臺'라 새긴 비석이 지금도 자리를 지키고 있네.

이순신이 난생처음 참가해 패배한 전투였고, 이 전투에서 부상하기도 했지만 최선을 다한 분투였네. 전투에 진 일로 백의종군을 하게 되었지만 임금이 "전쟁에서 패배한 사람과는 차이

승전대비 비각
함경도 옛 경흥 땅에 있는 승전대비의 비각을 일제 강점기에 촬영한 사진이네. 이 비는 1762년(영조38) 함경도 병마절도사로 부임한 이순신의 5세손 이관상이 세웠네. 앞면에 '승전대'라 크게 쓰고, 뒷면에 이순신의 녹둔도 전투 당시 공적과 비를 세운 내력을 적었네.

가 있다."고 인정한 사건이었다네. 무장 이순신의 시작을 알리는 비문일세.

> 충무공의 충성은 해와 달을 꿰뚫었고 공로는 종묘 제기에 새겨졌으니 한 조각 작은 대臺는 있어도 그만 없어도 그만일 것이다. 하지만 공이 기이한 전술로 적을 섬멸한 것은 낮은 벼슬에 있을 때부터 이미 시작된 일이다. 또 조정에서 공을 알아주고 써 주어 마침내 만고에 없는 공훈을 세울 수 있었던 것은 여기서부터 비롯되었으니 자취가 없어지게 할 수 없다. 『이충무공전서』「전승대비戰勝臺碑」

현충사, 몸을 바쳐 나라를 살렸네

제 몸 바쳐 충절을 지킨다는 말 殺身殉節
예부터 있었지만 古有此言
목숨 바쳐 나라를 살린 일 身亡國活
이 사람에게서 처음 보네 始見斯人

『이충무공전서』「현충사에 편액을 내릴 때의 제문顯忠祠賜額祭文」

아산 현충사라고 들어 봤나? 가 보기도 했다고? 국립 현충원과 혼동하는 사람도 꽤 된다고 들었는데 대견하군. 그렇지. 충무공 이순신을 모신 사당 가운데 가장 많이 알려진 곳이지.

아산은 나와도 인연이 깊은 곳이네. 현충사에서 남쪽으로 10리 거리에 온양 온천이 있네. 왕실 온천으로 유명한 곳이지. 일찍이 세종 대왕이 온천욕을 해 효험을 보곤 온수현溫水縣에서 온양군溫陽郡으로 올려 주었다네. 그 후에도 현종, 숙종, 영조가 다녀갔고, 뒤주에서 삶을 마치기 2년 전 사도 세자도 다녀갔네. 사도 세자는 온양 행궁行宮 담장에 사대射臺를 세워 활쏘기를 하

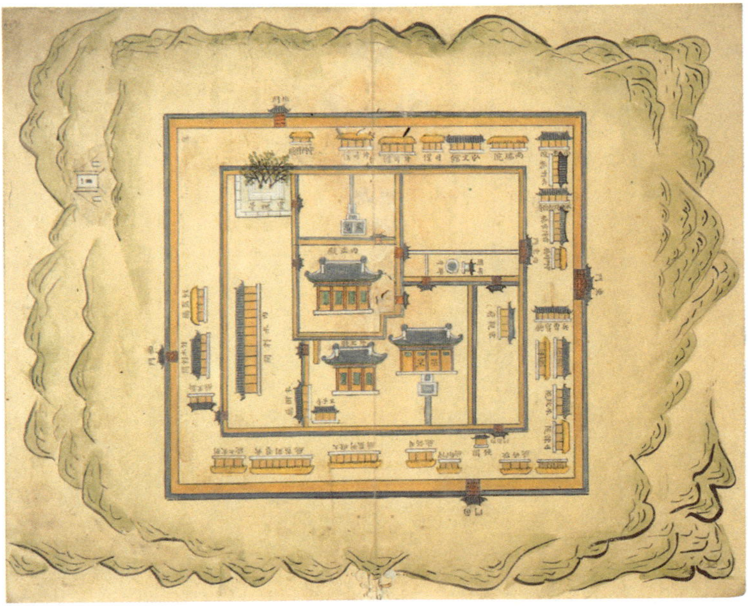

온양 별궁 그림

온양 온천에 설치된 임시 궁궐인 온양 행궁의 모습을 담은 '온양별궁전도溫陽別宮全圖'네. 목욕탕뿐만 아니라 왕의 침소인 내정전內正殿과 집무실인 외정전外正殿, 그리고 홍문관, 승정원 등 신하들의 업무 공간까지 있었네. 그림 왼쪽 위에 홰나무 세 그루가 서 있는 영괴대靈槐臺가 보이네.

고, 당시 온양 군수 윤염尹琰에게 그 자리에 홰나무 세 그루를 심도록 했었네. 그 군수가 바로 나의 선친이네. 정조가 즉위한 지 20년 되는 1795년에 이를 기려 비를 세우니 그것이 영괴대비靈槐臺碑네. 손수 비명을 짓고 내게는 비 뒷면에 그 사연을 쓰게 하였네. 왕실과 사가私家 사이에 2대에 걸쳐 쌓은 정이 이러하네.

아산은 이순신의 외가와 본가 그리고 처가가 있는 곳이기도 하네. 아버지가 초계 변씨에게 장가들어 처가가 있는 아산으로

치마장의 은행나무
현충사 경내, 이순신 고택 앞에 서 있는, 5백 살이 넘은 은행나무네.
이곳에서 이순신이 활을 쏘며 무예를 익혔다고 하여
지금도 해마다 충무공 탄신 기념일인 4월 28일에 전국 시도 대항 궁도 대회가 열리고 있네.

와서 터를 잡은 것이지. 이순신에게는 외가였던 곳이 곧 본가가 된 것이네. 스물한 살에 그곳에서 방진方震의 무남독녀에게 장가들었으니 이제 처가까지 되었고.

이순신은 아산에서 10년간 무예를 닦아 무과에 급제하였네. 이순신이 말을 달리고 활을 쏘던 곳이 치마장馳馬場이라는 이름으로 지금도 남아 있네. 그곳엔 500년 넘은 은행나무 두 그루가 있네. 가을이 되면 노란 은행잎이 커다란 우산처럼 덮어 주지. 이 나무는 이순신이 장가들고, 무예를 연마하고, 아이를 낳아서 기르는 모습을 다 지켜보았을 거네. 1598년 노량 해전에서 순국한 이듬해, 장지를 향해 가는 운구가 집 앞을 지나는 애달픈 장면까지 말이야. 하지만 장성한 이순신은 아산 집에서 그리 오래 살지는 못했다네. 무과에 급제한 해 겨울에 함경도로 발령을 받아 떠난 뒤로 계속 이 나라 북쪽 끝과 남쪽 끝을 오가며 군인의 길을 걸었으니.

1597년 4월 1일 감옥 문을 나와 백의종군하면서 실로 오랜만에 들른 집은 바로 어머니의 초상을 치르는 곳이 되었지. 초상을 다 치르지도 못한 채 떨어지지 않는 발걸음을 남쪽으로 옮기던 날 이순신은 이렇게 한탄하였네.

> 어찌하랴? 어찌하랴? 천지에 나 같은 사정이 또 어디 있단 말인가? 어서 죽느니만 못하구나.
>
> 『이충무공전서』「난중일기」 1597년 4월 19일

이순신 사후 그 후손들이 이곳에서 물려받은 일기, 칼, 금대, 옥로, 임금이 내려 준 교유를 높이 받들며 대대로 살아왔다네. 이 옛집에선 지금도 해마다 음력 11월 18일 밤, 이순신의 기일忌日에 불천위不遷位 제사를 지내고 있네. '불천위'는 4대가 지나도 위패를 옮기지 않는다는 뜻이야. 일반적으로 4대가 지나면 제사를 지내지 않지만 이순신의 경우는 영원히 기제사를 지낸다는 말일세.

현충사는 바로 그곳에 세운 사당이네. 아산 지역 유생들이 조정에 청원하여 1706년(숙종32)에 세웠고, 이듬해 숙종이 현충사라는 편액을 하사하였다네. 그러나 20리 북쪽 어라산於羅山에 자리한 묘소를 곁에 두고, 살아온 옛집과 유품을 간직해 온 현충사는 흥선 대원군의 서원 철폐령 때 헐리고 말았네. 그때 조정에서는 삼도 수군통제사가 제사를 모시는 통영의 충렬사에 정통성이 있다고 보고 그곳만 남겨 두었지. 사당을 헐고 위패를 묻었네만 다행히 현충사 편액은 종손이 잘 간직하였다는군.

현충사가 다시 역사에 등장하는 때는 일제 강점기였네. 1931년 동아일보에 '2천 원 빚에 경매당하는 이충무공의 묘소 위토位土'라는 기사가 보도되었네. 나라 잃은 백성들이 서울과 지방 각지에서, 또 멀리 해외에서 성금을 보내왔네. 직접 삼은 짚신을 팔아 보낸 성금, 점심 한 끼를 굶고 그 쌀을 팔아 보낸 성금, 날품팔이 노동자가 보낸 일당, 하루 한 끼를 굶고 모은 성금 등으로 은행에 진 빚의 여덟 배에 달하는 1만 6천 원이 모였네.

현충사 편액

숙종이 하사한 현충사의 편액이네. '정해丁亥'는 1707년, '선사宣賜'는 임금이 내려 준다는 뜻이네.
흥선 대원군의 서원 철폐령으로 현충사가 헐릴 때 종손이 떼어 보관했다가
1932년 중건 때 다시 걸었다네.

현충사의 옛 모습

1932년 다시 세운 현충사 모습일세.
정면 3칸, 측면 2칸의 아담한 맞배지붕의 목조 기와집이었네.
현충사 성역화 사업을 하면서 사당을 다시 크게 지을 때 해체하여 경내 서쪽으로 옮겼네.

상) 현충사 중건 화보 기사
1932년 6월 5일,
민족 성금으로 다시 세운
현충사 낙성식 모습을 보도한
『신동아新東亞』의 기사네.
이날 전국 각지에서
3만여 명의 군중이 모였네.
온양 온천에서 현충사까지
온통 노점상이 깔리고,
천안에서 온양까지
임시 열차가
운행되었다고 하네.

하) 현충사
현충사 성역화 사업이 한창이던
1967년에 새로 세운 현충사의
모습이네.

불과 한 달 만에 진 빚을 다 갚고 남은 돈으로 현충사를 중건하였지. 종손이 간직한 편액을 자랑스레 내건 것은 물론이지. 실로 수많은 사람의 피눈물로 다시 세운 현충사였네.

혹 자네 조부모님은 현충사로 신혼여행을 가셨을지도 모르겠군. 그때는 온양 온천, 수덕사修德寺와 묶어 2박 3일로 떠나는 신혼여행지로 손꼽히는 곳이었다네. 부모님은 수학여행을 갔을 테고. 그랬네. 한때 현충사는 누구나 가 보고 싶은 곳이었고, 누구나 가야 하는 곳이기도 했네. 드넓은 잔디밭에 잘 가꾼 나무들, 봄에는 충무공 고택 앞 매화를 시작으로 개나리, 영산홍, 진달래가 지천으로 피고, 가을이면 노란 은행잎과 함께 울긋불긋 단풍이 절정을 이루는 멋진 조경으로 이름 높은 곳이었지.

1960~70년대였네. 근대화라는 이름으로 온 나라가 들썩일 때 모두가 한마음으로 정성을 다해 가꾼 곳이네. 그때 옛집 위 산언덕에 자리한 자그마한 사당이 웅장한 콘크리트 한옥으로 바뀌었네. 마을 사람들을 이주시키고, 논밭은 밀어서 잔디와 나무를 심었네. 커다랗게 연못도 팠지. 지금에 와서 일본식이다 뭐다 해서 논란이 많다고 들었네. 조선 시대에는 하늘은 둥글고 땅은 네모지다는 유교적 세계관을 반영해 연못을 그런 모양으로 만들었지. 하지만 1960~70년대에는 조국의 통일과 번영을 염원하는 뜻에서 한반도 모양의 연못으로 만들었다고 하더군.

내가 보기엔 이렇네. 자네 조부모님과 부모님이 보셨고 지금 자네가 와서 봤거나 보게 될 현충사는 조선의 사당도 아니고, 조선식 사당도 아니라네. 20세기 중반, 대한민국이 새롭게 만든 한국식 사당이야. 그 시대의 성과와 한계가 고스란히 담겨 있는 공간이네. 일본 식민지 잔재가 남아 있다면 그것 또한 시대상을 반영하고 있는 걸세. 먼 훗날, 대한민국이 광복 후 30년이 지날 때까지도 전통의 맥을 다시 잇지 못했다는 것을 보여 주는 또 하나의 역사 증거물이 되지 않을까 싶네.

현충사 사당을 오르는 길에 작은 비석이 하나 있네. 거기에 현충사의 300년 내력을 이렇게 소개하고 있네.

현충사 성역화 사적기

여기는 이순신 장군이 자라나신 거룩한 터전이라. 1706년 숙종 대왕 때 이 고장 선비들의 힘으로 현충사를 세워 수백 년 동안 제사를 받들어 왔다. 1931년 일제 때에 빚으로 이 땅을 빼기게 되자 동아일보사가 앞장서서 온 국민들의 성금을 모아 사당을 다시 짓고 공의 유적을 보존하게 되었다. 1962년 박정희 대통령이 국가 원수가 된 뒤로 충무공의 구국 정신으로 민족 지도 이념을 삼고자 특별한 분부를 내려 경내를 십만여 평으로 넓히고 사당을 새로 세워 나라와 국민들이 갈 길을 밝힌다. 이 성역화 사업이야말로 만인이 칭송하는 일이요, 이로부터 이곳은 우리 민족의 복전이 될 것이다.

1969년 4월 28일

내 일러 줍세

사당을 부르는 여러 가지 이름

경모궁의궤

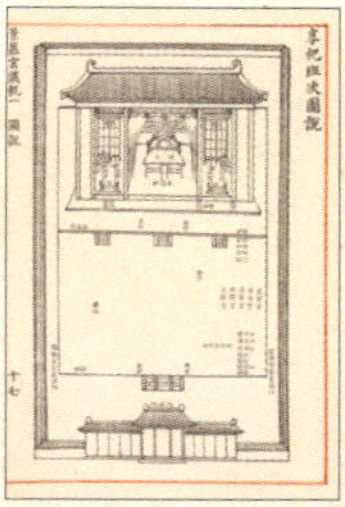

「사원록」에 보면 이순신을 모신 사당을 부르는 이름으로 충민·충무·충렬·현충·유애사와 함께 유묘遺廟와 초묘草廟, 충효당忠孝堂이 나오네. 사당을 부르는 이름으로 사祠뿐 아니라 묘廟와 당堂이 있는 것을 알 수 있겠지. 이 밖에 궁宮과 전殿이라는 이름을 가진 사당도 볼 수 있을 걸세. 여기서 잠시 그 이름들을 한번 알아볼까?

전은 원래 천자가 공무를 보는 장소를 이르는 말이었네. 뒤에 제왕 등급의 신격神格을 모시는 사당을 부르는 이름으로도 쓰였지. 공자를 모신 대성전大成殿, 역대 국왕의 어진御眞을 모신 창덕궁의 선원전璿源殿, 태조 이성계의 어진을 모신 전주의 경기전慶基殿을 예로 들 수 있네.

궁은 제왕보다 한 단계 아래의 신격을 모시는 곳이라 보면 될 걸세. 정조의 아버지 사도 세자를 모신 경모궁景慕宮, 영조의 생모인 숙빈 최씨를 모신 육상궁毓祥宮을 들 수 있겠네.

묘는 기본적으로 제왕 등급의 사당에 많이 쓰이네. 관우를 모신 관왕묘關王廟, 명나라 신종 황제를 모신 만동묘萬東廟, 공자를 모신 문묘文廟와 역대 국왕을 모신 종묘宗廟 등을 떠올릴 수 있을 걸세. 물론 집안 사당인 가묘家廟나 이순신을 모신 통영의 착량묘鑿梁廟와 같이 작은 사당에도 붙이네. 사당을 일컫는 일반적인 이름으로도 쓰이지.

당은 대개 서원에 딸려 그 서원에서 모시지 않는 분을 따로 기리기 위한 작은 건물을 일컫는 경우가 많네. 온양의 충효당은 정암靜菴 조광조趙光祖와 퇴계 이황을 모신 정퇴 서원靜退書院에 딸린 것이었네.

제2절

미제, 꼬리를 적신 새끼 여우처럼

그 위대함을 누구와 비교할 수 있으랴

좌의정으로 벼슬을 높여 주어 혼령을 위로하고, 사당을 세우고 향불을 피워 극진히 보답하고자 한다. 이제 공신으로 봉하는 날에 뒤미처 공로를 표창하는 글을 내린다. 종묘 제기에 이름을 새기되 여러 공公 가운데 으뜸으로 하여 이름을 날리게 하고, 채색으로 화상畵像을 그리되 여러 현인 중 첫머리에 두어 공로를 기록하게 한다.

『이충무공전서』「선무 일등 공신에 녹훈하는 교서策宣武元勳敎書」

이순신은 임진왜란을 승리로 이끈 공로자 가운데 으뜸으로 인정을 받았네. 일등 공신 세 명 중에서도 첫머리에 이름을 올렸지. 수훈首勳이라고 하네. 지금도 이런 말 쓰지 않나? 이 공신 교서는 현충사에 가면 실물을 볼 수 있네. 두루마리 형태로 된 교서를 풀어 놓으면 길이가 무려 3미터에 이르지. 자세히 들여다보면 글의 행마다 세로줄이 그어진 것을 볼 수 있네. 아주 옛날 종이를 발명하기 전에 쓰던 죽간竹簡의 모습이 남아 있는 것일세. 공신 교서 같은 나라의 중요한 문서는 귀중함을 돋보이게 하기 위해 일부러 아주 옛날 방식을 썼지.

왕실에서는 종이로 흉내를 내는 정도가 아니라 옥책, 죽책이라 하여 실제로 옥이나 대나무를 묶어 책으로 만들어 사용하였네. 옥책과 죽책은 왕이나 왕비, 세자, 세자빈을 책봉할 때나 존호를 올릴 때 쓰는 것일세. 왕실에서도 가장 품격 있고 중요한 문서는 이렇게 아주 오래된 방식을 따라 썼던 것이지.

이순신이 받은 훈장의 이름, 흔히 선무공신이라고 하지. 이때의 선무공신은 모두 18명인데 3등급으로 나뉘었네. 그중 일등 공신의 정식 이름이 '효충장의 적의협력 선무공신效忠仗義迪毅協力宣武功臣'이네. 충성을 바쳐 의를 지키고, 용맹을 좇아 힘을 합하여 무공을 떨친 공신! 좀 어렵지? 요즘 말로 하면 태극 무공 훈장이라고나 할까?

대한민국 헌법에 이런 조항이 있네. "훈장은 받은 사람에게

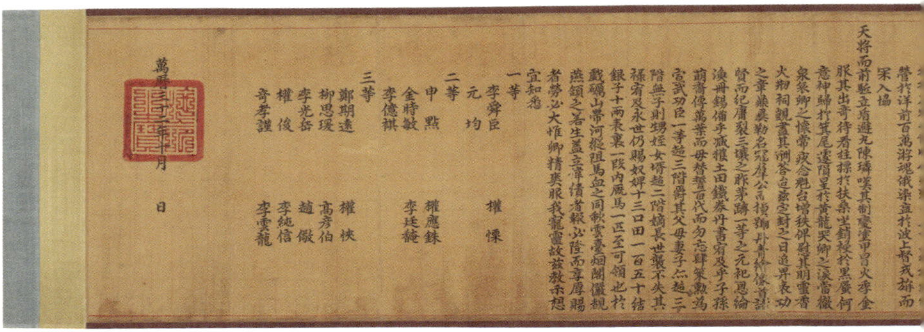

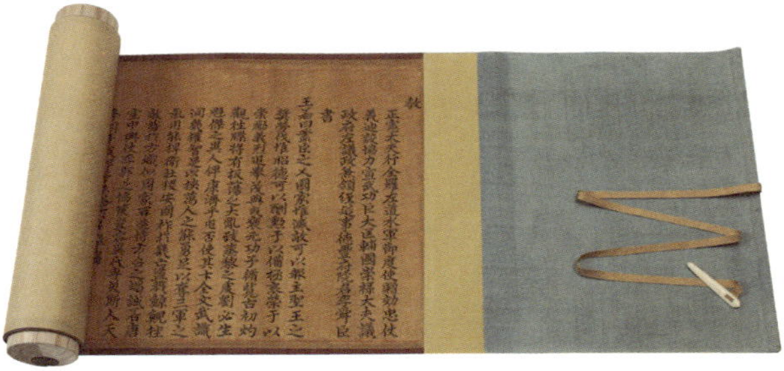

선무공신 교서

1604년(선조37) 이순신이 선무 일등 공신에 녹훈錄勳될 때 받은 교서네. 다 펼치면 3미터에 이르는 두루마리 형태의 문서네. 옛날 죽간의 모양을 본따 행마다 세로줄을 그어 놓았네.

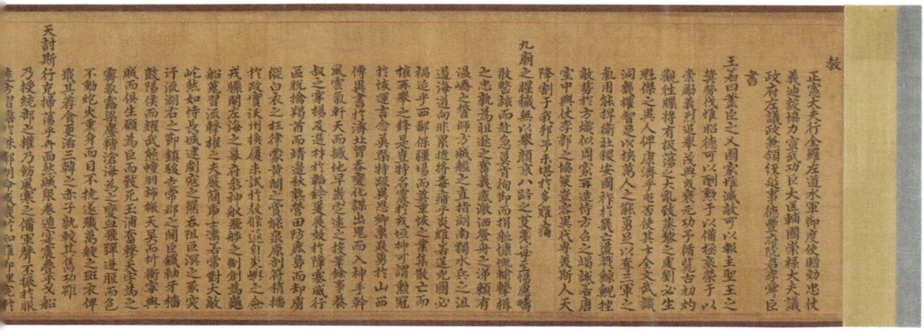

태조 옥책

1683년(숙종9) 태조에게 '정의광덕正義光德'이라는 존호를 올릴 때 사용한 옥책이네.
옥책은 옥에 글씨를 새긴 죽간 모양의 책을 말하네.
왕과 왕비 또는 대왕대비 등에게 존호를 올릴 때에는 옥책을,
세자와 세자빈을 책봉하고 존호를 올릴 때에는 대나무에 새긴 죽책을 사용하였네.
종이가 발명되기 전 책의 모양이 이렇게 생겼다네.

만 효력이 있고, 이 때문에 어떠한 특권도 따로 주지 않는다." 왜 나라를 위해 공을 세운 사람들에게 훈장을 주면서 이렇게 냉정하게 말하는 것일까?

헌법의 이 조항은 "모든 국민은 법 앞에 평등하다."는 제11조에 포함되어 있는 것이네. 같은 조에는 또 "사회적으로 특수한 계급 제도는 인정하지 않으며, 어떠한 형태로도 만들 수 없다."고 적고 있지. 지금 대한민국은 모든 국민의 평등을 기초로 하고 있고, 앞으로도 그러해야 한다는 선언이지. 조상이 공신이었다는 이유로, 양반이었다는 사실만으로 그 후손이 대대로 특권을 누리고 살았던 과거 신분 사회로 다시 돌아가서는 안 된다는 말일세. 물론 그렇다고 해서 나라를 위해 공을 세운 분을 나라에서 나 몰라라 한다는 말은 아닐세. 독립운동, 민주화 운동 그리고 전쟁에서 나라를 위해 목숨을 바쳐 싸운 분에게는 나라에서 그 유족이 품위 있는 생활을 할 수 있도록 지원하고 있네. 그것이 나라가 해야 할 최소한의 의무가 아니겠나? 그럼 조선에서는 공신을 어떻게 대우했을까? 이순신이 받은 선무공신 교서를 함께 보면서 알아보세.

> 이제 선무공신 일등으로 삼고 세 품계를 올린다. 그 부모와 처자에게도 벼슬을 주어 또한 세 품계를 올리고, 자식이 없으면 조카와 사위의 품계를 두 품계 올린다. 맏아들이 대대로 이어받아서 계속해서 그

녹봉을 받도록 하고 사면赦免의 혜택도 영원히 미치도록 할 것이다. 이에 노비 13구口, 전답 150결, 은자銀子 10냥, 옷감 1단, 말 1필을 내리니 받으라.

『이충무공전서』「선무 일등 공신에 녹훈하는 교서」

우선 일등 공신에게는 세 품계를 올려 주네. 이순신은 전사한 후 곧바로 정1품 대광보국숭록대부大匡輔國崇祿大夫 우의정에 증직되어 더 이상 품계를 올려 줄 수가 없어 좌의정 벼슬만 제수除授받았지. 지금도 공직을 수행하다가 순직한 군인, 경찰관, 소방관, 공무원 들에게는 일 계급 추서追敍하는 제도가 있다

좌) 영의정 증직 교지

1793년(정조17) 이순신을 영의정으로 올릴 때 내린 교지네. 정조는 이때 "충무공의 충성과 무공을 놓고 볼 때 죽은 뒤에 아직도 영의정으로 높이지 못한 것은 실로 잘못된 일"이라고 하였네.

우) 좌의정 증직 교지

1604년(선조37) 이순신이 선무 일등 공신에 녹훈될 때 좌의정에 증직되면서 받은 교지네. 이순신은 노량 해전에서 전사한 후 곧바로 우의정에 증직되었고, 6년이 지난 이때 다시 좌의정으로 올랐네.

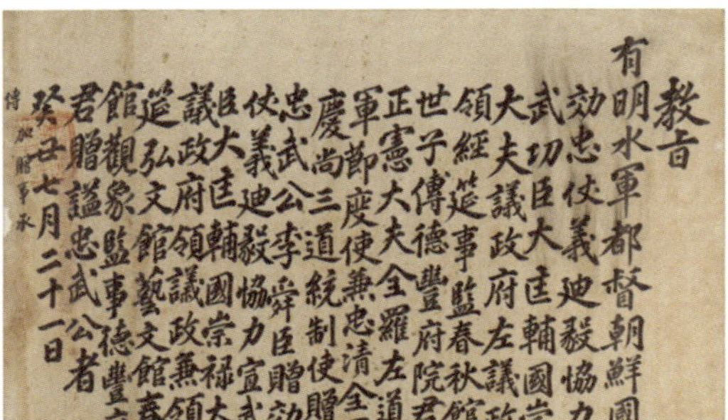

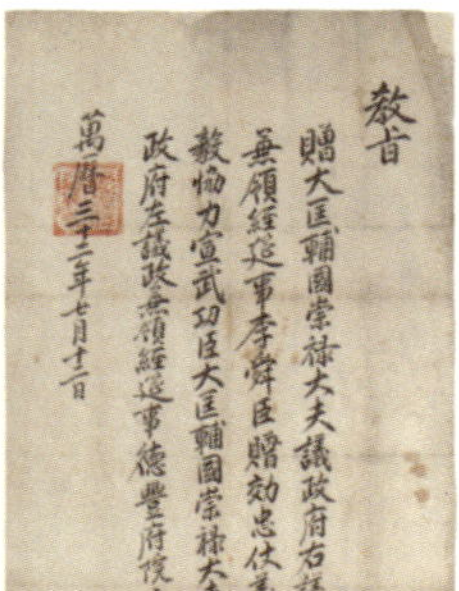

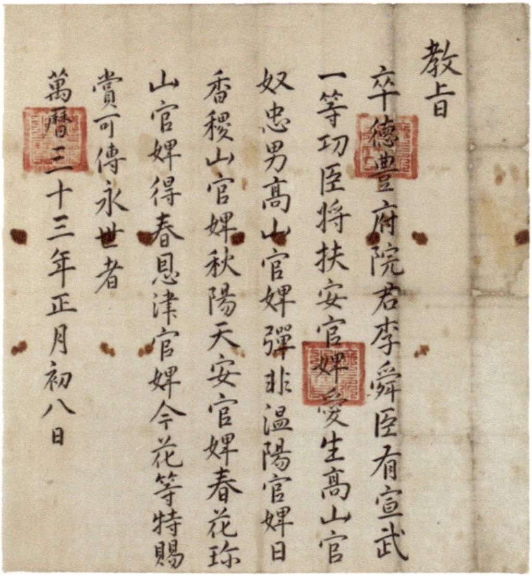
教旨
卒德豐府院君李舜臣有宣武
一等功臣將扶安官婢愛生高山官
奴忠男高山官婢彈非溫陽官婢日
香稷山官婢秋陽天安官婢春花珎
山官婢得春恩津官婢今花等特賜
賞可傳永世者
萬曆三十三年正月初八日

선조가 노비를 하사하는 교지

1605년(선조38) 선무 일등 공신 이순신에게 노비를 내려 준다는 교지네.
이와 같이 나라에서 토지나 노비를 줄 때 발급하는 교지를 '사패 교지賜牌敎旨'라고 하네. 관비 7구와 관노 1구의 이름이 적혀 있네. 한번 찾아보게.

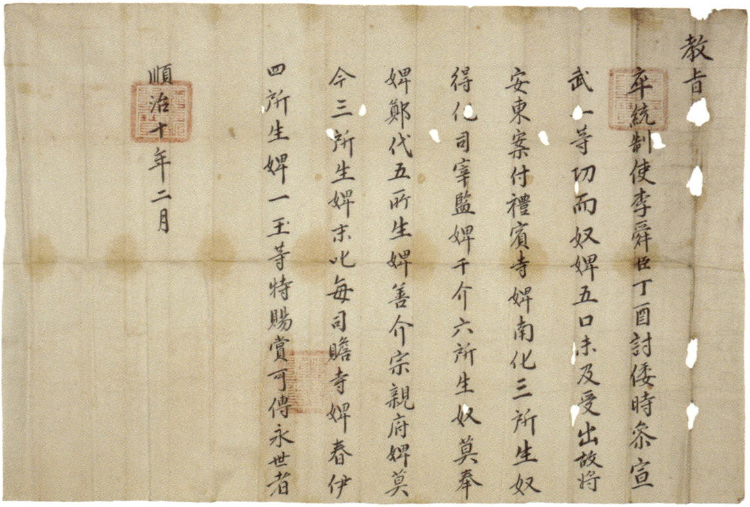
教旨
卒統制使李舜臣丁酉討倭時叅宣
武一等功而奴婢五口未及受出故將
安東案付禮賓寺婢南化三所生奴
得化司宰監婢千介六所生奴莫奉
婢鄭代五所生婢善介宗親府婢莫
今三所生婢末化每司贍寺婢春伊
四所生婢一王等特賜賞可傳永世者
順治十年二月

효종이 노비를 하사하는 교지

선무공신 이순신에게 노비를 추가로 내려 주는 교지네. 당초 일등 공신 이순신에게 주기로 한 노비 13구 가운데 선조 때는 8구만 내려 주었지. 50년 가까이 지난 1653년(효종4)에 와서야 나머지 5구를 내려 주게 되었네. 나중에 추가로 내려 준 것이라 하여 '추사 교지追賜敎旨'라고도 하네.

는 것을 뉴스나 신문에서 보아 알고 있겠지?

공신은 부모와 처자식에게까지 벼슬을 내리네. 지금도 유공자 유족에게 지원하는 제도가 있는데, 그 정도로 이해하면 될 걸세. 다만 대대로 세습하고, 반역죄를 저지르지 않는 한 죄를 묻지 않는 사면권까지 받는 것은 오늘날에는 인정되지 않는 특혜 중의 특혜이지.

경제적 보상도 있었네. 토지, 상금, 좋은 옷감에다 또 내구마內廏馬라 하여 임금의 말과 수레를 관리하던 관아에서 키우던 말도 주었지. 게다가 노비까지 주었네. 조선 시대에는 땅과 함께 가장 중요한 재산이 노비였네. 노비는 사람 취급을 못 받았어. 벼슬아치나 양반 사족은 원員, 중인이나 평민은 인人으로 셀 때 노비는 한 구口, 두 구 이렇게 세었네. 참으로 비인권적인 처사였지.

이때 받은 땅, 돈, 옷감, 말을 합했을 때 지금 어느 정도 가치인지는 상상하기 쉽지 않을 걸세. 다만 지금까지 전해 오는 유물 가운데 당시 전란 이후 어려웠던 나라 사정을 엿볼 수 있는 자료가 있다네. 전쟁 중에 많은 노비가 도망친 탓일까? 아니면 전쟁에서 공을 세워 양민으로 신분이 올라서일까? 이때 조정에서 약속한 노비 13구 가운데 실제로 내려 준 것은 8구뿐이었네. 남은 5구는 그로부터 50년 가까이 지난 효종 때에야 줄 수 있었네.

이 교서도 읽기가 무척 힘들 걸세. 학교에서 배울 수 있는 한자도 많지 않을 뿐 아니라 설혹 옥편에서 한자의 음과 훈을 찾았다 해도 해석하는 것은 여전히 안갯속일 수 있네. 가장 격이 높은 국가 문서다 보니 글의 품격을 높이려고 단어 하나도 고전 속 전고典故를 찾아 썼네. 문서의 형식을 예스럽게 한 만큼이나 내용을 이해하기도 쉽지 않네.

지금 눈으로 봐서는 엉터리 같은 낡은 고집으로 보일지 모르겠지만 요즘도 실상은 비슷한 데가 없지 않네. 요즘 젊은이들 눈으로 보면 훈장은 촌스럽게 보일지도 몰라. 표창장이나 상장에 쓰는 문구도 많이 고쳤다지만 그래도 여전히 옛 말투가 많이 남아 있지. 우리나라만 이렇게 하는 것은 아니네. 서양에서도 대학의 학위 증서를 보면 꾸미는 문양과 쓰는 글씨가 중세 형식으로 된 게 많다 하네. 사람들은 아주 오래된 것에서 품위와 권위를 느끼기도 한다네.

그나마 다음 문장은 어렵지 않게 읽고 해석할 수 있을 걸세. 이 글귀는 이 교서의 의미를 가장 잘 나타내는 것이고, 이순신이 왜 일등 공신일 수밖에 없는지를 간명하게 드러내는 것일세. 어려운 전고를 갖다 쓰지 않아도 알 수 있는 공적이네.

> 드디어 만 척의 왜선을 섬멸하여 그들이 좀먹어 들어오는 것을 막아 다시 삼한三韓의 백성을 살려 냈으니, 그 위대한 공에 누구를 비교할 수 있으랴?
>
> 『이충무공전서』「선무 일등 공신에 녹훈하는 교서」

공에 보답하는 도리를 잃었다고 할 만하다

전란이 끝난 후 전란 극복의 공훈을 기리고 그 공로자를 포상하고 보답하는 일은 어떤 나라라도 마땅히 해야 할 근본 도리이네. 전쟁이 끝났지만 조정은 명나라 군대 철수와 선조의 비인 의인왕후懿仁王后의 장례 등 해결해야 할 문제가 산적해 있었네. 전란이 끝난 지 2년이 지나서야 논의가 시작되었지. 그 시작은 비망기에 담긴 임금의 전교에서 비롯되었네.

> 임진년 의주로 피란할 당시에 나를 호위하여 따랐던 사람들을 공신으로 삼도록 전교하였다. 지금 왜적도 이미 몰아냈고 명나라 군대도 모두 철수하였으며, 왕비의 졸곡卒哭도 마쳤고 영의정도 다시 조정에 나왔으니 이제 공신 책봉을 할 수 있게 되었다. 비록 우리나라 장수와 병사가 적을 무찌르지는 못하였지만 그중에는 간혹 힘껏 싸워 공을 세운 사람도 없지 않을 것이니, 역시 자세히 살펴서 함께 공신으로 삼도록 하라. 『선조실록』 선조34년(1601) 3월 10일

너무 놀랍지 않은가? 혹시 거꾸로 한 말이 아닐까 의심이 들 정도네. 적어도 "전쟁 중에 왜적을 무찌른 장졸들의 공에 보답하겠다. 아울러 못난 이 임금을 쫓아 의주까지 따라온 신하들의 노고도 잊지 않겠다." 이리 말할 줄 알았네. 그리 말해야 한다

명나라 군대의 철수
1599년(선조33) 4월 돌아가는 명나라 군대를 전송하는 모습을 담은 '천조장사전별도天朝壯士餞別圖'네.
그림 가운데 맨 위에 크게 그려 놓은 이가 명나라군 총사령관인 군문軍門 형개邢玠라네.
형개는 이순신의 공적을 높이 평가하고
선조에게 이순신의 사당을 건립해 줄 것을 요청하기까지 했네.

이여송 초상
임진왜란 때 명나라 군대를 이끌고 온
이여송李如松의 초상이네.
이여송은 평양성 탈환 이후 일본군을 얕보았다가
벽제관에서 크게 패한 후
전투를 회피하고 일본과 협상에 주력하였지.
선조는 그가 살아 있는데도
그를 위해 사당을 세워 주었네.
평양에 그의 생사당生祠堂이 있었네.

고 생각하네. 그런데 아니었네. 그 반대였어. 임금을 따라 피란한 이들에게 훈장을 줄 것을 먼저 말했지. 그러고 나서 우리 장수와 병사들 중에도 힘껏 싸워 공을 세운 사람도 있을 것이니 잘 살펴서 함께 훈장을 주라 했네.

선조는 "적을 무찌르고 나라를 회복한 것은 털끝만 한 것이라도 모두 황제의 은혜에서 나온 것이요 명나라 군대의 힘"이라고 말했네. 또 "명나라 군대가 스스로 나오지 않았으니, 누군가 있는 힘을 다해 조선에 오게 한 자가 있을 것이다. 전란 극복의 수훈으로 그를 맨 먼저 포상하겠다." 하였네. 신하들이 알아듣지 못할까 걱정스러웠는지 다시 힌트까지 주었네. "명군이 조선에 오게 된 것은 임금의 가마가 의주로 갔기 때문이다."

그렇다면 이순신에게 내린 공신 교서 속 저 말, "다시 삼한의 백성을 살려 냈으니, 그 위대한 공에 누구를 비교할 수 있으랴?"라는 말은 무엇인가? 그 전말은 이러했네. 선조는 임진왜란을 극복한 가장 큰 원인은 명나라 군대의 힘이라고 말했네. 실제로 그리 믿었을 게야. 아주 근거가 없는 생각도 아니지. 잘 아는 것처럼 전란 초기에 조선군은 일방적으로 밀렸네. 명나라와 국경을 접한 의주까지 피란 가서 압록강을 넘을까 말까 고민했던 왕에게 조선군은 믿고 의지할 수 없는 군대였을지도 모르겠네.

피란 가는 왕을 따르는 행렬은 100명이 채 될까 말까 했네. 임금의 가마를 향해 돌이 날아드는 판이었네. 그 와중에 명나라 군대가 평양성에서 일본군을 크게 격파하고 한양을 탈환했네. 어찌 보면 선조의 마음이 명나라 군대로 기울고, 자신을 끝까지 따른 사람에게로 갔다고 해서 그리 놀랄 것도 없을 듯하네.

결국 신하들은 "적을 물리치고 나라를 회복한 공로는 모두 성상께서 지성으로 사대하시어 명나라 조정에서 곡진하게 구제해 준 결과일 뿐입니다."라고 하며 절을 올렸네. 한양을 버리고 백성을 뒤로한 채 국경 끝까지 피란 갔던 왕은 나라를 다시 살린 공적을 기려 존호를 받고, 왕을 시종했던 신하들은 공신이 되었네.

공론公論이라는 것이 있네. 요즘 말로 하면 여론이라 하겠지. 이런 일이 벌어지는데 공론이 좋을 리 있겠나? 신하들은 일본군을 물리친 장수와 병사를 소홀히 대접하면 아니 된다고 선조에게 고했네. 그러나 임금은 냉정했네. "우리나라 장수와 병사는 중국 군대 뒤를 따르거나 패잔한 적군의 머리를 요행히 얻었을 뿐이다. 제 힘만으로는 적병 한 명을 베거나 적진 하나를 함락하지 못했다."

우여곡절 끝에 전란 중 무공을 세운 장수에게도 훈장이 주어졌네. 그런데 이번에는 누가 가장 큰 공을 세웠고 또 누구까지 공신 명단에 올릴 것인가를 놓고 논란이 벌어졌네. 특히 원균이 문제가 되었어. 그의 공적이 어떠하든 칠천량 해전을 지휘한 최고 지휘관으로서 패전의 책임을 면할 수 없다는 것이 여론이었네. 그러나 선조는 "칠천량 싸움에서 패전한 것으로 원균에게 허물을 돌리지만, 그것은 그의 잘못이 아니라 바로 조정이 빨리 들어가도록 재촉하였기 때문이다."라며 원균을 적극 옹호하고 나섰네. 심지어 임진년에 이순신이 전라 좌수사로서 전함을 거느리고 왜적을 크게 쳐부수어 전란 이래 가장 큰 공을 세운 것을 놓고도 "모두 원균의 솜씨에서 나온 것이고, 이순신은 다만 달려와서 구원했을 뿐이었다."라고까지 말했지.

결국 선조는 "왜적을 토벌한 공로는 이순신, 원균, 권율이 1등이 되어야 마땅하다. 이 밖에는 다 삭제하라."라고 지시해 그

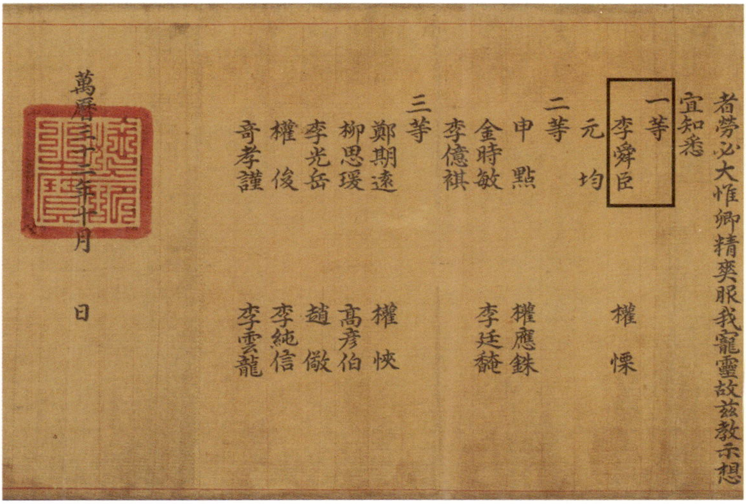

者勞必大惟卿精爽服我寵靈故玆教示想
宜知悉
一等
李舜臣 權慄
元均
二等
申點 權應銖
金時敏
李億祺 李廷馣
三等
鄭期遠 權快
柳思瑗 高彦伯
李光岳 趙儆
權俊 李純信
奇孝謹 李雲龍
萬曆三十二年十月 日

선무공신 중 일등 공신

선무공신 교서 가운데 일등 공신 부분이네. 이순신은 일등 공신 세 명 중에 맨 위에 이름을 올렸네. 이른바 수훈이지. 뒤를 이어 권율과 원균의 이름이 보이네.

간의 논란에 종지부를 찍었네. 이리하여 임진왜란 때 목숨을 걸고 적과 맞서 싸운 무장들 중에서는 명나라에 파병을 요청한 외교 인사까지를 포함한 18명만이 선무공신으로 선정되었네. 임금을 좇아간 호성공신扈聖功臣은 모두 86명이었네.

공신 녹훈에 대한 논의가 한창일 때인 1603년(선조36) 2월 12일, 이날의 일을 기록한 사관은 이렇게 말하고 있네.

> 공로에 보답하는 것은 국가의 막중한 일이다. 막중한 일인데도 가볍게 시행하였으니 어찌 몹시 안타깝지 않겠는가? 일찍이 육지陸贄는 난리에 임금을 호종한 신하를 공신으로 삼는 것은 옳지 않다고 말하

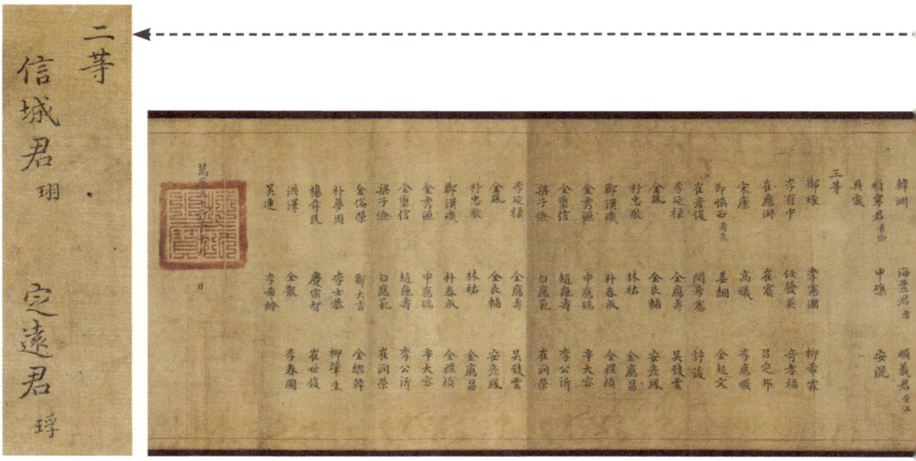

호성공신 교서

선조를 의주까지 모시고 간 호성공신에게 내린 교서네.
이 교서 2등의 맨 앞에 이름을 올린 두 사람이 선조의 아들 신성군信城君과 정원군定遠君이네.
정원군은 아들이 인조반정으로 왕이 된 후 원종元宗으로 추숭되었네.

였다. 육지가 공로에 보답하는 방도를 조금이라도 아는 자라고 한다면 임진왜란 때 임금을 호종한 신하들이 부끄럽지 않겠는가? 더구나 요리나 하고 말고삐나 잡던 천한 자까지 모두 공신의 반열에 들어 공신 명부에 이름이 오른 자가 35명이나 되니, 어떻게 후세의 비난을 면할 수 있겠는가?

왜적을 정벌한 공로를 보면 비록 명나라 군대의 힘이 컸었다고 하나 직접 싸워 이긴 전사들의 공 또한 없지 않았다. 그런데 호종한 신하에게는 후하게 하고 전사에게는 박하게 하려고 하였으니, 공에 보답하는 도리를 잃었다고 할 만하다.

『선조실록』 선조36년(1603) 2월 12일

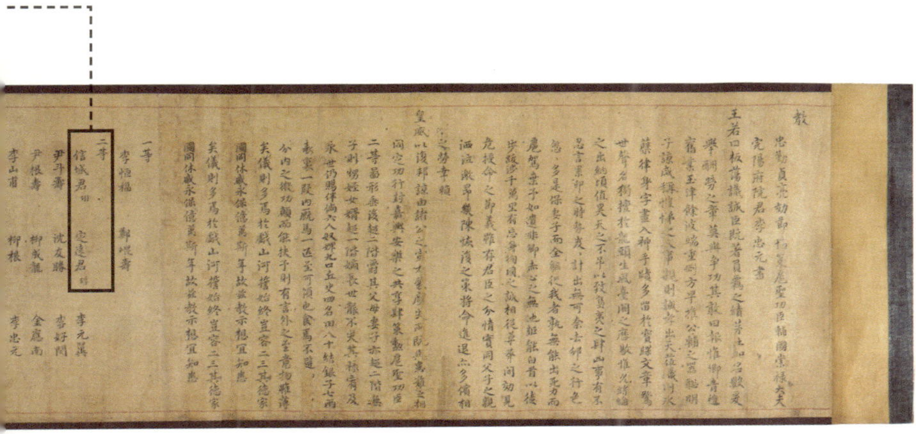

사관은 정곡을 찔렀네. 외적의 침략을 막아 낸 나라에서 전투를 치른 군인의 공을 소홀히 했다는 것은 분명히 도리에 어긋나는 일이었네. 이렇듯 잘못된 세상 풍조 속에서도 희망은 살아 있었네. 부끄러움을 아는 선비들이 있었네. 선조는 처음부터 장수들을 공신으로 삼을 생각이 없었네. 임금 스스로 그렇게 말을 했네. 하지만 선조를 쫓아 피란을 갔던 신하들은 공신이 되는 것이 부끄러웠네. 그들은 임금에게 직접 전장에서 싸운 장수들을 공신으로 삼아야 한다고 주장했네. 적은 숫자이긴 하지만 그나마 18명이라는 선무공신이 이름을 남길 수 있었던 이유네. 이런 저간의 사정을 사관은 숨김없이 낱낱이 기록해 두었네. 그리고 마지막에 그 부끄러움을 적었네. 수백 년 후에라도 보라고.

동아시아의 고전 가운데 『주역』이란 책이 있네. 사주를 보고, 점을 치는 사람들이 들먹여 역술에 대한 책으로들 알고 있겠지? 물론 『주역』이란 책이 고대 중국의 점술을 모아 둔 것이라고도 하고, 또 예부터 『주역』의 괘를 이용해 점을 치기도 했으니 틀린 말은 아닐세. 하지만 책을 묶은 가죽 끈이 세 번이나 끊어졌다는 위편삼절韋編三絶이라는 고사가 생길 정도로 공자가 너무나 열심히 읽은 중요한 유교 경전이기도 하지. 조선 시대 선비들도 많이 읽고 공부했던 책이네.

태극기 속의 태극太極과 건곤감리乾坤坎離도 모두 『주역』에서 나온 것이니 사실 지금도 알게 모르게 우리 가까이 있는 것이라 할 수 있겠군. 그 방대하고 어려운 책을 다 설명할 도리는 없네. 다만 이 책 64괘卦 중 많은 사람이 주목하는 마지막 괘인 '화수미제火水未濟'라고 하는 것에 대해 간단하게 말해 주고 싶네.

'미제'는 아직 다 끝나지 않았다는 뜻이네. 미제 사건이라는 말을 들어 봐서 알겠지? 『주역』은 아직 다 '이루지 못한 일未濟'은 이미 다 '이룬 일旣濟'보다 형통하다고 가르치고 있네. 그래서 이미 완결된 기제旣濟보다, 아직 진행 중인 미완未完의 미제未濟를 더 중요하게 여겨 64괘 중 제일 마지막 장에서 다루고 있는 것이지. 이렇게 비유하고 있네.

> 어린 여우가 강을 거의 다 건넜을 즈음 그 꼬리를 적신다. 이로울 바가 없다.
>
> 『주역』「미제未濟」

강을 거의 다 건넜을 때, 곧 일을 거의 마쳤을 때 여우는 그만 꼬리를 적시고 이로울 바가 없다고 하네. 그럼에도 이 괘는 형통한 것으로, 다시 말해 모든 일이 뜻과 같이 잘되어 가는 것으로 보네.

왜 『주역』은 마지막을 완성으로 하지 않고 미완성으로 하고, 그것이 형통하다고 했을까? 또 왜 예부터 많은 이들이 이 마지막 미완성에 의미를 부여하고 그 뜻을 자꾸만 되새길까? 어쩌면 이 세상은 늘 미완인지도 모르네. 우리 삶도 실수와 실수의 연속일 테지. 하지만 그 이유로 미완은 늘 새로운 시작일 수 있네. 미완은 더 높은 단계를 향한 새로운 출발점이라는 의미에서 완결을 의미하는 기제보다 더 좋은 괘라고 하는 것이 아닐까?

가슴에 열정을 품고 역사를 공부하다 보면 이런 장면을 많이 볼 수 있을 것이네. 그 순간에 책을 덮고 일어서지 말게. 부끄러운 기록이지만 수백 년 후에라도 보라고 사관이 기록해 둔 것이 아니겠나? 그 정신을 잃지 않는다면 우리는 늘 새롭게 출발할 수 있네. 우리 고전은 그런 세상으로 안내하는 창이 되어 줄 걸세.

내 일러 줍세

호성공신이 된 두 왕자

임금을 쫓아간 86명의 호성공신에 대해 "요리나 하고 말고삐나 잡던 천한 자"까지 공신 반열에 올랐다고 비판하는 말들이 많네. 내시가 24명이나 된다고 말하는 사람도 있지.

나는 이렇게 신분을 가지고 문제 삼는 편견이 불편하네. 임금 곁을 지킨 것으로 상을 준다면 요리하고 말고삐를 잡으면 어떻고, 내시면 어떤가? 선무공신에 비해 공이 어떠한지 여부를 떠나 신분을 두고 왈가왈부하는 것은 옳지 않다고 보네.

그보다 우리가 놓치는 부분이 있네. 호성공신 명단에는 더 말 못 할, 후안무치厚顏無恥라고밖에 할 수 없는 인물이 있어. 2등 공신 명단의 첫머리에 이름을 올린 두 사람, 신성군 후珝와 정원군 부琈가 그 주인공이네. 임진왜란이 일어났을 때 각각 열여섯 살, 열세 살이었네. 아버지 선조를 따라 가마를 타고 피란을 갔던 왕자들이었네. 다른 왕자도 많은데 어떻게 이들만 아버지를 따라가서 공신까지 되었을까?

국난 극복을 위하여 조정은 세자인 광해군에게 분조分朝를 세워 평안도로 가도록 하는 한편, 장성한 왕자들을 함경도와 강원도로 보내 의병을 모집하게 했네. 열아홉 살, 첫째 왕자 임해군이 함경도로 갔네. 그다음 나이 순으로는 신성군이 강원도로 가야 했지만 그는 임금이 총애하는 인빈 김씨의 소생이었기 때문에 몸이 약하다는 핑계로 보내지 않고 대신 다른 후궁 소생인 순화군順和君을 보냈다네.

그 후 그저 부왕을 따라 대접을 받으며 피란길에 오른 두 왕자가 호성공신 전체 서열 3, 4위에 올랐던 것이네. 이는 조선 왕조가 멸망할 때까지 아무도 감히 입에 올리지 못했던 사실이네.

제3절

쓸모없는 쓸모, 밭 갈며 살면 족하리

늘 붓을 던질 뜻을 가졌다

점쟁이가 "이 아이는 장차 쉰 살이 되면 북쪽 지방에서 대장이 된다."고 하였다. 공이 태어날 때 어머니 꿈에 할아버지가 나타나서 "이 아이는 반드시 귀하게 될 것이니 이름을 순신이라고 해라."라고 하였다. 어머니가 아버지께 꿈 이야기를 해서 순신이라고 이름을 지었다. 어려서 놀 때 항상 아이들과 전쟁놀이를 하였고, 아이들은 공을 장수로 떠받들었다. 처음에 큰형과 작은형을 따라 유학을 배웠는데 재주가 있어 성공할 수 있었다. 그러나 늘 붓을 던질 뜻을 가졌다.

『이충무공전서』「행록, 종자정랑분」

이순신은 어떤 꿈을 꾸었을까? 그의 어린 시절을 「행록」에선 저처럼 이야기하네. 왜 우리나라 위인전을 보면 항상 뱃속에 있을 때 신령스런 꿈이 보이고, 일찌감치부터 점쟁이가 대성할 미래를 점쳐 주었을까? 또 어려서는 늘 대장 노릇을 하고, 커서는 재주가 있고, 나라를 위해 자신을 희생하고자 했을까? 정말 그랬을까?

이순신 형제의 이름은 중국 고대 성인인 복희씨伏羲氏와 요堯·순舜·우禹 임금에서 글자를 따오고, 신臣 자를 돌림으로 해서 지었네. 형제의 순서에 따라 희신, 요신, 순신, 우신이 되었으니, 신령스런 꿈을 꾸고 이름을 지었다고 할 것도 없네. 자연스럽게 얻게 된 이름이네.

어려서 놀 때는 항상 전쟁놀이를 즐겼다고 하는데 어려서 전쟁놀이 좋아하지 않는 사내아이가 몇이나 될 것이며, 골목마다 대장은 하나씩 있게 마련이니 골목대장을 한 것도 그리 대수롭지 않은 게 아닌가? 성공을 예언한 점쟁이 말? 그건 나중에 이름난 사람이 되거나 큰일을 이루고 났을 때 주위에서 지어내는 것이 아닐까? "내 그럴 줄 알았다. 그 사람 어릴 때부터 남달랐지."라고 말일세.

우리나라 위인에게 공통으로 나오는 신이한 태몽과 점쟁이의 예견이 실제로 있었던 일일 수도 있겠지. 하지만 그보다는 부모님과 주위의 기대와 칭찬과 배려가 그런 전형적인 이야기를 만들어 낸 게 아닐까 싶네. 실제로 어떤 아이가 아주 뛰어나건 그렇지 않건 간에 부모와 주위의 어른이 질책보다 칭찬을 해 준다면, 그것도 재능에 대해서가 아니라 노력에 대해 해 준다면 기대하는 방향으로 커 나가지 않겠나?

이순신은 학문에 재주가 있어 성공할 수도 있었지만 그 길을 버리고 무인이 되고자 했다고 하네. 그 말을 액면 그대로 받아들여도 될까? 정말 그랬을까? 이순신의 한평생을 살펴보면 아주 터무니없는 말 같지는 않네. 무과 시험장에서 보여 준 일화가 대표적인 예라 하겠네.

> 병법兵法에 관한 책을 시험 보는데 모두 우수하게 통과했다. 『삼략三略』을 가지고 시험 볼 때 시험관이 "한나라의 장량張良은 신선 적송자赤松子를 추종하여 노닐었다고 하는데 그렇다면 정말로 장량은 죽지 않았는가?"라고 물었다. 그러자 그는 이렇게 답하였다. "태어났으면 반드시 죽게 마련입니다. 『자치통감강목資治通鑑綱目』에도 임자 6년(혜제6)에 장량이 죽었다고 쓰여 있습니다. 어찌 죽지 않고 신선을 따라갔을 리가 있겠습니까? 괜히 갖다 붙이는 것일 뿐입니다." 하였다. 시험관들이 서로 돌아보며 감탄하기를, "이것이 어찌 무인이 잘 알 수 있는 것이겠는가?" 하였다. 『이충무공전서』「행록, 종자정랑분」

이제까지 본 시, 일기, 장계를 통해 이순신은 분명 문장을 쓰는 능력도 있고, 요즘 말로 인문학적 소양이라 할 수 있는 경사經史에도 밝았다는 것을 짐작할 수 있네. 하지만 그 정도로 문과 급제에 성공할 자질을 갖추었다고 보는 건 무리가 아니겠나? 『자치통감강목』은 사대부라면 어려서부터 읽지 않으면 안 되는 책이지. 기초 필독서인 셈이네. 무과에서도 무예 실력뿐만 아니라 이론 시험도 함께 보았네. 유명한 『손자孫子』, 『오자吳子』 등 무경칠서武經七書라 일컬어지는 각종 군사학과 병법서를 외우는 시험이 있었네. 무과를 준비하는 수험생이라면 이 정도 실력은 웬만하면 갖추고 있었을 거네.

자신의 적성과 능력이 문학과 학문보다는 무과에 더 적합하다고 본 사람들이 응시한 게 아닌가 싶네. 무과는 문과에 비해 한 단계 격을 낮게 보기는 했지만 그래도 후대에 합격자를 하도 많이 뽑아 만과萬科라고 불릴 때만큼 경시되던 때는 아니었네. 문과 급제자를 많이 배출한 집안에서도, 종친가에서도 무과에 응시를 많이 했다네. 원한다고 해서 누구나 되는 것이 아닌 문과에 목매지 않고, 적성과 실력에 따라 방향을 바꾸는 지혜가 아니었을까? "처음에 큰형과 작은형을 따라 유학을 배웠는데 재주가 있어 성공할 수 있었다. 그러나 늘 붓을 던질 뜻을 가졌다."라는 「행록」의 기록은 차라리 "스스로의 한계를 일찍 파악하고 또 다른 적성을 찾아 누구나 가는 길이 아닌 다른 길을 찾아 나섰다."

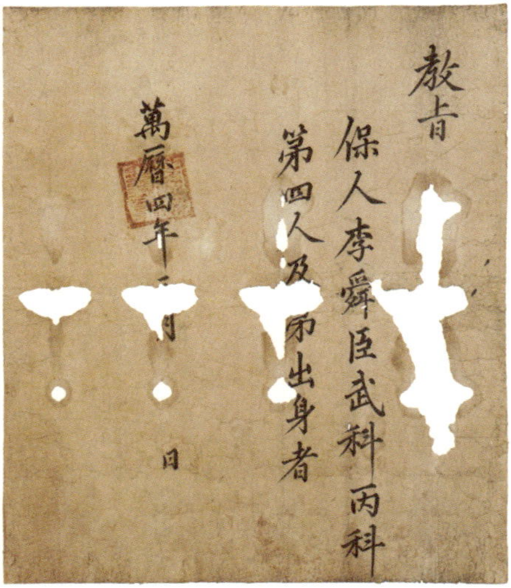
敎旨
保人李舜臣武科丙科
第四人及第出身者
萬曆四年
日

이순신 무과 급제 교지
1576년(선조9) 이순신이
무과에 급제했을 때 받은 교지네.
갑과甲科 3명, 을과乙科 5명에 뒤이어
병과丙科 제4인으로 급제한
이순신의 성적은 전체 12등이었네.

라고 읽는 것이 더 적합하지 않을까 싶네.

이순신은 10년을 공부해 서른두 살에 무과에 급제했네. 이미 두 아이의 아비였지. 그해 합격한 29명 중에 12등을 했어. 4년 전 스물여덟 살, 공부 6년 만에 도전한 첫 시험에서는 말에서 떨어져 낙방했지. 그가 이 10년간 어떠했는지에 대한 어떤 기록도 없네만 그래도 미루어 볼 수 있지 않겠나? 자기 실력에 대한 회의도 들었을 테지. 양가 부모님을 뵐 면목이 없었을 게야. 아내에겐 또 어땠겠나?

10년을 공부해 과거에 급제한 이순신의 첫 관직은 동구비보 권관, 이 나라 북쪽 끝 저 함경도 삼수 땅 조그만 군부대의 종9품 벼슬이었네. 서른둘에 시작해 마흔일곱에 전라 좌수사가 되기까지 15년을 두만강에서 전라도 고흥 반도 남쪽 끝자락까지 온 조선을 누비고도 종6품 현감 벼슬에 머물렀네. 그랬던 그가 종3품 전라 좌수사에 오른 지 불과 1년 만에 터진 전쟁에서 수천의 병사를 지휘하고 다시 1년 만에 삼도 수군을 총괄하는 통제사에 오르네. 전쟁이 일어났기 때문일까? 임진왜란이라는 전쟁이 없었다면 이순신의 일생은 그저 평범한 군인으로 끝나지 않았을까? 전쟁 전 신립과 이일李鎰은 이순신이 감히 범접할 수도 없는 조선의 명장이었는데, 사람의 운명이 바뀌었네.

도전과 실패, 재도전의 10년이 이순신을 구국의 간성干城으로 담금질한 것은 아닐까? 저 낮은 자리에서 시작해 승진과 낙마, 승리와 패배를 겪은 15년이 있었기에 참 지휘관 이순신이 태어날 수 있었던 게 아닐까? 단박에 성공하는 것, 빠른 성과, 누군들 바라지 않겠나? 고난과 실패가 좋을 게 무엇이겠나? 그러나 실패와 고난, 그 자체는 좋지 않은 것이지만 거기서 배우는 삶의 자세는 다른 무엇보다 소중하네.

이순신은 25년 세월 동안 무예 실력만 키운 것이 아니네. 내공을 단단하게 쌓았지. 실패만이 줄 수 있는 가르침이 있어. 자네가 보는 시험도 마찬가지 아닌가? 시험을 잘 본 사람의 말을 들어 보면 한결같이 하는 이야기가 바로 '오답 노트'일 걸세. 같은 실수를 반복하지 않는 자세. 물론 배울 자세가 된 사람만이 찾을 수 있는 길이네.

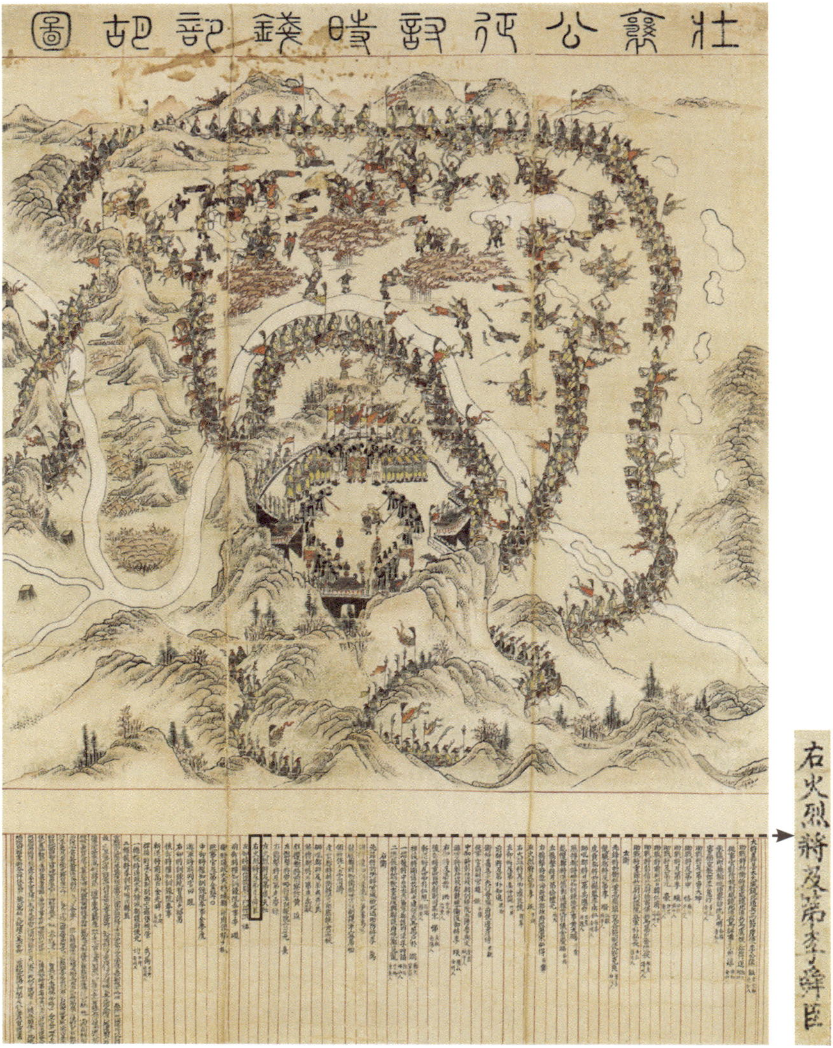

여진 부락 토벌

1588년(선조21) 이일이 여진의 시전 부락을 토벌하는 장면을 그린 '장양공정토시전부호도壯襄公征討時錢部胡圖'네. 녹둔도 전투의 책임을 지고 백의종군하고 있던 이순신은 이 토벌에서 공을 세워 사면되었네. 그림 아래 토벌에 참여한 장수의 명단이 있는데 이 가운데 "우화열장右火烈將 급제及第 이순신"이란 이름이 보이네.

다시 논하여 그의 마음을 동요시키지 말라

산의 나무는 스스로 해害를 부르며, 기름 등잔불은 스스로를 태운다. 계수나무는 먹을 수 있기 때문에 베이며, 옻나무는 쓸모가 있기 때문에 잘린다. 사람들은 모두 쓸모 있는 것의 쓰임은 알지만, 쓸모없는 것의 쓰임은 알지 못한다. 『장자莊子』「인간세人間世」

쓸모없는 것을 알아야지 비로소 쓸모 있는 것도 이야기할 수 있다. 하늘과 땅이 아주 넓고 커도 사람이 쓰는 것은 발을 딛고 있는 좁은 공간일 뿐이다. 그렇다고 발 디딘 곳만 남겨 두고 나머지 땅을 모두 파내어 황천黃泉까지 이르게 한다면, 사람들이 밟고 서 있는 그 땅이 쓸모 있겠는가? 『장자』「외물外物」

『장자』라는 책이 있네. '뱁새가 황새의 뜻을 어찌 알랴!', '우물 안 개구리' 같은 말이 이 책에서 나왔지. 학교에서 호접몽胡蝶夢을 배웠을 수도 있겠군. 내가 나비가 된 꿈을 꾼 건지, 나비가 내가 된 꿈을 꾼 건지 모르겠다는 유명한 우화 말일세. 우화는 부조리한 현실에 대한 비판과 자유로운 예술 정신을 담는 큰 그릇이네.

장자는 계피를 먹을 수 있는 계수나무나 칠에 쓸 수 있는 옻나무처럼 쓸모 있는 나무는 일찍 베인다고 말하네. 다른 이야기에서는 옹이가 박히고 결도 좋지 않아 어디에도 쓸 수 없었던 나무는 베어 가는 사람이 없어서 오히려 크고 무성하게 자라나 원래 나무의 본성을 발휘한다고 이르기도 하네. 인생도 마찬가지가 아닐까 싶네. 어려서나 젊어서 가진 재주로 일찍이 진로를 결정하고 두각을 나타내는 것이 혹시 쓸모 있는 나무가 일찍 베이는 것과 같은 일은 아닐까?

혹시 입시에 매달려 공부만 하는 생활을 하고 있는가? 오락도 하고, 운동도 하고, 여행도 하고, 친구들과 어울리고도 싶겠네그려. 그러나 부모님은 그렇게 빈둥대지 말라고 하겠지. 단 한 순간도 허투루 보내지 말라고 타이르겠지. 공부만이 쓸모 있는 일이고, 나머지는 모두 쓸모없는 일이라 생각하기 쉽다네. 어쩌면 모두들 그런 생각을 가지고 있을지도 모르겠네. 주말에 조금 놀고 나서 왠지 불안하진 않나? 또 공부도 못하고 다른 재주도 없는 내가 과연 이 세상에 쓸모가 있을까 고민하고 있지는 않나?

너무 서두르지 말게. 10대에 꼭 무엇을 해야 하고, 20대에 무엇을 알아야 한다는 말에 너무 초조해하진 말게. 다양한 경험과 공부? 물론 좋지. 미리 알아서 인생의 실수를 줄일 수 있다면 좋겠지. 하지만 쉽게 건너뛸 수 있는 것은 없네. 제때가 되어서야 비로소 볼 수 있고 들을 수 있고 알 수 있는 것이 있다네. 지금은 비록 모자라는 것도 많고 실수도 많이 저지르지만 그런 경험이 삶의 거름이 될 걸세. 거름은 어떻게 되는가? 썩어야 되는 것이 거름이네. 이것저것 필요한 모든 것을 다 뒤섞어도 썩은 뒤에야 거름이 되지. 썩는 데는 시간이 필요하네. 뜸이 잘 든 밥이 맛있듯 시간이 필요하니 너무 조급해하지 말게. 내가 지금 못한다고 자책하거나 안달하지 말고 앞으로 더 나아질 수 있게 하는 거름을 만들고 있는 것으로 받아들이게.

> 맑음. 동헌에 나가 업무를 본 뒤에 활을 쏘았다.
>
> 『이충무공전서』「난중일기」 1592년 1월 14일

> 흐림. 조정에 올릴 여러 가지 서류와 단오절의 진상품을 봉해 올렸다.
>
> 『이충무공전서』「난중일기」 1595년 4월 15일

> 맑음. 밥을 먹고 동헌에 나가 문서를 결재했다. 종일 관아에 앉아서 업무를 보았다. 『이충무공전서』「난중일기」 1596년 9월 29일

「난중일기」에 가장 많이 기록된 내용일세. 일기 속에 치열한 전투 장면, 비분강개하여 토로한 애국심, 어머니에 대한 절절한 효도만 묻어난다면 우린 과연 그걸 읽을 수 있을까? 그저 동헌에 나가 공무를 보았다든가, 활을 쏘았다든가 하는 하루하루 무료할 것만 같은 일상이 없어도 일기를 읽을 맛이 날까? 걸어

상) 군영의 활쏘기
김홍도가
훈련도감訓鍊都監의
북일영北一營을 그린
그림이네.
군영 건물 아래 활터에
30명가량이 모여
활쏘기를 하고 있네.
조선 시대 내내 활쏘기는
심신을 수련하는 방법으로
널리 행해졌지. 특히나
무신인 이순신에게는
중요한 일과 중 하나였네.

하) 활쏘기
김홍도가 그린 풍속화
중에서 활쏘기에 관한
것이네. 활쏘기를 지도하고
배우는 사람, 활이나 화살을
점검하는 사람들 모습이
사실적으로 그려져 있네.

가는 데 발을 딛는 땅만 유용하다 하여 그만큼만 땅이 있다면, 다시 말해 디딜 자리만 땅이고 나머지는 모두 허공이라면 과연 사람이 걸을 수 있겠는가? 그럴 수 없을 걸세. 쓸모없는 것이 있어야 쓸모 있는 것이 눈에 들어오고, 온전히 기능할 수 있네. 사람 사는 세상도 마찬가지일세. 문학을 봐도 영화를 봐도 결정적인 감동의 순간에 앞서 얼마나 많은 사소한 이야기가 필요한가? 주인공만 있는 드라마가 어디 있는가?

이순신을 좋아하는 사람이 참 많네. 나도 그중에 한 사람이고, 이 책을 읽고 있는 사람도 그중에 한 명이겠지. 이순신을 좋아한다는 점에서 살고 있는 시대가 많이 달라도 우린 서로 닮아 있네. 안 그런가?

우리는 왜 이순신을 좋아하는가? 가장 크고 당연한 이유는 임진왜란이라는 국가 존망이 달린 위기의 순간에 나라를 구했다는 점일 걸세. 이순신은 이 한 가지만 두고도 오래오래 기억되고 칭송받고 존경받아 마땅한 위인이네.

그것이 다일까? 우리에게 이순신은 전쟁 영웅에 그치는 인물일까? 아니네. 요즘엔 이순신의 공적뿐 아니라 그의 일생을 배우려는 사람이 많은 걸로 알고 있네. 살아온 길, 살아 낸 방식, 다시 말해 사람을 대하는 자세, 일을 대하는 자세, 세상을 대하는 자세를 배우는 사람들이 있네. 이순신을 공부하는 사람들이 그리 말하더군. 이순신은 소통과 섬김의 지도자였다고. 마음을 다해, 정성을 다해 일과 사람을 대했다고.

맞네. 그런 자세가 있었기에 그런 공적이 나왔겠지. 우리가 배워야 할 것은, 그리고 따라 할 수 있는 것은 공적이 아닐 걸세. 지금 자네더러 13척의 배를 끌고 열 배가 넘는 적을 맞아 싸우라고 한다면, 그리고 그 싸움에서 이기라고 한다면 참 못된 세상일 걸세. 우리가 배워야 할 것은 일관된 삶을 살았던 이순신의 삶의 자세가 아니겠나?

사회에 영향을 미치고 안 미치고는 중요하지 않네. 우리가 사회적·역사적 의미를 만들기 위해 사는 게 아니잖나? 한때는 "민족중흥의 역사적 사명을 띠고 이 땅에 태어났다."고 소리 높여 외치기도 했지만, 우리가 역사적 의미를 만들기 위해 사는 건 아닐 걸세. 굳이 어떤 사람이 되고자 하지 않아도 좋네. 보게. 이순신이 그렇게 하지 않았나? 자, 그럼 이순신이 선택의 순간에 어떻게 처신했는지를 한번 보세.

> 율곡 이이 선생이 이조 판서로 있을 때, 공의 이름을 들었다. 같은 덕수 이씨인 줄을 알고 서애 유성룡을 통해 한번 만나 보기를 청하였다. 유성룡이 이순신에게 가 보라고 권했지만 공은 "나와 율곡이 같은 성씨라 만나 볼 만도 합니다. 그러나 이조 판서로 있는 동안에는 안 됩니다." 하고 끝내 가지 않았다. 『이충무공전서』「행록, 종자정랑분」

훈련원訓鍊院에 근무할 적에 병조 정랑이 사적으로 친한 사람을 승진할 차례도 아닌데 참군參軍으로 승진시키려 하였다. 공은 담당 관리로서 이를 허락하지 않으며 "아래 있는 자를 건너뛰어 올리면 승진해야 할 사람이 올라가지 못합니다. 이런 일은 공평하지 않습니다. 또 법규도 고칠 수 없습니다."라고 하였다. 병조 정랑이 위력으로 강요하였지만 공은 꿈적도 하지 않고 버티며 따르지 않았다. 병조 정랑이 크게 화가 났지만 감히 마음대로 승진시키지 못하였다.

『이충무공전서』「행록, 종자정랑분」

이순신은 무엇이 '되려고' 하지 않았네. 다만 무엇을 '하려' 했을 뿐이네. 수군절도사도 삼도 수군통제사도 되려 하지 않았네. 나라를 구한 영웅이 되려 하지 않았네. 그저 군인의 임무를 다했네. 목민관의 책무를 성실히 했을 뿐이네. 내게 이익이 된다 해도 바른 것이 아니라면 마다했어. 내게 불이익이 온다고 해도 부당한 지시는 거부했지.

낮은 직위에 머물렀다 해도 그의 꼿꼿한 기개는 뜻있는 이들의 지지를 얻었네. 눈 밝은 이들의 추천으로 전라 좌수사가 될 수 있었네. 전란을 1년 앞둔 때였지. 마치 운명처럼. 일부에서는 지나친 승진이라 하여 반대도 심했네. 하지만 이순신의 능력과 성품은 임금의 귀에도 들어갔던 게야.

사간원이 아뢰었다.

"전라 좌수사 이순신은 현감으로서 아직 군수에 부임하지도 않았는데 관례를 뛰어넘어 좌수사에 제수하시니, 아무리 인재가 부족하기 때문이라고 해도 관작官爵을 함부로 주는 것이 이보다 심할 수 없습니다. 다른 사람으로 바꾸어 임명하소서."

그러자 상이 답하였다.

"이순신의 일에 그러한 측면이 있는 것을 나도 안다. 다만 지금은 평상시의 규정에 얽매일 수 없다. 인재가 부족하여 마지못해 그렇게 하였을 뿐이다. 이 사람은 충분히 임무를 감당할 만하니 관작이 높은지 낮은지를 따질 필요가 없다. 다시 논의를 꺼내 그의 마음을 동요시키지 말라."

『선조실록』 선조24년(1591) 2월 16일

공자도 열다섯 살에 학문에 뜻을 둔 뒤로 15년을 공부하고서야 비로소 일가를 이루었다고 하네. 또 "나는 젊어서 미천했기 때문에 이런저런 비천한 일을 많이 할 수 있게 되었다."라고 했지. 이순신은 하급 관직에 있던 15년 내내 배웠네. 지휘관 자리에 올라 지휘관의 자질을 배운 것이 아니라 아래에서 윗자리의 도리를 배웠네. 「행장」 속 이순신의 말씀에 자꾸만 『논어』 속 공자의 말씀이 겹쳐지는 것은 나만의 생각일까?

대장부로 태어나서 나라에서 써 주면 죽음으로 충성을 다할 것이요, 써 주지 않으면 밭 갈며 살면 족하다. 만약 권세 있는 자에게 아첨하여 헛된 영화를 탐낸다면 나의 수치이다. 『이충무공전서』「행장」

남이 알아주지 않아도 서운한 마음을 품지 않으면 또한 군자가 아니겠는가? 『논어』「학이學而」

참고 도서

함께 읽어 보기를 권하는 책

강명관, 『책벌레들 조선을 만들다』, 푸른역사, 2007.
강유원, 『인문 고전 강의』, 라티오, 2010.
강창래, 『책의 정신』, 알마, 2013.
김대현, 『충무공 이순신 : 삶, 시대 그리고 그의 자취』, 예맥, 2014.
김도환, 『정조와 홍대용, 생각을 겨루다』, 책세상, 2012.
김용심, 『문체반정, 나는 이렇게 본다』, 보리, 2012.
박시백, 『박시백의 조선왕조실록 10 : 선조실록-조선엔 이순신이 있었다』, 휴머니스트, 2007.
박시백, 『박시백의 조선왕조실록 16 : 정조실록-높은 이상과 빼어난 자질, 그러나…』, 휴머니스트, 2010.
신영복, 『강의 : 나의 동양 고전 독법』, 돌베개, 2004.
안춘근, 『옛 책』, 대원사, 1995.
이이화, 『한국사 이야기 11 : 조선과 일본의 7년전쟁』, 한길사, 2000.
이이화, 『한국사 이야기 15 : 문화군주 정조의 나라 만들기』, 한길사, 2001.
이진이, 『이순신을 찾아 떠난 여행』, 책과함께, 2008.
정 민, 『한시 미학 산책』, 휴머니스트, 2010.
정병설, 『권력과 인간 : 사도세자의 죽음과 조선 왕실』, 문학동네, 2012.
제장명, 『이순신 파워인맥』, 행복한나무, 2008.
최종덕, 『조선의 참 궁궐 창덕궁』, 눌와, 2006.
최홍순, 『보학집요』, 집문당, 2005.
장유승, 『쓰레기 고서들의 반란』, 글항아리, 2013.
한국고전번역원 승정원일기번역팀, 『후설』, 한국고전번역원, 2013.

원문을 찾고 번역하면서 도움을 받은 책

박제가, 『궁핍한 날의 벗』, 안대회 옮김, 태학사, 2000.
유득공, 『누가 알아주랴』, 김윤조 옮김, 태학사, 2005.
유성룡, 『징비록』, 김홍식 옮김, 서해문집, 2003.
이순신, 『이충무공전서(완역)』 상·하, 이은상 옮김, 성문각, 1989.
이순신, 『(교감완역) 난중일기』, 노승석 옮김, 민음사, 2010.
정약용, 『다산산문선』, 박석무 옮김, 창비, 2013.

원문을 찾아볼 수 있는 사이트

한국고전번역원, 한국고전종합DB(http://db.itkc.or.kr)
문화재청, 국가문화유산포털(http://www.heritage.go.kr)

사진 자료 제공처

015쪽 **영조 어진**, 국립고궁박물관
016쪽 **정약용의 글씨**, 국립중앙박물관
018쪽 **순조의 글씨**, 국립중앙박물관
019쪽 **윤집 초상**, 국립중앙박물관
019쪽 **오달제의 묵매도**, 국립중앙박물관
022쪽 **정조의 국장 행렬**, 규장각한국학연구원
024쪽 **영조와 정순 왕후의 혼례 행렬**, 규장각한국학연구원
026쪽 **주자 초상**, 영남대학교박물관
029쪽 **연행도의 한 장면**, 숭실대학교 한국기독교박물관
032쪽 **창덕궁 후원 일대 풍경**, 고려대학교박물관
034쪽 **부용정**, 문화재청(창덕궁관리소)
035쪽 **어수문과 주합루**, 문화재청(창덕궁관리소)
038쪽 **정조와 신하들이 꽃구경하고 쓴 시**, 국립고궁박물관
040쪽 **숙종의 글씨**, 규장각한국학연구원
042쪽 **규장각도**, 국립중앙박물관
043쪽 **규장각 수교 주련**, 국립고궁박물관
046쪽 **규장각 현판**, 국립고궁박물관
048쪽 **기중기 그림**, 규장각한국학연구원
048쪽 **거중기 그림**, 규장각한국학연구원
049쪽 **통신사 행렬도 중 정사**, 국사편찬위원회
051쪽 **채제공 초상**, 수원화성박물관
053쪽 **정조효손은인과 외함**, 국립고궁박물관
053쪽 **정조효손은인의 인면**, 국립고궁박물관
053쪽 **유세손서**, 국립고궁박물관
054쪽 **정조의 죽책**, 국립고궁박물관
056쪽 **일성록**, 규장각한국학연구원
058쪽 **서궐도**, 고려대학교박물관
059쪽 **홍재전서**, 규장각한국학연구원
061쪽 **정조가 지방 관리에게 준 글**, 국립중앙박물관
062쪽 **만천명월주인옹 자서**, 규장각한국학연구원
065쪽 **대보단 부근**, 고려대학교박물관
066쪽 **서울로 돌아오는 정조의 행차**, 국립중앙박물관
068쪽 **정조 교명**, 국립고궁박물관
071쪽 **융릉의 봉분**, 국립문화재연구소
074쪽 **이순신의 무과 방목**, 문화재청(현충사관리소)
078쪽 **영조의 업적**, 한국학중앙연구원 장서각
078쪽 **영조의 서얼소통** 한국학중앙연구원 장서각
083쪽 **의주 북경 사행로**, 규장각한국학연구원
083쪽 **탑동에서의 연회**, 서울역사박물관
087쪽 **연행도 중 유리창**, 숭실대학교 한국기독교박물관
091쪽 **이충무공전서**, 문화재청(현충사관리소)
093쪽 **이원익 초상**, 국립중앙박물관
096쪽 **이순신의 서간첩**, 문화재청(현충사관리소)
099쪽 **이항복 초상**, 서울대학교박물관
100쪽 **전라좌수영대첩비**, 여수시
105쪽 **정탁 초상**, 한국국학진흥원(청주 정씨 고평 종중)
106쪽 **이순신을 구하려 올린 상소의 초본**, 한국국학진흥원(청주 정씨 고평 종중)
110쪽 **징비록**, 한국국학진흥원(풍산 류씨 하회충효당)
110쪽 **진산세고**, 국립중앙박물관
115쪽 **경국대전**, 국립중앙박물관
118쪽 **책판과 인쇄된 책**, 한국국학진흥원(도산서원 운영위원회)
126쪽 **이충무공전서 8책**, 문화재청(현충사관리소)
128쪽 **이충무공전서 중 면지**, 문화재청(현충사관리소)

130쪽 **봉수당에서 베푼 회갑 잔치**, 국립중앙박물관
131쪽 **소학언해**, 한국국학진흥원(도산서원 운영위원회)
133쪽 **효종의 글씨**, 규장각한국학연구원
133쪽 **정조의 장서인**, 규장각한국학연구원
135쪽 **임경업 초상**, 국립중앙박물관
136쪽 **이충무공전서 중 비명**, 문화재청(현충사관리소)
136쪽 **정조 어제 신도비의 탁본**, 문화재청(현충사관리소)
138쪽 **이충무공전서 중 도설, 도독인과 함**, 문화재청(현충사관리소)
141쪽 **이충무공전서 중 지**, 문화재청(현충사관리소)
141쪽 **남해 충렬사**, 문화재청(현충사관리소)
147쪽 **윤허하지 않는다는 비답**, 규장각한국학연구원
148쪽 **정조가 내린 윤음**, 수원화성박물관
150쪽 **대보단 도설**, 규장각한국학연구원
151쪽 **충무공 증시 교지**, 문화재청(현충사관리소)
152쪽 **황현 초상**, 문화재청
155쪽 **기복 수직 교서**, 문화재청(현충사관리소)
158쪽 **선유 호상 교서**, 문화재청(현충사관리소)
159쪽 **수군에게 베푼 잔치**, 국립광주박물관
161쪽 **발병부**, 국립고궁박물관
161쪽 **유서통**, 국립고궁박물관
161쪽 **밀부 유서**, 문화재청(현충사관리소)
164쪽 **정려각**, 문화재청(현충사관리소)
165쪽 **이봉상의 투구**, 육군박물관
168쪽 **천자총통**, 국립중앙박물관
168쪽 **지자총통**, 국립중앙박물관
168쪽 **현자총통**, 국립중앙박물관
170쪽 **삼도 수군통제영 귀선과 전라 좌수영 귀선**, 문화재청(현충사관리소)
174쪽 **세곡선**, 규장각한국학연구원
176쪽 **조선 수군의 합동 훈련**, 국립중앙박물관
178쪽 **당포 앞바다의 해전 승리 기념도**, 국립광주박물관
180쪽 **선조의 글씨**, 규장각한국학연구원
182쪽 **거북선 그림**, 문화재청(현충사관리소)
182쪽 **무안 목포진 지도**, 규장각한국학연구원
183쪽 **화폐 속의 이순신과 거북선**, 문화재청(현충사관리소)
185쪽 **판옥선**, 규장각한국학연구원
188쪽 **목책을 지키며 여진을 물리치는 이순신**, 고려대학교박물관
191쪽 **갑오년의 일기**, 문화재청(현충사관리소)
192쪽 **평양성 탈환 전투**, 국립중앙박물관
196쪽 **충무공 장검의 명문**, 문화재청(현충사관리소)
197쪽 **충무공 장검**, 문화재청(현충사관리소)
198쪽 **환도**, 국립고궁박물관
199쪽 **옥로**, 문화재청(현충사관리소)
199쪽 **금대**, 문화재청(현충사관리소)
203쪽 **충무공 장검의 슴베 부분**, 국사편찬위원회
205쪽 **조총**, 문화재청(현충사관리소)
211쪽 **임진장초**, 문화재청(현충사관리소)
218쪽 **격군과 사공**, 국사편찬위원회
222쪽 **임진왜란의 첫 전투**, 규장각한국학연구원
225쪽 **난중일기의 초고본**, 문화재청(현충사관리소)
225쪽 **난중일기의 내용**, 문화재청(현충사관리소)
228쪽 **전패**, 국립고궁박물관
237쪽 **이억기 보검**, 육군박물관
238쪽 **정유일기**, 문화재청(현충사관리소)
241쪽 **선조의 능, 목릉**, 국립문화재연구소

244쪽 **신립의 묘지**, 국립민속박물관
247쪽 **무과 시험 장면**, 국립중앙박물관
249쪽 **이순신 고택**, 해군사관학교박물관
250쪽 **이광수의 소설 이순신**,
문화재청(현충사관리소)
253쪽 **필사즉생 필생즉사**, 문화재청(현충사관리소)
256쪽 **이순신 영정**,
해군사관학교박물관(작가 이상범)
262쪽 **타루비**, 여수시
263쪽 **거제부 지도**, 규장각한국학연구원
264쪽 **통영 지도**, 규장각한국학연구원
265쪽 **통영 충렬사**, 국립중앙박물관
266쪽 **세병관**, 통영관광개발공사
268쪽 **진남관**, 여수시
268쪽 **충민사**, 여수시
269쪽 **승전대비 비각**, 국립중앙박물관
271쪽 **온양 별궁 그림**, 규장각한국학연구원
272쪽 **치마장의 은행나무**, 문화재청(현충사관리소)
275쪽 **현충사 편액**, 문화재청(현충사관리소)
275쪽 **현충사의 옛 모습**, 문화재청(현충사관리소)
276쪽 **현충사 중건 화보 기사**,
문화재청(현충사관리소)
276쪽 **현충사**, 문화재청(현충사관리소)
279쪽 **경모궁의궤**, 규장각한국학연구원
282쪽 **선무공신 교서**, 문화재청(현충사관리소)
282쪽 **태조 옥책**, 국립고궁박물관
285쪽 **영의정 증직 교지**, 문화재청(현충사관리소)
285쪽 **좌의정 증직 교지**, 문화재청(현충사관리소)
286쪽 **선조가 노비를 하사하는 교지**,
문화재청(현충사관리소)
286쪽 **효종이 노비를 하사하는 교지**,
문화재청(현충사관리소)
290쪽 **명나라 군대의 철수**,
한국국학진흥원(풍산 김씨 오미동 참봉댁)
290쪽 **이여송 초상**, 일본 덴리 대학교
(한국데이터베이스진흥원 제공)
293쪽 **선무공신 중 일등 공신**,
문화재청(현충사관리소)
294쪽 **호성공신 교서**, 한국학중앙연구원 장서각
(소장 이용선)
304쪽 **이순신 무과 급제 교지**,
문화재청(현충사관리소)
305쪽 **여진 부락 토벌**, 육군박물관
310쪽 **군영의 활쏘기**, 고려대학교박물관
310쪽 **활쏘기**, 국립중앙박물관

본문 그림

38~39쪽·46쪽·56쪽·154~155쪽·
200쪽·207쪽·217쪽·228쪽, 조성덕
122쪽·142쪽·184쪽·202쪽, 최진환

표지 이미지

정조 표준 영정, 수원화성박물관(작가 이길범)
이순신 영정, 해군사관학교박물관(작가 이상범)
수군조련도, 국립중앙박물관

* 소장하고 계신 귀한 사진 자료를 제공해 주신 기관과 소장자 분께 깊은 감사를 드립니다.

이충무공전서 이야기

정조, 이순신을 역사에 새기다

김대현 지음
조성덕 그림
정준영 감수

2015년 8월 31일 초판 1쇄 발행

발행 한국고전번역원 등록 2008. 3. 12. 제300-2008-22호
주소 03000 서울시 종로구 비봉길 1
전화 02-6339-8819 팩스 02-394-8803 홈페이지 www.itkc.or.kr

발행인 이명학
기획·편집 한국고전번역원 콘텐츠기획실
책임편집 하승현 편집 김현태 양유미 이원숙 최두헌
디자인 파피루스 인쇄 형제아트인쇄(주)

값 13,000원
ISBN 978-89-284-0334-9 43910

* 이 책은 2014년도 한국고전번역원의 우리고전 원고공모 당선작품입니다.
교육부로부터 인문학 진흥을 위한 저서출판지원을 받아 출간하였습니다.